产教融合协同育人项目成果

ICT 专业导论

吕　波　王俊海　李天祥　主　编
苏　熠　赵牟兵　张　生
　　　　汪建伟　段成勇　副主编

电子工业出版社
Publishing House of Electronics Industry
北京·BEIJING

内 容 简 介

本书从如何让 ICT（信息与通信技术）类专业的学生了解或掌握行业发展与行业知识的思路出发，通过专业发展、专业前沿知识、专业岗位分析、专业课程体系结构、专业人才培养等方面的深入讲解，培养学生对 ICT 领域的广泛认知。

本书共 7 个项目，项目 1 告知学生什么是 ICT，ICT 的发展概况和前景，让学生认识到自己正在学什么，将来从事什么岗位；项目 2 从典型的软件案例出发，让学生明白软件内涵，本专业的学生应掌握的必需技能和从业岗位；项目 3 介绍了通信的发展历程和未来的发展方向；项目 4 介绍了物联网的应用场景和体系结构；项目 5 介绍了大数据的技术基础、应用场景和人才培养；项目 6 介绍了电子信息技术的相关知识在电子产业中的应用。

本书可作为高职高专、应用型本科的计算机网络、计算机应用、信息安全与管理、大数据、云计算及通信等专业的教材和教学参考用书，也可供广大计算机技术爱好者学习使用。

未经许可，不得以任何方式复制或抄袭本书之部分或全部内容。
版权所有，侵权必究。

图书在版编目（CIP）数据

ICT 专业导论 / 吕波，王俊海，李天祥主编. —北京：电子工业出版社，2021.10
ISBN 978-7-121-42214-0

Ⅰ．①I⋯　Ⅱ．①吕⋯　②王⋯　③李⋯　Ⅲ．①信息技术－高等学校－教材　Ⅳ．①G202

中国版本图书馆 CIP 数据核字（2021）第 206312 号

责任编辑：徐建军
印　　刷：保定市中画美凯印刷有限公司
装　　订：保定市中画美凯印刷有限公司
出版发行：电子工业出版社
　　　　　北京市海淀区万寿路 173 信箱　邮编 100036
开　　本：787×1 092　1/16　印张：12　字数：307.2 千字
版　　次：2021 年 10 月第 1 版
印　　次：2021 年 10 月第 1 次印刷
印　　数：4 000 册　定价：45.00 元

凡所购买电子工业出版社图书有缺损问题，请向购买书店调换。若书店售缺，请与本社发行部联系，联系及邮购电话：（010）88254888，88258888。
质量投诉请发邮件至 zlts@phei.com.cn，盗版侵权举报请发邮件至 dbqq@phei.com.cn。
本书咨询联系方式：（010）88254570，xujj@phei.com.cn。

前言 Preface

从决定写这本书到现在已经过去了3年，当书稿基本成型后，还是掩饰不住内心的激动，它将是笔者的第7本著作。说下初衷吧，从事IT开发和教育行业15年有余，IT或者ICT是一个大领域，随着科技的日新月异，更不应该被割舍成孤岛，搜遍图书市场，很难找到串讲ICT领域重要专业的专业导论书籍，入学时对相近领域知识的缺失，也许会失去对本专业的学习兴趣，即使毕业后从事相应的工作岗位，但对个人职业发展肯定也会有所限制，因为想要成长或多或少地应该了解相近专业的基础知识，此时你只能通过各种手段收集临时解决困局，但肯定无法形成较为完善的知识体系……于是，写一本关于ICT专业导论书籍的想法油然而生，哪怕它很简单——以浅尝辄止的方式告诉读者ICT专业的发展、体系、前沿技术等。

历经3年，《ICT专业导论》完稿了，不是因为笔者有多忙，也不是因为它有多么难写，更不是因为有多高的技术含量，而是因为很难下笔，也怕误导了读者，最后与同行交流之后觉得，也许从ICT领域各专业的"专业发展、应用场景（岗位分析）、知识（课程）体系、人才培训"等方面入手是最好的方式，最后确实也是这么做的。另外，ICT领域涉及面广，无法做到包罗万象，本书只是从目前相对比较流行的专业进行介绍。

本书由吕波、王俊海、李天祥担任主编，全书由王俊海统稿，参与编写的还有刘勇军、苏熠、赵牟兵、张生、汪建伟、段成勇。

在本书编写的过程中，受到领导、同事及学生的支持和鼓励，另外，还要特别感谢笔者的家人，对笔者工作的理解和支持，否则笔者无法静心编写此书。

为了方便教师教学，本书配有电子教学课件及相关资源，请有此需要的教师登录华信教育资源网注册后免费进行下载，如有问题可在网站留言板留言或与电子工业出版社联系（E-mail：hxedu@phei.com.cn）。

由于时间仓促，以及编者的学识和水平有限，书中难免存在不足之处，敬请广大读者给予指正。

编　者

目 录 Contents

项目 1　学在之前 ……………………………………………………………………………… (1)
　　任务 1　ICT 产业学院 …………………………………………………………………… (2)
　　　　1.1.1　ICT 产业学院介绍 ……………………………………………………………… (2)
　　　　1.1.2　UBL 人才培养模式 …………………………………………………………… (2)
　　　　1.1.3　UBL 内涵 ……………………………………………………………………… (4)
　　任务 2　什么是导论 ……………………………………………………………………… (4)
　　　　1.2.1　导论定义 ……………………………………………………………………… (4)
　　　　1.2.2　专业导论定义 ………………………………………………………………… (5)
　　任务 3　什么是 ICT ……………………………………………………………………… (5)
　　　　1.3.1　ICT 定义 ……………………………………………………………………… (6)
　　　　1.3.2　ICT 业务 ……………………………………………………………………… (6)
　　　　1.3.3　ICT 业务特点 ………………………………………………………………… (7)
　　　　1.3.4　ICT 就业前景 ………………………………………………………………… (7)
　　任务 4　过好大学生活 …………………………………………………………………… (11)
　　　　1.4.1　职业规划 ……………………………………………………………………… (11)
　　　　1.4.2　正确对待大学生活 …………………………………………………………… (11)
　　项目考核 ……………………………………………………………………………………… (12)

项目 2　软件技术导论 …………………………………………………………………… (13)
　　任务 1　软件行业的内涵及发展 ………………………………………………………… (14)
　　　　2.1.1　软件技术的典型应用案例 …………………………………………………… (14)
　　　　2.1.2　软件技术的基本内涵 ………………………………………………………… (18)
　　　　2.1.3　软件技术的发展历程 ………………………………………………………… (23)
　　任务 2　软件技术专业人才培养 ………………………………………………………… (33)
　　　　2.2.1　软件技术专业人才的社会需求 ……………………………………………… (34)
　　　　2.2.2　软件技术专业人才应备的能力 ……………………………………………… (35)
　　　　2.2.3　软件技术专业人才的特点和定位 …………………………………………… (35)
　　　　2.2.4　软件技术专业人才的培养体系 ……………………………………………… (36)
　　任务 3　软件行业的职业道德和学习规划 ……………………………………………… (40)

         2.3.1 行业职业道德 ………………………………………………… (40)
         2.3.2 学习规划和建议 ……………………………………………… (41)
    项目考核 ……………………………………………………………………… (45)

项目3 移动通信导论 ………………………………………………………………… (46)
    任务1 通信概述 ………………………………………………………………… (47)
         3.1.1 什么是通信 …………………………………………………… (47)
         3.1.2 通信发展史 …………………………………………………… (48)
         3.1.3 通信系统的分类 ……………………………………………… (50)
    任务2 通信基础概念 …………………………………………………………… (50)
         3.2.1 信息、数据和信号 …………………………………………… (51)
         3.2.2 模拟通信和数字通信 ………………………………………… (51)
         3.2.3 数据通信的技术指标 ………………………………………… (51)
         3.2.4 数据的传输 …………………………………………………… (52)
         3.2.5 通信线路的连接方式 ………………………………………… (53)
    任务3 通信系统模型 …………………………………………………………… (54)
         3.3.1 通信系统一般模型 …………………………………………… (54)
         3.3.2 模拟通信系统模型 …………………………………………… (55)
         3.3.3 数字通信系统模型 …………………………………………… (56)
    任务4 无线通信技术概述 ……………………………………………………… (57)
         3.4.1 无线通信简介 ………………………………………………… (57)
         3.4.2 无线通信技术发展趋势 ……………………………………… (58)
         3.4.3 无线通信技术应用 …………………………………………… (58)
    任务5 移动通信技术 …………………………………………………………… (63)
         3.5.1 移动通信发展史 ……………………………………………… (63)
         3.5.2 移动通信概念 ………………………………………………… (65)
         3.5.3 移动通信系统组成 …………………………………………… (66)
         3.5.4 移动通信系统多址技术 ……………………………………… (70)
         3.5.5 FDD 与 TDD 技术 …………………………………………… (71)
    任务6 了解移动通信技术人才培养 …………………………………………… (72)
         3.6.1 专业培养目标及规格 ………………………………………… (72)
         3.6.2 知识体系图 …………………………………………………… (74)
         3.6.3 课程体系 ……………………………………………………… (74)
         3.6.4 典型岗位分析 ………………………………………………… (76)
    项目考核 ……………………………………………………………………… (78)

项目4 物联网应用技术导论 ………………………………………………………… (79)
    任务1 物联网的定义 …………………………………………………………… (80)
         4.1.1 物联网的实质 ………………………………………………… (80)
         4.1.2 官方机构对物联网的定义 …………………………………… (81)
    任务2 物联网的由来 …………………………………………………………… (81)
         4.2.1 咖啡壶事件 …………………………………………………… (82)
         4.2.2 聪明的饮料售货机 …………………………………………… (82)

| 4.2.3　比尔·盖茨与《未来之路》 (83)
| 4.2.4　Ashton 与 MIT 自动识别中心 (84)
| 4.2.5　智慧地球 (85)
| 4.2.6　u-Japan (86)
| 4.2.7　u-Korea (87)
| 4.2.8　物联网在中国 (88)
| 任务 3　物联网的应用场景举例 (90)
| 4.3.1　应用场景概述 (90)
| 4.3.2　机场防入侵 (94)
| 4.3.3　感知太湖 (94)
| 4.3.4　瑞典、瑞士项目 (96)
| 4.3.5　平安城市建设 (96)
| 4.3.6　智能家居 (98)
| 4.3.7　智慧农业——无线葡萄园 (99)
| 4.3.8　大鸭岛生态环境监测 (99)
| 4.3.9　个人保健 (100)
| 4.3.10　畜牧溯源 (100)
| 4.3.11　空间探索 (101)
| 任务 4　物联网体系结构 (101)
| 4.4.1　物联网三大特征 (101)
| 4.4.2　物联网体系图 (106)
| 4.4.3　物联网发展趋势 (106)
| 任务 5　了解物联网人才培养方案 (109)
| 4.5.1　培养目标 (109)
| 4.5.2　专业课程体系 (109)
| 4.5.3　就业岗位简介 (110)
| 4.5.4　学习建议 (112)
项目 5　大数据技术导论 (113)
| 任务 1　大数据概述 (114)
| 5.1.1　大数据引言 (114)
| 5.1.2　数据的定义与属性 (115)
| 5.1.3　大数据的概念与特征 (116)
| 5.1.4　大数据的产生 (118)
| 5.1.5　大数据的单位量级 (119)
| 5.1.6　大数据的数据类型 (120)
| 5.1.7　大数据的潜在价值 (121)
| 5.1.8　大数据面临的挑战 (122)
| 任务 2　大数据的技术基础 (123)
| 5.2.1　大数据技术体系 (123)
| 5.2.2　大数据采集与存储技术 (125)
| 5.2.3　大数据并行计算技术 (126)

5.2.4　大数据分析与挖掘技术 （128）
　　5.2.5　大数据可视化技术 （129）
　　5.2.6　大数据服务于信息安全 （131）
任务3　大数据的应用场景 （132）
　　5.3.1　遥感大数据自动分析与数据挖掘系统 （133）
　　5.3.2　语音大数据关键词自动识别系统 （135）
　　5.3.3　MOOC大数据教学分析系统 （138）
　　5.3.4　社交网络大数据关系推荐系统 （141）
任务4　大数据人才培养 （145）
　　5.4.1　培养目标和规格 （146）
　　5.4.2　专业课程体系 （147）
　　5.4.3　就业岗位介绍 （147）
　　5.4.4　学习建议 （148）
项目考核 （148）

项目6　电子信息工程技术导论 （149）

任务1　电子信息产业各学科之间的关系 （150）
　　6.1.1　产业分类 （150）
　　6.1.2　产业与各学科之间的关系 （151）
任务2　什么是电子信息工程技术 （151）
　　6.2.1　信息科学与电子信息 （152）
　　6.2.2　信息科学研究领域 （152）
　　6.2.3　电子信息工程技术定位 （153）
任务3　了解电子信息工程技术——从手机说起 （153）
　　6.3.1　引子——智能手机改变生活 （153）
　　6.3.2　发展概述 （154）
　　6.3.3　核心——计算机体系 （160）
　　6.3.4　外围模块 （166）
　　6.3.5　SMT技术 （175）
任务4　电子信息专业体系 （177）
　　6.4.1　培养目标 （178）
　　6.4.2　知识体系结构 （178）
　　6.4.3　课程体系 （178）
　　6.4.4　典型岗位分析 （179）
任务5　怎么学它 （181）
　　6.5.1　纸上得来终觉浅 （181）
　　6.5.2　科技实践大揭秘 （182）
　　6.5.3　有机会出去看看 （182）
　　6.5.4　绝知此事要躬行 （182）
　　6.5.5　天将降大任于斯人也 （183）
项目考核 （183）

项目 1

学在之前

项目介绍

ICT（Information and Communications technology，信息与通信技术）专业导论是针对 IT、CT、DT 领域的软件技术、物联网技术、大数据技术、通信技术、电子信息技术等专业的导论。ICT 技术发展到今天，依然是各大热门行业的支撑性"工具"。大部分专业导论只是介绍本专业，无法解决专业群内对相邻专业的认知问题。通过本章的学习，会让你明白 ICT 的内涵，鼎利教育特有的 UBL（Ultrawise Blended Link）人才培养模式，ICT 领域核心的专业特征，就业岗位和发展前景等。

任务安排

任务 1　ICT 产业学院
任务 2　什么是导论
任务 3　什么是 ICT
任务 4　过好大学生活

学习目标

- ❖ 了解 ICT 产业学院的建设背景和发展
- ❖ 了解专业导论包含哪些内容
- ❖ 了解 ICT 专业领域的内涵
- ❖ 了解大学生活，如何规划职业生涯

任务 1　ICT 产业学院

任务描述

小李是一名大一的新生，学校为新生所开设的课程中有一门是"ICT 专业导论"。老师说，学习这门课程首先需要了解我们所在的学院（ICT 产业学院），了解特有的校企合作人才培养模式。

任务分析

刚进入大学校门，作为 ICT 专业领域的一名初学者首先需要了解的是你所在的学院是什么性质？它的培养模式有何特别之处。

知识准备

1.1.1　ICT 产业学院介绍

现代产业学院是指为了培养适应和引领现代产业发展的高素质应用型人才、复合型人才、创新型人才，以应用型高校为重点，在特色鲜明、与产业紧密联系的高校建设的若干与地方政府、行业企业等多主体共建、共管、共享的产业学院。

现在的社会发展极快，学校教育已经和社会需求严重脱节，传统的课堂教育模式已无法满足个性化需求。造成了现如今企业缺人才，大学生找不到工作的尴尬局面。让教育走出象牙塔，让企业走入学校，衔接起培养与用人需求的纽带，才能促进社会繁荣发展。鉴于此，2020 年 7 月 30 日，教育部办公厅和工业和信息化部办公厅联合发布《现代产业学院建设指南（试行）》，强调"产教融合"。

目前，经济社会信息化的广度和深度不断演进，以云计算、大数据、物联网、人工智能、区块链为代表的新一代信息技术的广泛应用，"数字社会""智慧中国"等国家战略逐步实施。信息与通信技术是新一代信息技术的基本技术，是实施经济社会信息化的基础工程。据世界银行研究预计，随着信息社会"万物互联""5G 通信""无人驾驶"时代的到来，信息与通信技术产业发展迅猛。未来 10 年，全球将有 200 万信息与通信技术相关岗位人才需求缺口，人才紧缺市场将主要集中在移动互联网、大数据、云计算、网络及安全、开发运维、软件开发、技术服务等相关职位，专业技术人才缺乏成为制约企业发展的瓶颈。企业为了更快更精准地找到适合自己企业产业链相关的技术人才，纷纷建立起相关的产业学院。

1.1.2　UBL 人才培养模式

UBL 人才培养模式（见图 1.1）是基于国际工程教育"OBE（Outcomes-based Education）"，"CDIO（Conceive，Design，Implement，Operate）"工程教育模式，结合教育经验，创建的人才培养模式，由"教育云、产业云"构成，超级混合式构建教育与产业链的人才生态系统。将产业的实际经验转化为教育界培养的知识、能力和素养，引导"产教融合"全程培养，根据产业人才需求将人才培养过程分为技能储备阶段、仿真实训阶段、岗位实训阶段、就业实习阶段四个阶段。UBL 人才培养模式将产业需求与专业设置、职业标准与课程内容、生产过程与教学过程、职业资格证书与毕业证书、终身学习与职业教育相对接,实现人才培养与产业需求的对接。

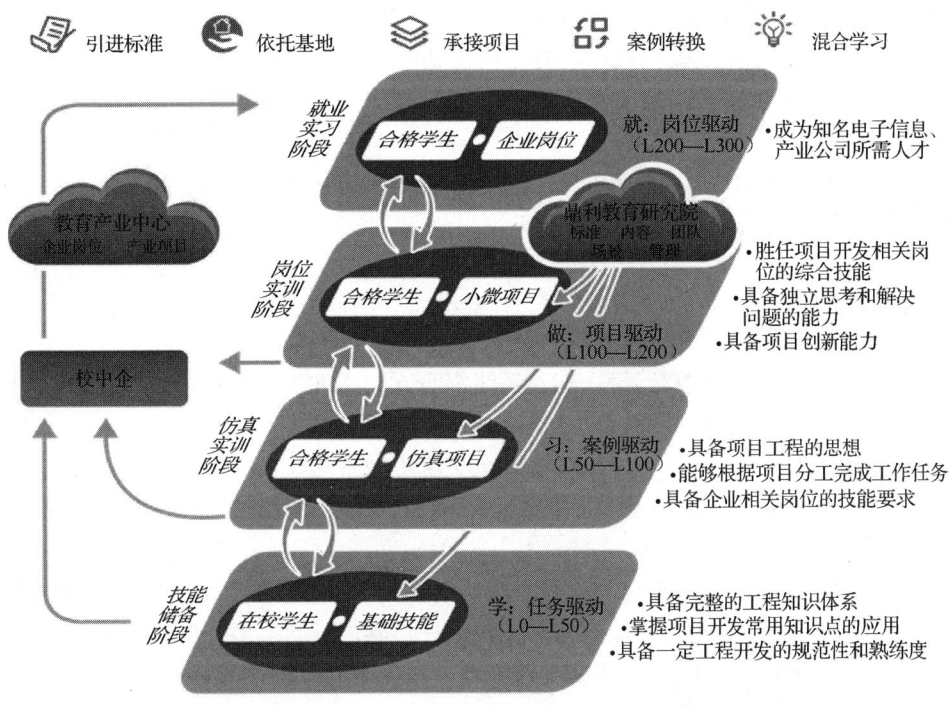

图 1.1　鼎利教育 UBL 人才培养模式

UBL 将产业的实际经验转化为教育界培养的知识、能力和素养,引导"产教融合"全程培养,根据产业人才需求将人才培养过程分为四个阶段。

第一阶段,技能储备阶段(L0—L50):整体强调"学",任务驱动。重点完善知识的"静态结构"到"动态转换"。此阶段的培养目标是使学生具备完整的工程知识体系,掌握项目开发常用知识点的应用,具备一定工程开发的规范性和熟练度。课程以章为单位做模块设置,在专业技能方面做交叉学科建设。

目前大多数毕业生的能力还停留在这个层次,仅学过相关工程理论课程,实际技能与简历上描述的技能还有一定的差距。

第二阶段,仿真实训阶段(L50—L100):整体强调"习",案例驱动。重点保证案例项目的完整性。此阶段的培养目标是使学生应具备项目工程思想,能够根据项目分工完成工作任务,具备企业相关岗位的技能要求。此阶段主要采用仿真项目,仿真与真实项目的差异在于"没有项目交付的钱的压力,剔除客户的相关商业信息,有可能简化项目难度"。

处于这个层次的毕业生是合格的毕业生,理论上的知识与简历上的描述相符合,虽具备了项目工程的思想,有工程理论知识,但还不具备工程能力。

第三阶段,岗位实训阶段(L100—L200,通过 L100,到达 L200):整体强调真实的"做",项目驱动。重点保证完成真实产业项目的交付。此阶段的培养目标是使学生能够胜任项目开发相关岗位的综合技能,具备独立思考和解决问题的能力,具备项目创新能力。此阶段主要采用小微项目，运用"小分队"机制保证项目的商业成果交付，参与学生和老师通过实战锻炼能力和素质培养。处于这个层次的毕业生有部分工程经验和能力，但还达不到 1 年左右的实际工作经验水平；能够独立思考，具有入门级工程能力，但还不具有独立解决问题和完成任务的能力。目前 L200 的一个标志就是专业对口就业。

第四阶段，就业实习阶段（L200—L300，通过 L200 后到毕业）：整体强调"就业，学做结合"，岗位驱动。重点保证就业出口，对应岗位初级人才。此阶段的培养目标是使学生成为产业和企业所需人才。此阶段主要针对产业的岗位需求，针对性地进行强化实训（不区分项目的性质）。

处于这个层次的毕业生具备 1 年的工作经验，具有独立工作的能力，参与了真实的项目实训，达到初级工程师的级别。

1.1.3 UBL 内涵

- 链接"产业云"和"教育云"，构建超级混合式的人才生态系统。
- 秉承"以产业带教育，以教育促产业"的教育理念。
- 遵循 OBE 和 CDIO 国际工程教育模式，实现"做中学、产学融合、国际化"。
- 通过"技能储备、仿真实训、岗位实训、就业实习"人才培养全周期，实现"知识融通、技能融通、岗位融通"。
- 通过"任务驱动、案例驱动、项目驱动、岗位驱动"教学模式，系统提升职业能力。
- 坚持"精讲多练"，构建"边学习→边实践→再学习→再实践"的学习模式。
- 应用产业人才标准，依托生产型实训基地，承接真实产业项目。
- 人才培养与产业需求无缝对接，产教深度融合、校企协同育人。

任务 2 什么是导论

任务描述

你了解所学的专业吗？了解与你的知识领域和技术领域相近的专业吗？通过什么课程的学习可以让你更快地对专业有个初步的认识？

任务分析

为了让你更好地了解所在的专业及其他相近专业，通过专业导论的学习，从什么是导论，导论课程包含什么内容等方面可以有效地达到这一目的。

知识准备

1.2.1 导论定义

导论就是将涉及内容很广的学科做概括性介绍，一般不会有非常深入的分析，但对历史和未来有简明扼要的介绍，使同学们对这门学科有一个概括的了解。

1.2.2 专业导论定义

专业导论课是鼎利学院为了使大学生了解相关专业内涵特点、专业与社会经济发展的关系、专业涉及的主要学科知识和课程体系、专业人才培养基本要求等，帮助高校学生形成较系统的专业认识，满足同学了解相关专业内涵和发展趋势的要求而开设的课程。

不同的专业有对应的专业导论，主要是介绍本专业的发展、专业形成及浅显的知识，一般是科学概述等。是一个由浅入深的过程，为以后的专业学习做铺垫。

1. 专业导论目的

为帮助刚进入校门的新同学对所选专业进行解读，主要回答专业（学科）是什么、为什么（学习这个专业）、学什么（专业内容）、怎么学（学习方法指导）、做什么（职业规划）等方面的一系列问题。

2. 开设专业导论的必要性

➢ 了解所学专业

对大一新生来说，刚入学的学习积极性是非常高的，迫切地想知道自己所学的专业内容，是做什么的？这些问题看似肤浅，却关系着同学们对本专业的兴趣。

专业导论课的开设，不但可以帮助新生了解自己所学的专业，还能给新生留下深刻的印象。当同学们对专业性质有了足够的了解之后，他们就会更加明确自己的学习目标，学习动力会更加充足。

➢ 培养专业兴趣

在学习过程中，浓厚的兴趣会让学生主动去学习，与此同时，学生还会拥有积极的思维，敢于大胆质疑，勇于探索新知识，这样在学习效果上就会拥有质的飞跃。

激发学生兴趣，让学生主动学习，在学习上势必会得到事半功倍的效果。在新生入学后，契合时机地开设专业导论课，通过教师对专业的发展过程、发展前景进行生动地介绍，对专业存在的价值进行讲解，为以后专业课的学习做好铺垫，同时把学生思维引入专业的知识中来，培养学生的专业兴趣。

任务 3　什么是 ICT

➡ 任务描述

老师要求同学们回忆高考后填报志愿时的犹豫场景，你或许听过 IT 行业，但对 ICT 却有点陌生，ICT 到底是什么呢？

➡ 任务分析

要了解 ICT 的内涵、范围、知识领域、就业岗位和发展前景等，通过本节的学习，相信你会找到答案。

知识准备

1.3.1　ICT 定义

ICT 是信息、通信和技术三个英文单词的缩写（Information Communications Technology，简称 ICT）。它是信息技术与通信技术相融合而形成的一个新的概念和新的技术领域。

IT 的英文缩写是 Information Technology，即信息技术，主要用于管理和处理信息所采用的各种技术总称。它主要是应用计算机科学和通信技术来设计、开发、安装和实施信息系统及应用软件。

CT（Communication Technology）是指通信技术，最早的 CT 业也被称为电信业（Telecommunication），那是因为最早期的通信都是电报、电话之类的技术，所以也被称为电信技术。全球范围内，通信业比较强大的企业有华为、中兴、诺基亚、爱立信等。

DT（Data Technology，数据处理技术）时代，它是以服务大众、激发生产力为主的技术。2014 年三月在北京举行的一场大数据产业推介会上，阿里巴巴集团创始人在主题演讲中发表了他的观点："人类正从 IT 时代走向 DT 时代"。IT 时代是以自我控制、自我管理为主，而 DT 时代，它是以服务大众、激发生产力为主的技术。

事实上，信息通信业界对 ICT 的理解并不统一。作为一种技术，ICT 不仅可提供基于宽带、高速通信网的多种业务、信息的传递和共享，还是一种通用的智能工具。目前更多地把 ICT 作为一种向客户提供的服务，这种服务是 IT（信息业）与 CT（通信业）两种服务的结合和交融，通信业、电子信息产业、互联网、传媒业都将融合在 ICT 的范围内。固网运营商如中国移动、中国电信和中国联通等为客户提供的一站式 ICT 整体服务中，包含集成服务、咨询服务、外包服务、专业服务、知识服务以及软件开发服务等。

1.3.2　ICT 业务

1. 集成服务

为客户提供软硬件系统集成工程实施服务，包括项目和方案设计，软硬件采购、安装、调测等工程实施及合同约定年度内的维保服务等。

- 网络通信集成。包括网络（WAN/LAN/VPN）设备、网络安全、PBX、机房智能布线及整治等集成服务。
- 网络应用集成。包括呼叫中心、视讯（会议、监控）系统和网络安全应用等集成服务。
- 行业应用集成。包括 OA 办公系统、协同工作、电子商务、行业应用等 IT 系统集成和灵通短信行业应用等集成服务。

2. 外包服务

针对细分市场的特定需求，整合内外部资源，为客户提供的从网络通信到网络和行业应用的整体服务业务、日常运行维护、故障处理和运行管理服务等。

- 网络及 IT 维护外包。指网络设备、安全设备、呼叫中心、视讯（会议、监控）系统、IT 应用系统的维护管理等外包服务。
- 网络设备租赁服务。指核心交换机、核心路由器、局域网交换机、接入路由器及视讯

（会议、监控）系统等网络设备的租赁服务。

3．专业服务

针对细分市场的特定需求，整合内外部资源，为客户提供从网络通信到网络应用、行业应用的整体服务业务。

- 灾备服务业务。包括将客户的数据、数据处理系统、网络系统、基础设施、技术支持能力和运行管理能力等进行备份，使客户信息系统从灾难造成的故障或瘫痪状态恢复到可正常运行状态。并将其支持的业务功能从灾难造成的不正常状态恢复到可接受状态，从而实现客户业务连续性的整体服务。
- 管理型业务。包括在传统的带宽业务的基础上，对客户 CPE（全球网络客户终端设备）在内的客户广域网络进行端到端的实时主动式的网络维护管理，并提供 SLA（服务等级协议）服务承诺的专业化整体服务。
- 应用平台业务。指为客户提供的以网络通信为基础，围绕行业细分市场应用，面向行业价值链上的相关客户群，具有信息互通、应用交互、协同处理、综合管理、安全保障等功能的行业应用系统平台服务。

4．知识服务

以为客户创造价值为目标，通过与有优势的技术、业务、管理专家团队的合作，为客户提供的系统规划咨询、优化咨询、安全咨询等服务。

- 规划咨询服务业务。包括网络规划咨询、网络优化咨询等服务。固网运营商具备丰富的大型网络管理经验，这方面的能力完全可以作为知识产品进行输出，对于正在大力推进信息化的行业性客户很有推广价值。
- 培训服务。包括各类技术、业务和管理知识培训服务。

1.3.3　ICT 业务特点

（1）服务的对象主要是企业（商业）客户，原因是企业客户一般拥有局域网，而局域网正是信息技术和网络技术融合最早的区域。

（2）所选择的业务体现了从骨干网络向局域网络延伸的特点。从基础架构做起，为客户提供从网络基础建设到网络应用建设的全方位服务。

（3）体现了电信业务和企业应用捆绑组合的特点。同时提供电信业务、互联网业务和企业应用业务，并力图将三者无缝协同。

（4）逐渐向整体方案和标准化体系过渡。努力满足企业的整体方案需求，并适时将这些需求拓展为标准化方案，以提升满足行业客户需求的能力。

1.3.4　ICT 就业前景

随着我国对产业的政策、资金、行业关注度向新兴领域的不断倾斜，行业人才需求的结构正在发生速度到质量的转变。据计世资讯研究数据显示，从人员总体规模来看，2017 年 ICT 领域的总体人才需求缺口在 765 万，而到 2020 年达到 1246 万，需求缺口增速（CAGR）接近 20.8%（见图 1.2）。

1. 物联网产业

自 2009 年"感知中国"概念兴起后，我国物联网产业经历了近 10 年的发展高峰期，而近年来伴随着网络能力的进一步增强和芯片成本的进一步降低，物联网（IoT）技术标准的进一步成熟，以低功耗、智能计算为特征的物联网第二春开始发力。2017 年 1 月，工信部发布《信息产业发展指南》（物联网专篇），为物联网产业发展进一步指明了方向。据计世资讯研究显示，2017 年物联网市场保持稳步增长，全年市场规模超过 1.1 万亿，然而到 2020 年整体市场规接近 1.8 万亿，需求缺口增速接近 17.8%（见图 1.3）。

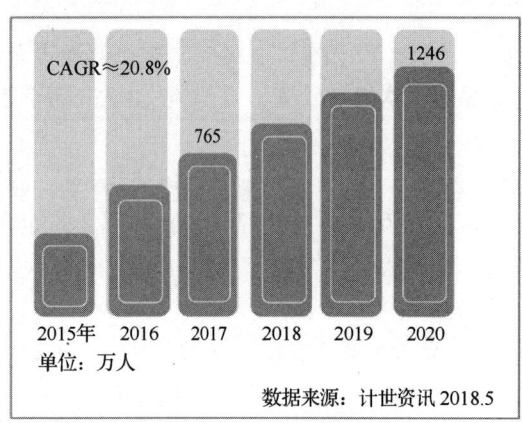

图 1.2 2015—2020 年 ICT 人才需求缺口数

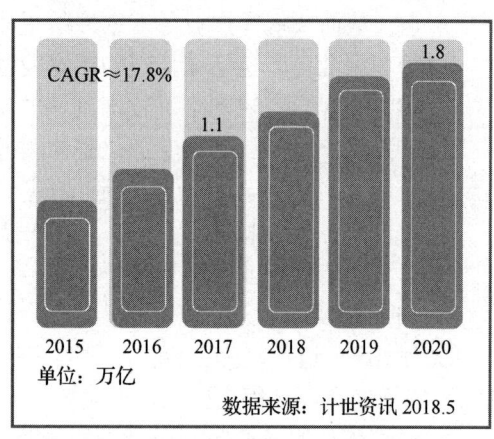

图 1.3 2015—2020 年中国物联网领域市场规模

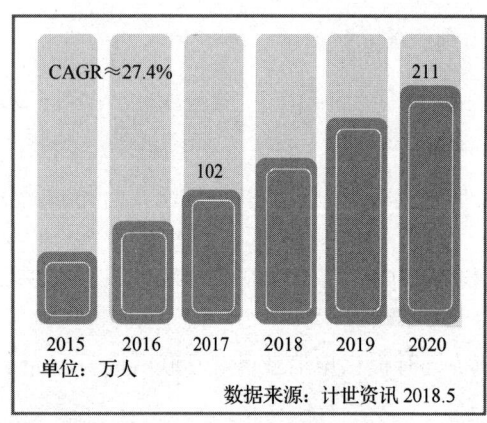

图 1.4 2015—2020 年中国物联网领域人才需求缺口

随着我国 5G 网络的不断深化，窄带物联网应用的日趋广泛，未来物联网的节点规模和应用领域即将迎来再次爆发，物联网领域人才需要具备产业链各环节更多的专业领域知识，探索各个领域前沿性、创新性应用。数据显示，2017 年物联网产业人才缺口 102 万人，需求缺口增速接近 27.4%，物联网产业具有产业链长、知识密集型特征，需要人才对前端行业应用、终端设备性能有通盘了解（见图 1.4）。

2. 人工智能产业

2016 年 3 月，谷歌人工智能程序 AlphaGo 战胜韩国围棋大师李世石，全面引爆了人工智能的关注浪潮。人工智能对于经济发展、产业升级和科技进步至关重要，成为企业乃至国家的竞争焦点，各国纷纷将其作为提升核心竞争力的国家战略。2016 年，美国白宫相继发布了与关于人工智能的三份战略文件，分别为《为人工智能准备》《美国国家人工智能研究和发展战略计划》和《人工智能、自动化和经济报告》；2017 年 7 月，我国也颁布《新一代人工智能发展规划》。据计世资讯研究显示，2017 年人工智能产业市场增速显著，全年市场规模接近 500 亿元，2020 年达到 1500 亿元，需求缺口增速接近 44.2%（见图 1.5）。

目前人工智能行业应用依然处于探索阶段，对于人才的主动学习能力、新兴模式的探索能力，尤其是借鉴国际前沿技术知识本地化应用是关键点。从业务能力来看，人工智能需要具有较高的与各产业深度应用融合的人才，主要包括机器学习（深度学习）、算法研究、芯片制造、无人驾驶等综合领域，具有鲜明的学科融合特点。研究显示，2017 年人工智能人才需求的缺口为 96 万人，同比增速处于四个新兴领域之首，人才需求缺口增速接近 33.0%（见图 1.6）。

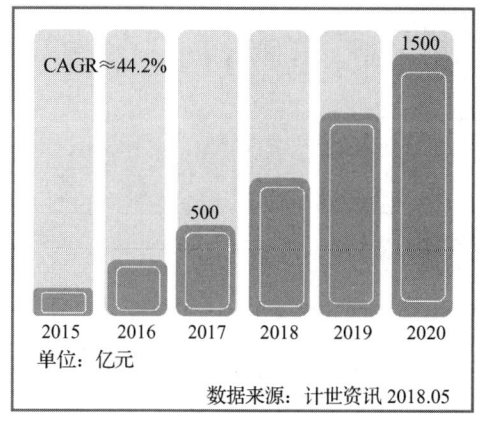
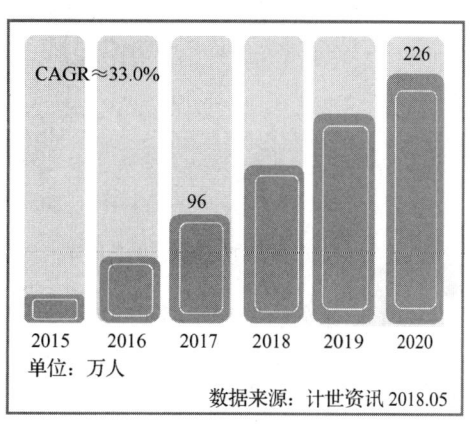

图 1.5　2015—2020 年中国人工智能产业市场增速　　图 1.6　2015—2020 年中国人工智能领域人才需求缺口

3. 大数据产业

数据是 ICT 产业应用的核心驱动力，实施大数据行动计划是我国的基本国策。2015 年 9 月，工信部发布《促进大数据发展行动纲要》；2017 年 1 月，工信部进一步提出，《工业和信息化部关于印发大数据产业发展规划（2016—2020 年）》；在党的十九大报告及 2018 年两会政府工作报告中，进一步强化了大数据的应用地位，实施大数据行动计划是大势所趋。研究显示，2017 年大数据市场继续保持高速发展，市场规模接近 234 亿元，2020 年达到 578 亿元，需求缺口增速接近 35.2%（见图 1.7）。

当前大数据行业最为缺乏的人是对行业业务理解和数据应用诉求都了解的人才。同时，大数据领域开始与人工智能领域加速融合，技术共同性和应用领域的重合程度不断深化。研究显示，2017 年大数据领域的人才需求缺口为 126 万人，需求缺口增速接近 26.8%（见图 1.8）。

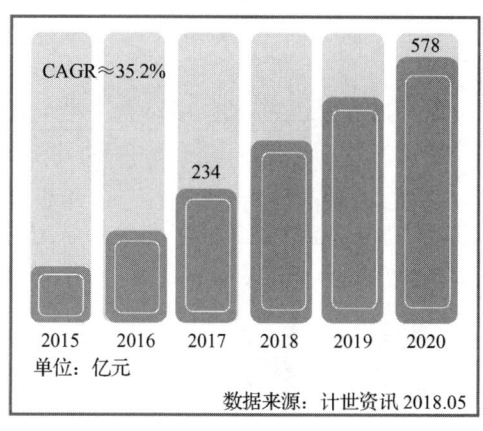
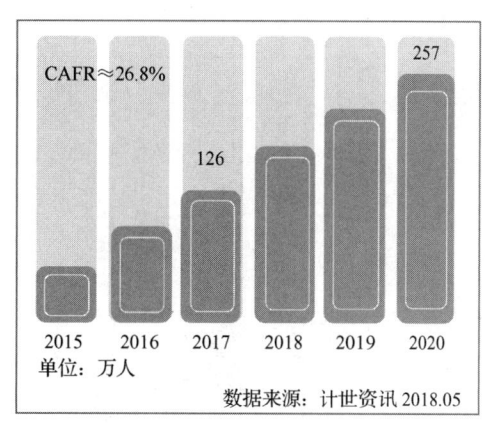

图 1.7　2015—2020 年中国大数据领域市场规模　　图 1.8　2015—2020 年中国大数据领域人才需求缺口

4. 移动通信产业

随着 2019 年世界移动通信大会的召开，移动通信产业成为大众关注的焦点，特别是 5G 产业，同时也说明了未来移动通信产业对 5G 人才的需求量剧增（见图 1.9）。

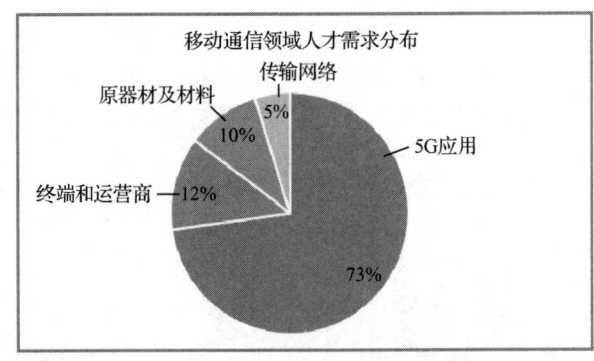

图1.9 未来15年中国移动通信领域人才需求

5G即第五代移动通信技术,具有高速率、低时延、广连接三大特性,可实现增强虚拟现实、视频直播、海量物联网设备接入、远程医疗、自动驾驶、智能制造、新型智慧城市等典型应用,实现万物互联,为用户提供"体验的革命"。业界一致认为,4G改变生活,而5G改变社会。

5G带来技术革命的同时,也为社会创造巨大的财富和就业机会。全球移动通信系统协会预测,到2025年全球5G连接数量将达14亿个,未来15年间,5G将为全球经济增加2.2万亿美元产值。据中国信息通信研究院2020年发布的《中国5G发展和经济社会影响白皮书(2020年)》指出,未来2~3年5G步入发展关键期,我国网络建设仍将呈持续推进趋势,5G网络逐步实现广域覆盖,具有5G特性的消费级创新应用可能在2022—2023年规模增长,5G网络技术将在车联网增强、超高可靠低延时、高精度定位、虚拟专网等方面更加突出。

5. IT产业

随着信息产业的迅猛发展,行业人才需求量也在逐年扩大。据国内权威数据统计,未来五年,我国信息化人才总需求量高达1500万~2000万人。其中"软件开发""网络工程""UI界面设计"等人才的缺口很突出。我国软件人才需求以每年递增20%的速度增长,每年新增需求近百万,与大中专IT专业毕业生的增长速度相比仍然杯水车薪,存在着巨大的人才需求供应缺口(见图1.10)。

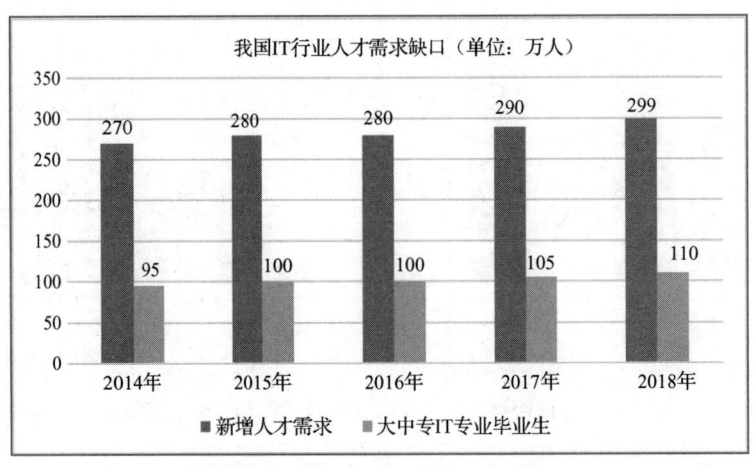

图1.10 IT领域人才需求分布

任务 4　过好大学生活

任务描述

经过系统地学习,想必你对 ICT 领域有了初步的认识,毕业后我们能干什么工作?应该如何发展?

任务分析

为了认清自己的定位,如何规划大学生活,如何对自己未来的职业生涯有初步的认知,本节将带领大家熟悉大学生活,规划自己的职业和生涯。

知识准备

1.4.1　职业规划

职业规划就是深刻认识自己、分析自己,找准自己的定位,梳理适合的方向,探索实现的路径。尽早着手科学地开展职业规划,可以让大学生活更有规律、更有目的、更有实效,既可以避免无所事事的迷茫,也可以避免千头万绪的纷乱。

对此,很多同学有"职业规划离自己很遥远"的认识误区。其实,职业规划适用于每个人,而且越早开始越好。职业规划的功能在于为人生设定目标,并找出达成目标所需要采取的步骤。一旦有了目标,一个人就容易集中全部的潜能和资源去实现它,成功的可能性也会由此增大。

1.4.2　正确对待大学生活

从孩提开始,我们一直都在学习。在家里,有父母的监督,让我们时刻保持精神的高度集中;在学校里,有老师传授知识教我们如何去学习。尤其是经历了紧张的三年高中生活,终于进入大学。从处处受约束的状态来到了相对宽松的环境,难免会产生一丝懈怠。有些人自此失去了方向,慢慢堕落下去,导致毕业时才悔恨交加。接下来,和大家聊一聊如何正确对待大学生活,希望能有所帮助。

1. 合理利用自己的时间

大学的课程相对高中减少了很多,自己有很多的空闲时间。也许一天只需上一两节课,其余的时间都交给自己分配,如果不能合理利用自己的时间是十分可惜的。因此,要提前认清自己的方向和目标,及时查看课表,掌握课余时间段,规划并利用课余时间。

2. 制订完善的学习计划

大学所学的知识主要是教会你如何去思考,去靠自己的努力挖掘出更深层次的东西,所以大学生活十分注重自己的自学能力。虽然所学的科目减少,但知识面是不断在扩大的。我们要提前根据自己所学的课程,提前制订一套完整的学习计划,这样才能在课堂上跟上老师的学习步伐。学会加强自己的专业知识,对毕业以后找工作会有很大的帮助。

3. 多参加体育锻炼

身体是革命的本钱，没有好身体一切都是空谈。在业余生活中，多参加一些体育活动，如篮球、足球、网球等。这些都可以帮助你增强体质，使自己免受疾病的侵扰。不要沉迷于游戏，长时间玩游戏对自己的身体和心灵会造成负面影响。一定要做到"走下网络，走出宿舍，走向操场！"。

4. 培养自己与人交流的能力

我们身处大学，就是身处于一个小社会，每个人都不是一个完全独立的个体，不可避免地要与人进行交流。在大学里，要多参加社团组织，多与人交流、探讨问题。积极投身到社团的工作当中去，和大家一起组织课外活动，锻炼自己的组织、领导能力。同时，良好的人脉也是自己将来的一份助力，多参加活动会为自己将来的工作打下坚实的基础。

5. 确定自己的人生目标

大学只是人生的一个起点。这是一个新的挑战，是我们步入社会之前的最后一次操练。随着专业的确定，我们需要对自己进行一个全方位的审视，认清自己。根据自己的兴趣爱好，以及社会的人才需要，明确自己的目标，以此作为自己的目标方向，并且坚持不懈地努力。为人生付出汗水，打牢基础，换取未来的光明。不要在大学生活中迷失自己，要找准方向、拼搏向上，不让自己在大学虚度时光，珍惜大学生活，做到问心无愧。

项目考核

思考题

1. 以我们所学专业为主线，利用网络资源，使用思维导图工具，画出和我们相近专业的联系图。

2. 什么是大学，什么又是职业教育，是仅仅学会专业技能找一份合适的工作吗？请说说大学生涯能我们学会什么，如何规划大学生活？

项目2 软件技术导论

项目介绍

为深入贯彻《国务院关于深化制造业与互联网融合发展的指导意见》（国发〔2016〕28 号）等国家战略，按照《中华人民共和国国民经济和社会发展第十三个五年规划纲要》部署，落实《信息产业发展指南（2016—2020 年）》要求，工业和信息化部在 2017 年初正式发布了《软件和信息技术服务业发展规划（2016—2020 年）》（工信部规〔2016〕425 号），在此规划中特别指出"软件是新一代信息技术产业的灵魂"，要求在行业人才培养需求上实施人才优先发展战略，加快建设满足产业发展需求的人才队伍。

任务安排

任务 1　软件技术内涵及发展
任务 2　软件技术专业人才培养
任务 3　软件行业的职业道德和学习规划

学习目标

◇ 了解软件行业的发展过程
◇ 了解软件行业的社会需求及人才培养体系
◇ 了解软件行业人才的必备技能和职业道德

任务 1 软件行业的内涵及发展

➡ 任务描述

小李是一名对计算机行业很感兴趣的高中毕业生,面临大学选专业的问题,小李在网上查阅了许多相关资料,但是信息比较零散,现在小李想对软件行业能有一个系统地了解。

➡ 任务分析

本节通过对软件技术的典型案例、基本内涵和发展情况介绍加深对软件技术的理解。

➡ 知识准备

2.1.1 软件技术的典型应用案例

随着新一代信息技术加速渗透到经济和社会生活的各个领域,计算机软件产业呈现出网络化、服务化、平台化、融合化新趋势。目前,软件业正在全面融入经济社会各领域,软件技术已渗透到几乎所有信息技术之中。

1. "互联网+"应用

随着互联网的快速发展,尤其是全面到来的"5G"移动互联时代,传统的经济形态不断地发生着演变,各种传统行业利用信息技术和互联网平台,让互联网与传统行业进行深度融合,从而创造新的发展生态。"互联网+"即在互联网中融入和链接传统行业。

互联网首先影响的是传统的商业环境,在互联网和商业环境的融合中产生了最初的电子商务,即将传统商业活动各环节的电子化、网络化和信息化。让消费者通过网络在网上购物、网上支付,节省了客户与企业的时间和空间,大大提高了交易效率。在电子商务发展的过程中,也随着软件技术的发展,逐步推动传统行业改革,例如营销方式、平台、内容都随着技术的发展在不断的改革,各种平台的知识营销、体验式微营销、差异化营销、直销、网络营销、搜索营销等在不断改变着人们的交流方式。同时在电子商务结算环节,也随着网络、软件技术的发展逐步推动着金融行业的发展,如发展出不同的移动支付方式,在商品交付环节,也推动了商贸流程领域的发展,各种新技术的应用推动着物流配送的发展,极大地提高了整体商业效率。

除了互联网与商业的融合,同时通过现代先进的软件和硬件技术水平,如移动互联网、云计算和大数据、物联网等技术和传统制造等结合,也产生了"工业互联网""工业4.0"等内涵概念;通过和政府管理、民生服务等结合,产生了"智慧城市"的概念,并由此衍生出"智慧政务""智慧城管(城市运行管理)""智慧医疗""智慧教育""智慧社区(居家养老)""智慧公共安全(智慧政法)""智慧安保/巡检(农林牧渔及安监环保行业)""智慧产业(园区)""智慧文化""智慧旅游"等领域。通过和现代农业的融合,围绕农业生产管理、经营管理、市场流通等环节,提供相关应用软件、智能控制系统、产品质量安全追溯系统的支持,也促进了农业大数据应用、涉农电子商务等的发展(见图2.1)。

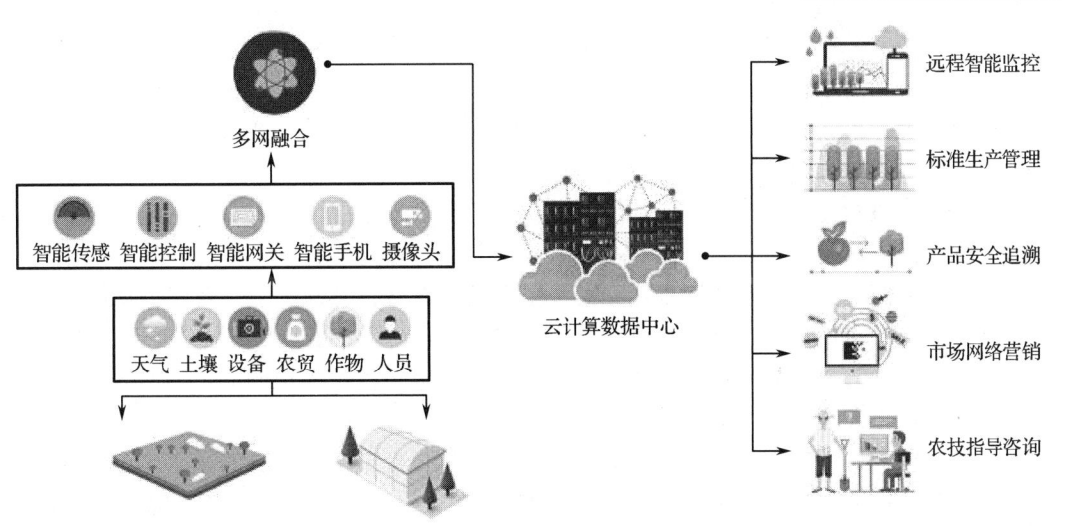

图 2.1　智慧农业架构图

2. 工业 4.0

所谓工业 4.0（Industry 4.0）是基于工业发展的不同阶段做出的划分。按照目前的共识，工业 1.0 是蒸汽机时代，工业 2.0 是电气化时代，工业 3.0 是信息化时代，工业 4.0 则是利用信息化技术促进产业变革的时代，也就是智能化时代。

这个概念最早出现在德国，其核心目的是为了提高德国工业的竞争力，德国所谓的工业 4.0 是指利用信息物理系统（Cyber Physical System，CPS）将生产中的供应、制造、销售信息数据化、智慧化，最后达到快速、有效、个性化的产品供应。

在 2016 年由工业和信息化部印发的《软件和信息技术服务业发展规划（2016—2020 年）》中特意强调要围绕制造业关键环节，重点支持高端工业软件、新型工业 App 等研发和应用，发展工业操作系统及工业大数据管理系统，提高工业软件产品的供给能力，强化软件支撑和定义制造的基础性作用。支持软件企业联合工业企业，面向重点行业建设基础共性软件平台和新型工业 App 库，构建工业技术软件体系，开展应用试点示范。支持有条件的地方或行业建设工业 App 共享交易平台，丰富工业技术软件生态。

基于国家的政策支持，通过大数据、云计算等的应用，智能化、个性化、便捷化、模块化、虚拟现实、三维打印等现代技术特征和机、电、自动化、信息与通信技术及企业管理流程等的深度融合，实现向智能化制造的进化，将在生产、流通、教育、商业、社会管理、公共设施等各领域发生革命性的变革，对新的价值创造、商业模式、服务方式、交通模式和工作方式等方面产生全新的影响。

最直接的工业 4.0 应用是物联网应用，借助现代通信技术，人类实现了远程相连，5G 时代的到来将实现人与物、物与物的高速实时无线相连打下了技术上的基础，人类即将进入万物互联时代。在物联网上，每个人周围环境中的一切物体都可以应用电子标签获得上网连接的身份，在物联网上都可以识别、查询它们的具体功用及位置。从这个意义上讲，万物互联将是智能化发展到高级程度的必然要求。物联网对形成智慧城市、智能制造、改善交通、智能家居、灾害预测与犯罪防治、流行病控制等社会重大事件将产生深刻的影响，具有十分广阔的应用前景。比较典型的案例有，比如在亚马逊仓库中，已经有超过 10 万台机器人投入使用。

另外，典型应用是云端的产品模式，云端是基于互联网相关服务的使用和交互模式，通常涉及海量的数据计算（云计算），只有通过云端的超级计算机和大型存储设备来完成数据的处理，而数据处理的结果则可以通过互联网传达到客户端，客户端通过软件、App、小程序等获取数据。如华为云、百度云等应用，使客户可以用较小的代价就可以使用需要大量数据处理的服务如地图、图像处理等。

再有就是个性化定制多样世界。智能化端对端的信息采集保证了智能化生产的多样性，而市场中不同消费群体的知识认知、审美取向、使用习惯、价值判断不尽相同，导致层出不穷的长尾现象。如果说工业化大生产的时代满足不了人们日益增长的物质文化需要，那么智能化时代的生产技术正好可以按照个性需求而精准适配。事实上，近些年一些家居生产商已经具备了个性化定制生产的雏形，如欧派的橱柜、厨具电器等，就可以按照不同的户型、规格、尺寸、用户使用习惯、审美意向、空间结构等而设计定制不同的个性化产品。

在人工智能与深度学习方面将改变未来产品的一切。人工智能与深度学习模拟一种新的能以人类智能相似的方式做出反应的智能思维，实质是大数据、机器学习及各类算法优化处理的结果，代表性的研究包括机器人、语音识别、图像识别、自然语言处理和各类信息处理专家系统等。人工智能可能重构全球经济，未来的产品设计中植入人工智能是大概率事件（见图2.2）。

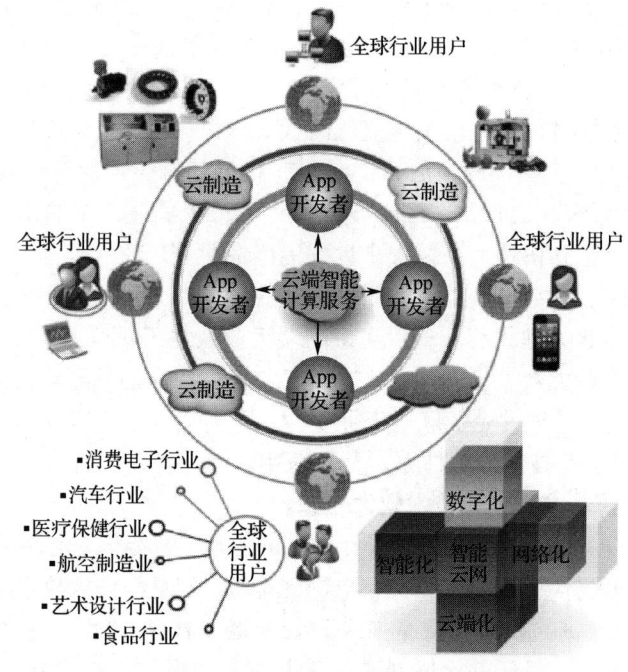

图 2.2　智能制造架构图

总之，在计算机软件系统的辅助下，运用虚拟现实技术、增强现实技术，结合用户研究等常规设计程序，提前在不开模投产的情况下研究待开发的新产品，用虚拟现实的技术完成各项工况模拟运作，为智能化制造提供可生产的数据基础，并根据性能、规格、功效、结构等需求条件完成模块化，结合终端上的用户反馈、信息分析等提供个性化的定制服务将是未来工业的发展方向。

3. 智慧城市

智慧城市的概念是多维度多层面的，但建设智慧城市的目标就是要让老百姓有获得感和体验感，让城市发展更有持续性，让城市发展更为安全，让政府政务更为高效。建立城市智慧大脑切实能够帮助城市管理者提高城市运营管理水平、建设文明和坏境美好城市、提高政府服务水平。

从水平建设层面来说，包括智慧云通信存储分析计算基础平台，城市 GIS 建模，智慧信息采集点，信息集成中心节点，各智慧应用软件。从业务专项来说，包括智慧政务、智慧公共安全、智慧公共建设、智慧城市规划设计管理、智慧人员管理等。智慧城市就是通过普遍的感知将生活中的物与物、物与人连接起来形成庞大的物联网，进而通过云计算的方式对各种信息进行数据挖掘和融合，然后向城市居民提供智能化的服务，使得城市管理和服务更富有预见性、创造性、协作性、高效和科学。从技术角度来说，智慧城市体系架构应包括基础平台层、技术支撑层和智慧应用层三部分。其总体技术架构平台如图 2.3 所示。

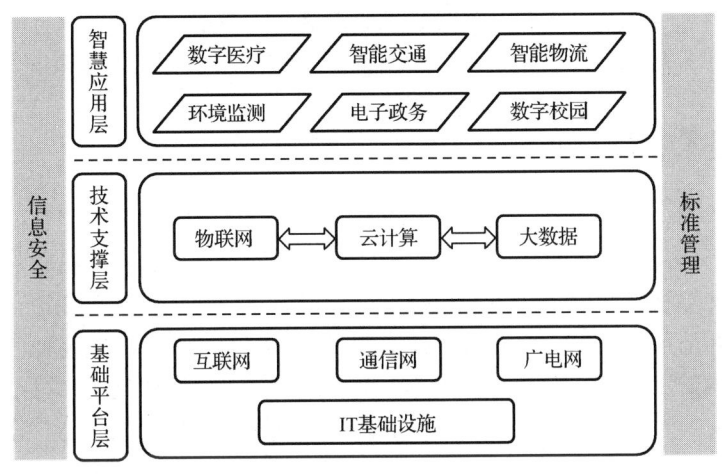

图 2.3 智慧城市架构图

（1）基础平台层

智慧城市应用的实现，离不开底层的 ICT 基础平台，需要打造泛在的信息交换网络、移动通信网络、公共服务平台和城市基础数据库。随着计算机技术和通信技术的发展，推进无线城市项目和宽带提速工程，实施下一代互联网，开展"三网融合"和网络基础设施共建共享，这一系列的举措必将打破许多智能应用和网络服务的瓶颈，促进信息资源的开发利用及深度整合，为智慧城市建设提供更坚实的软硬件基础保障。

（2）技术支撑层

智慧应用和服务需要三个关键的技术支撑：高度发达的信息网络（物联网）、巨量的信息基础（大数据）和提供智慧服务的创新技术（云计算）。

信息产业发展的新变革物联网就是"物物相连的互联网"，是互联网的应用拓展，通过二维码识读设备、射频识别（RFID）装置、红外感应器、全球定位系统和激光扫描器等信息传感设备，按约定的协议，把任何物品与互联网相连接，进行信息交换和通信，以实现智能化识别、定位、跟踪、监控和管理的一种网络。物联网应用涉及的关键技术有：传感器技术、RFID 标签技术、嵌入式系统技术、M2M 长距离通信技术。

云计算提供了海量信息存储与计算平台，在物联网高级阶段，需要虚拟化云计算、SOA（面向服务的架构）等技术的结合实现物联网泛在服务。而海量信息的管理和数据挖掘又离不开云平台的分布式计算和存储。三者的关系是密不可分的。云计算是并行计算、分布式计算和网格计算的发展和商业实现，云计算以虚拟化为基础，通过集群化运维管理系统，实现计算、存储、网络、服务器等资源的动态分配及部署，实现"按需取用"产品和服务。由于云计算将"计算能力"作为一种服务提供给广大用户，用户可以租用云平台的计算资源，方便又便宜，所以云计算的应用降低了用户软硬件部署和系统维护的成本，提高了系统和业务的弹性。搜索引擎、在线字典、网络邮箱、数据仓库出租等是目前云计算的一些典型应用。

（3）智慧应用层

智慧应用层是智慧城市建设的最终目标。智慧应用层的建设内容包括智慧公共服务和智慧产业服务，具体包括智能物流、智能社区、数字医疗、数字校园、环境监测、智能安防等方面。我们生活中所熟悉的车联网、手机银行、网上挂号、城市应急指挥中心等应用都是智慧城市服务初级阶段的功能体现。

如今，在中国一些省市已经建立了智慧城市的雏形，数十个部门的政务数据，海量的基础数据和成百上千的智慧应用被承载在一个崭新的城市数字平台上，为城市的发展做出贡献。

2.1.2 软件技术的基本内涵

从学科角度出发，在教育部 2018 年《普通高等学校高等职业教育（专科）专业目录》中软件技术属于电子信息大类计算机类中的专业，主要目的是为培养计算机软件技术类人才，计算机软件技术是计算机技术的一个重要组成部分，目前，在我们的日常生活、工作、学习、娱乐等领域中，处处都可以看到计算机软件技术的应用。电商网站、浏览各种信息，网站就是一种计算机软件技术的应用；去银行办理业务，离不开计算机程序的支持；写年终工作报告、给客户发送电子邮件，同样离不开计算机软件工具。本节我们将从概念、类型等方面对软件技术进行一定的讲解。

1．计算机软件技术

为了理解计算机软件技术，我们先了解什么是计算机软件，什么是计算机程序，计算机软件和计算机程序的关系，计算机软件和计算机硬件的关系。

软件是一个非常宽泛的概念，与硬件相对应，例如电影、电视、音乐、文档记录等都是软件。从城市建设角度来讲，下水管道、地铁交通、百货商场等都是硬件设施，而法律制度、规章制度、管理水平等则是软件。

在计算机领域中，计算机软件（Computer Software），简称为软件，是指在计算机系统中执行特定任务的计算机程序、数据结构和算法及文档的集合。软件技术专业属于计算机类的专业，故一般所说软件即指计算机软件。

软件包含了程序。计算机程序（Computer Programs），简称程序，是指计算机的指令序列。计算机工作时离不开程序，当计算机的中央处理器执行计算机指令时，就是程序在运行。程序通常分为源代码和可执行程序两大类。源代码是指以程序设计语言编写的、可读的语句和声明的集合，程序设计人员的工作就是使用程序设计语言编写源代码，源代码经过编译后转变为计算机可以执行的程序；可执行程序是指包含了计算机可以直接执行的指令的文件。为了与源代码相区别，可执行程序又被称为二进制代码。当在市场上购买软件时，通常购买的就是程序的可执行版本。从这里来看，计算机软件不等同于计算机程序，其外延要大于计算机程序（见图2.4）。

```
public int removeDuplicates(int[] nums) {
    if (nums.length == 0)
        return 0;
    int i = 0;
    for (int j = 1; j < nums.length; j++) {
        if (nums[i] != nums[j]) {
            i++;
            nums[i] = nums[j];
        }
    }
    return i + 1;
}
```

图 2.4　计算机程序源代码示例

软件也离不开数据结构和算法。数据是现实社会数据在计算机内的数字映射，数据结构反映现实数据之间的关系。算法（algorithm）是数学、计算机等学科领域中的一个重要概念，是指一种有限指令的序列，是解决特定问题的明确的详细步骤，通常用于计算和数据处理。软件的目的就是完成特定的任务，由程序和算法具体来承担。

文档也是软件的重要内容。软件文档是指伴随软件存在的文本文档，用于解释软件的工作原理、使用方法、技术特点等内容。在软件的设计、开发和使用过程中，常见的文档包括需求分析、系统设计、算法描述、用户手册、技术服务、市场推广计划等。

例如，操作系统作为一种软件，包含了各种操作命令程序、命令中处理数据的各种算法以及用户手册等文档。

计算机软件与计算机硬件是相互协同工作的。计算机硬件指计算机系统的物理部分，包括主板、显示器、CPU、RAM 内存、硬盘、键盘、鼠标、电源等，用于存储和运行计算机软件。如果缺少了计算机软件，计算机硬件是毫无用途的。从计算视角来看，计算机软件的有序指令可以按照某种顺序改变计算机硬件的状态，实现用户的需要。从形状上来看，计算机硬件是指有形的、可触摸的实际物体，而计算机软件则是无形的、不可触摸的抽象实体（见图 2.5）。

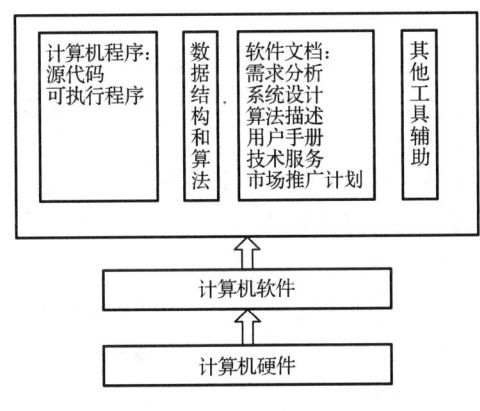

图 2.5　软件体系结构

经过上面的分析可知，软件是一种产品，涉及操作系统、程序设计语言、算法、数据库技术等许多不同的技术。因此，计算机软件技术是与软件的设计、实施和使用相关的多种技术的统称。

2. 软件技术的分类

软件技术的分类方式有很多种，例如可以根据软件技术的功能进行分类，也可以根据软件技术的不同使用方式进行划分，还可以根据软件的设计与实施流程涉及来划分，软件技术从软件的设计与实施涉及程序设计语言、算法和数据结构、数据库技术、操作系统及系统软件、多媒体、软件工程等技术，软件的使用涉及质量、可靠性、专利、知识产权、道德、法律等管理和技术。下面我们从软件开发流程中涉及的技术来对软件技术做进一步了解。

（1）程序设计语言及其相关工具

程序设计语言是用于书写计算机程序的语言。语言的基础是一组记号和一组规则。根据规则由记号构成的记号串的总体就是语言。在程序设计语言中，这些记号串就是程序。程序设计语言有三个方面的因素，即语法、语义和语用。语法表示程序的结构或形式，亦即表示构成语言的各个记号之间的组合规律，但不涉及这些记号的特定含义，也不涉及使用者。语义表示程序的含义，亦即表示按照各种方法所表示的各个记号的特定含义，但不涉及使用者。

语言的种类千差万别。但是，一般说来，基本成分不外乎以下四种。

① 数据成分。用以描述程序中所涉及的数据。
② 运算成分。用以描述程序中所包含的运算。
③ 控制成分。用以表达程序中的控制构造。
④ 传输成分。用以表达程序中数据的传输。

现代程序设计语言设计的初衷都是基于人类的语言而设计的，便于人类的使用和交流，使用这样的语言设计的程序计算机是无法识别的，此时就需要一些相关的软件工具来将这些程序转换成计算机能识别的程序，同时软件开发人员用于创建、调试、维护其他程序和应用软件也需要一些相关的软件工具，一般地，这些软件工具包括程序设计语言及编译程序、调试程序、解释程序、链接程序、文本编辑程序等，这些软件工具的集合称为集成开发环境（Integrated Development Environment，IDE）。

编译程序（compiler）是一种把用某种计算机语言编写的源代码程序转变成另一种计算机语言（目标语言，通常是二进制形式，被称为目标代码）的计算机程序。这种编译的目的是使得源代码成为一种可执行的程序。

通常情况下，编译程序用于把高级程序设计语言编写的源代码转变成汇编语言或机器语言等低级语言，以便计算机能够执行。相反，把低级程序语言代码转换为高级程序语言代码的程序称为反编译程序。

编译过程的主要操作包括词法分析、语法分析、语义分析、代码生成和代码优化。

词法分析是指从左至右逐个字符对源程序进行扫描，产生一个个单词符号，把作为字符串的源程序改造成单词符号串的中间程序。

调试程序（debugger）是一种测试和诊断其他程序的计算机程序。在集成开发环境中，当发现程序的错误时，对于源代码级的错误，调试程序将显示出错误在源代码中的位置。如果是针对低级语言或机器语言的调试，则错误位置会以反汇编的形式显示出来。

另外，调试程序还有其他一些功能，例如逐步运行程序、在设置的断点处中止程序的执行、跟踪特定变量的值等。

解释程序（interpreter）是指执行某种编程语言编写的指令的计算机程序。解释和编译是程序设计语言实现计算的两种主要方式。但是，这两种计算方式并非是绝对不同的，原因是大多数的解释程序也像编译程序一样执行一些翻译工作。

对于一个解释程序而言，它可以以多种方式执行计算机指令：直接执行源代码，例如具有C#语法特点的 XMLmosaic 语言的解释程序；将源代码翻译成更有效率的中间代码然后执行，例如 Perl、Python、Matlab、Ruby 等语言都是这种类型的解释程序；明确执行由解释程序的编译功能生成的预编译代码，例如 Java 语言，Python 语言也可以先生成预编译的 .pyc 代码，然后再执行。

中间代码可以是独立的机器代码，然后被链接程序链接起来，再由解释程序或编译程序来执行。

链接程序（linker）是指把一个或多个由编译程序生成的对象合并成为一个可执行程序的计算机程序。

计算机程序通常由多个部分或模块组成。这些并不包含在一个对象文件中的部分或模块也被称为符号。一般地，对象文件包含三种符号：已定义的符号、未定义的符号和本地符号。已定义的符号允许其他模块调用,未定义的符号可以调用其他已定义的符号,本地符号则是指对象文件内部使用的重定位符号。当程序由多个对象文件组成时,链接程序把这些文件合并成一个统一的可执行程序,实现符号之间的调用。

IDE 是一种为计算机编程人员提供的、具备软件开发需要的编辑、编译、调试、链接及自动化工具的多种功能的计算机软件。IDE 也被称为集成设计环境、集成调试环境等。有时,版本控制系统和工具也被集成到 IDE 中。目前,许多 IDE 还有类浏览器、对象审查器、类图等面向对象软件的开发功能。

使用 IDE 可以提高编程效率,例如在编写程序时可以随时执行编译操作,当出现语法错误时可以随时反馈错误提示等。目前,大多数的 IDE 都是可视化的,允许用户通过拖拉的形式创建并设计应用程序。

有些 IDE 支持多种编程语言,例如基于 Java 语言的 Eclipse、基于 C#的 MonoDevelop 等都是支持多种语言的 IDE。在这种 IDE 中,提供了插件功能,允许同时安装多种语言的插件。例如,可以在 Eclipse 环境中安装 C/C++、Python、Ruby、PHP 等插件以支持相应的语言。插件也是一种计算机应用程序,它和主应用程序互相交互,以提供特定的功能。

(2) 数据结构和算法

数据结构就是指一组数据的存储结构。算法就是操作数据的一组方法。

数据结构和算法是相辅相成的。数据结构是为算法服务的,算法要作用在特定的数据结构之上。因此,我们无法孤立数据结构来讲算法,也无法孤立算法来讲数据结构。

数据结构是静态的,它只是组织数据的一种方法。如果不在它的基础上操作、构建算法,孤立存在的数据结构是没用的。

数据结构和算法讨论的是如何存储数据及如何解决问题的方法,是独立于具体设计语言。

(3) 数据库技术

数据库技术是现代信息科学与技术的重要组成部分,是计算机数据处理与信息管理系统的核心。数据库技术研究和解决了计算机信息处理过程中大量数据有效地组织和存储的问题。

数据库技术研究和管理的对象是数据,所以数据库技术所涉及的具体内容主要包括通过对数据的统一组织和管理,按照指定的结构建立相应的数据库和数据仓库,解决大量数据有效地组织和存储的问题;利用数据库管理系统和数据挖掘系统设计出能够实现对数据库中的数据进行添加、修改、删除、处理、分析、理解、报表和打印等多种功能的数据管理和数据挖掘应用系统,解决数据存储冗余、实现数据共享、保障数据安全及高效地检索数据和处理数据问题;并利用应用管理系统最终实现对数据的处理、分析和理解,最终解决数据的共享问题。

(4) 操作系统及系统软件

系统软件(System Software)指管理和控制计算机硬件、使计算机工作的软件。系统软件是一种非常重要的软件类型,它为用户提供了一种操作计算机硬件的便捷方法,为其他程序提供了运行的基础。对应用程序编程人员来讲,系统软件可以屏蔽计算机硬件,例如打印机、显示器、键盘的访问细节,减轻编程人员的工作负担。另外,系统软件还可以增强计算机内存管理、处理器管理的安全性和稳定性等。

系统软件与应用软件不同,应用软件有助于提高终端用户的生产效率,例如用户使用 Word 软件来编写文档,通过网络玩游戏,这里的 Word 软件、游戏软件都是应用软件。系统软件则用于执行像把内存中的数据写入到磁盘中、把从键盘上输入的字符显示在显示器上等任务。

虽然操作系统是最主要的系统软件,但是系统软件并不等同于操作系统。根据系统软件的功能特点，还可以继续划分为操作系统、设备驱动程序、实用工具及其他系统软件等。

① 操作系统。

操作系统（Operating System，缩写 OS）是管理计算机硬件与软件资源的计算机程序，同时也是计算机系统的内核与基石。操作系统需要处理如管理与配置内存、决定系统资源供需的优先次序、控制输入设备与输出设备、操作网络与管理文件系统等基本事务。操作系统提供一个用户与系统交互的接口。

操作系统为系统程序、用户接口、应用程序和硬件提供了许多服务，应用程序通过系统调用访问这些服务、通过设备驱动程序使用硬件。我们以 Linux 操作系统为例来了解操作系统的层次结构（见图2.6）。

最内层为计算机硬件，在硬件基础外是 Linux 系统的内核程序，它是整个操作系统的最底层，负责整个硬件的驱动，以及提供各种系统所需的核心功能，包括防火墙机制，是否支持 LVM 或 Quota 文件系统等，如果内核不认识某个最新的硬件，那么硬件也就无法被驱动，用户也就无法使用该硬件。用户要想操作机器则必须要有一个接口来和系统互动，在内核的外层包裹的 shell 层就担当这个作用，它提供了一个人机交互的接口，使用户通过 shell 来使用操作系统控制硬件，但 shell 是一个纯命令的程序，使用的时候需要有专业知识，因此在 shell 的外层又增加了各种各样的应用程序便于用户的使用。

图 2.6　操作系统层次结构图

② 设备驱动程序。

设备驱动程序是一种可以使计算机和硬件设备通信的特殊程序，设备驱动程序用来将硬件本身的功能告诉操作系统，完成硬件设备电子信号与操作系统及软件的高级编程语言之间的互相翻译。操作系统对于硬件的控制也通过设备驱动程序来完成。驱动程序本质上是软件代码，主要作用是计算机系统与硬件设备之间完成数据传送的功能，只有借助驱动程序，两者才能通信并完成特定的功能。如果一个硬件设备没有驱动程序，只有操作系统是不能发挥特有功能的，也就是说驱动程序是操作系统与硬件之间的媒介，实现双向的传达，即将硬件设备本身具有的功能传达给操作系统，同时也将操作系统的标准指令传达给硬件设备，从而实现两者的无缝连接。

不同的硬件有不同的设备驱动程序，而且相同硬件针对不同的操作系统设备驱动程序也不同，以 Windows 系统为例，安装时需要安装主板、光驱、显卡、声卡等一套完整的驱动程序。如果你需要外接别的硬件设备，则还要安装相应的驱动程序，如外接游戏硬件要安装手柄、方向盘、摇杆、跳舞毯等的驱动程序，外接打印机要安装打印机驱动程序，上网或接入局域网要安装网卡、Modem 甚至 ISDN、ADSL 的驱动程序。

③ 实用工具。

实用工具是一种计算机系统软件，其作用是在执行计算任务的过程中有助于管理和优化计算机硬件、操作系统或应用软件。目前，许多实用工具都已经被整合到操作系统中了。

典型的实用工具包括磁盘存储管理工具、系统配置和诊断工具、反病毒软件、文本编辑器、加密和解密工具、应用程序启动器、注册表优化工具、网络管理程序等。

磁盘存储管理工具主要用于磁盘的维护和优化，包括磁盘碎块诊断工具、磁盘检查程序、磁盘文件清理工具、磁盘空间分析工具、磁盘分区工具、磁盘备份工具、磁盘压缩工具、文件管理器、文件归档工具等。

④ 系统软件。

除以上软件外，系统软件还包括服务器、窗口化系统等。

服务器是指向客户端提供服务的计算机硬件或服务器软件或他们的组合。有时，服务器是指运行了操作系统的计算机硬件；有时，服务器是指能够提供服务的软件程序。例如，上网浏览网页时，浏览器是客户端程序，网站则是运行在服务器计算机上的服务器端程序。通常情况下，服务器端程序和客户端程序的关系是一对多的关系，即一个服务器端程序通过网络向多个客户端程序提供服务。作为计算机硬件，服务器随着服务器软件的不同需求而不同。在 Internet 领域，服务器提供了许多服务，包括 World Wide Web、域名服务器、电子邮件服务器、FTP 服务器、即时通信服务器、在线游戏服务器等。

窗口化系统是图形化用户界面的组成部分，支持窗口管理器，并且为图形化硬件、定位设备（例如鼠标）、键盘提供基本的支持。Microsoft Windows、Mac OS 及许多类 Unix 等操作系统都包含与操作系统集成的窗口化系统。窗口化系统允许用户同时使用多个应用程序工作，每个程序都运行在自己的窗口（屏幕中的一个矩形区域）中。

⑤ 多媒体。

多媒体包括设计软件过程中所需多媒体资源，如图形、图像、音频、视频的设计工具相关软件，例如三维计算机图像软件、计算机动画、图形艺术软件、光栅图形编辑软件、矢量图型编辑软件、视频编辑软件、音频编辑软件、音乐生成器、Web 超媒体开发软件等。

(5) 软件工程

软件工程的定义一直以来都没有统一，很多学者、组织机构对软件工程分别给出了自己认可的定义，如电气与电子工程师协会（Institute of Electrical and Electronics Engineers，简称 IEEE）在软件工程术语汇编中给出的定义，软件工程是：①将系统化的、严格约束的、可量化的方法应用于软件的开发、运行和维护，即将工程化应用于软件；②在①中所述方法的研究。无论是哪种组织的定义，其基本内涵都指为获得软件产品，在软件工具的支持下由软件工程师完成的一系列软件工程活动，包括以下四个方面：

P（Plan）——软件规格说明。规定软件的功能及其运行时的限制。

D（DO）——软件开发。开发出满足规格说明的软件。

C（Check）——软件确认。确认开发的软件能够满足用户的需求。

A（Action）——软件演进。软件在运行过程中不断改进以满足客户新的需求。

2.1.3 软件技术的发展历程

1. 软件技术的整体发展历程

计算机软件的发展受到应用和硬件的推动与制约，反之，软件的发展也推动了应用和硬件的发展。软件技术总体发展历程大致可分为三个不同的时期：第一是软件技术发展早期（20 世纪五六十年代）；第二是结构化程序和对象技术发展时期（20 世纪七八十年代）；第三是从 20 世纪 90 年代到现在，软件工程技术发展新时期。

(1) 软件技术发展早期

在计算机发展早期，应用领域较窄，主要是用于科学与工程计算，处理对象是数值数据。1956 年在 J.Backus 的领导下为 IBM 机器研制出第一个实用高级语言 Fortran 及其翻译程序。此后，相继又有多种高级语言问世，从而使设计和编制程序的功效大为提高。这个时期计算机软件的巨大成就之一，就是在当时的水平上成功地解决了两个问题：一方面从 Fortran 及 Algol60 开始设计出了具有高级数据结构和控制结构的高级程序语言，另一方面又发明了将高级语言程序翻译成机器语言程序的自动转换技术，即编译技术。然而，随着计算机应用领域的逐步扩大，除科学计算继续发展外，出现了大量的数据处理和非数值计算问题。为了充分利用系统资源，出现了操作系统；为适应大量数据处理问题的需要，开始出现数据库及其管理系统。软件规模与复杂性迅速增大。当程序复杂性增加到一定程度以后，软件研制周期难以控制，正确性难以保证，可靠性问题相当突出。为此，人们提出用结构化程序设计和软件工程方法来克服这一危机。软件技术发展进入一个新的阶段。

（2）结构化程序和对象技术发展时期

从 20 世纪 70 年代初期开始，大型软件系统的出现给软件开发带来了新问题。大型软件系统的研制需要花费大量的资金和人力，可是研制出来的产品可靠性差、错误多、维护和修改也很困难。一个大型操作系统有时需要几千人/年的工作量，而所开发的系统又常常会隐藏着几百甚至几千个错误。程序的可靠性很难保证，程序设计工具的严重缺乏也使软件开发陷入困境。

结构程序设计的讨论导致产生了由 Pascal 到 Ada 这一系列的结构化语言。这些语言具有较为清晰的控制结构，与原来常见的高级程序语言相比有一定的改进，但在数据类型抽象方面仍显不足。面向对象技术的兴起是这一时期软件技术发展的主要标志。"面向对象"这一名词在 20 世纪 80 年代初由 Smalltalk 语言的设计者开始提出，而后逐渐流行起来。

面向对象的程序结构将数据及其上作用的操作一起封装，组成抽象数据或者叫作对象。具有相同结构属性和操作的一组对象构成对象类。对象系统就是由一组相关的对象类组成，能够以更加自然的方式模拟外部世界现实系统的结构和行为。对象的两大基本特征是信息封装和继承。通过信息封装，在对象数据的外围好像构筑了一堵"围墙"，外部只能通过围墙的"窗口"去观察和操作围墙内的数据，这就保证了在复杂的环境条件下对象数据操作的安全性和一致性。通过对象继承可实现对象类代码的可重用性和可扩充性。可重用性使能处理父、子类之间具有相似结构的对象共同部分，避免代码一遍又一遍地重复。可扩充性使能处理对象类在不同情况下的多样性，在原有代码的基础上进行扩充和具体化，以求适应不同的需要。

传统的面向过程的软件系统以过程为中心。过程是一种系统功能的实现，而面向对象的软件系统是以数据为中心。与系统功能相比，数据结构是软件系统中相对稳定的部分。对象类及其属性和服务的定义在时间上保持相对稳定，还能提供一定的扩充能力，这是十分重要的事情，这样就可大为节省软件生命周期内系统开发和维护的开销。就像建筑物的地基对于建筑物的寿命十分重要一样，信息系统以数据对象为基础构筑，其系统稳定性就会十分牢固。到 20 世纪 80 年代中期以后，软件的蓬勃发展更来源于当时两大技术进步的推动力：一是微机工作站的普及应用，二是高速网络的出现。其导致的直接结果是：一个大规模的应用软件，可以由分布在网络上不同站点机的软件协同工作去完成。由于软件本身的特殊性和多样性，在大规模软件开发时，人们几乎总是面临困难处境。软件工程面临许多新问题和新挑战，而进入一个新的发展时期。

（3）软件工程技术发展新时期

自从软件工程名词诞生，历经三十余年的研究和开发，人们深刻认识到，软件开发必须按照工程化的原理和方法来组织和实施。软件工程技术在软件开发方法和软件开发工具方面，在软件工程发展的早期，特别是 20 世纪七八十年代软件蓬勃发展时期，已经取得了非常重要的进步。软件工程作为一个学科方向，越来越受到人们的重视。但是，随着大规模网络应用软件的出现所带来的新问题，使得软件工程中，在如何协调合理预算、控制开发进度和保证软件质量等方面，软件人员面临更加困难的境地。

进入 20 世纪 90 年代，Internet 和 WWW 技术的蓬勃发展使软件工程进入一个新的技术发展时期。以软件组件复用为代表，基于组件的软件工程技术正在使软件开发方式发生巨大改变。早年软件危机中提出的严重问题，有望从此开始找到切实可行的解决途径。在这个时期软件工程技术发展代表性标志在三个方面：

一是基于组件的软件工程和开发方法成为主流。组件是自包含的，具有相对独立的功能特性和具体实现，并为应用提供预定义好的服务接口。组件化软件工程是通过使用可复用组件来开发、运行和维护软件系统的方法、技术和过程。

二是软件过程管理进入软件工程的核心进程和操作规范。软件工程管理应以软件过程管理为中心去实施，贯穿于软件开发过程的始终。在软件过程管理得到保证的前提下，软件开发进度和产品质量也就随之得到保证。

三是网络应用软件规模越来越大，复杂性越来越高，使得软件体系结构从两层向三层或者多层结构转移，使应用的基础架构和业务逻辑相分离。应用的基础架构由提供各种中间件系统服务组合而成的软件平台来支持，软件平台化成为软件工程技术发展的新趋势。软件平台为各种应用软件提供一体化的开放平台，既可保证应用软件所要求基础系统架构的可靠性、可伸缩性和安全性的要求；又可使应用软件开发人员和用户只要集中关注应用软件的具体业务逻辑实现，而不必关注其底层的技术细节。当应用需求发生变化时，只要变更软件平台之上的业务逻辑和相应的组件实施就可以了。

2. 程序设计语言发展历程

自 20 世纪 60 年代以来，世界上公布的程序设计语言已有上千种，但是只有很小一部分得到了广泛的应用。从发展历程来看，程序设计语言可以分为四代。

（1）第一代机器语言

机器语言是由二进制 0、1 代码指令构成，不同的 CPU 具有不同的指令系统。机器语言程序难编写、难修改、难维护，需要用户直接对存储空间进行分配，编程效率低。这种语言已经被逐渐淘汰。

（2）第二代汇编语言

汇编语言指令是机器指令的符号化，与机器指令存在着直接的对应关系，所以汇编语言同样存在着难学难用、容易出错、维护困难等缺点。但是汇编语言也有自己的优点：可直接访问系统接口，汇编程序翻译成的机器语言程序的效率高。从软件工程角度来看，只有在高级语言不能满足设计要求，或不具备支持某种特定功能的技术性能（如特殊的输入/输出）时，汇编语言才被使用。

（3）第三代高级语言

高级语言是面向用户的、基本上独立于计算机种类和结构的语言。其最大的优点是：形式上接近于算术语言和自然语言，概念上接近于人们通常使用的概念。高级语言的一个命令可以代替几条、几十条甚至几百条汇编语言的指令。因此，高级语言易学易用，通用性强，应用广泛。高级语言种类繁多，可以从应用特点和对客观系统的描述两个方面对其进一步分类。

① 从应用角度分类。

从应用角度来看，高级语言可以分为基础语言、结构化语言和专用语言。

基础语言也称通用语言。它历史悠久，流传很广，有大量的已开发的软件库，拥有众多的用户，为人们所熟悉和接受。属于这类语言的有 Fortran、Cobol、Basic、Algol 等。Fortran 语言是目前国际上广为流行、也是使用得最早的一种高级语言，从 20 世纪 90 年代起，在工程与科学计算中一直占有重要地位，备受科技人员的欢迎。Basic 语言是在 20 世纪 60 年代初期为适应分时系统而研制的一种交互式语言，可用于一般的数值计算与事务处理。Basic 语言结构简单，易学易用，并且具有交互能力，成为许多初学者学习程序设计的入门语言。

结构化语言是自 20 世纪 70 年代以来，结构化程序设计和软件工程的思想日益为人们所接受和欣赏。在它们的影响下，先后出现了一些很有影响的结构化语言，这些结构化语言直接支持结构化的控制结构，具有很强的过程结构和数据结构能力。Pascal、C、Ada 语言就是它们的突出代表。

Pascal 语言是第一个系统地体现结构化程序设计概念的现代高级语言，软件开发的最初目标是把它作为结构化程序设计的教学工具。由于它模块清晰、控制结构完备、有丰富的数据类型和数据结构、语言表达能力强、移植容易，不仅被国内外许多高等院校定为教学语言，而且在科学计算、数据处理及系统软件开发中都有较广泛的应用。

C 语言功能丰富，表达能力强，有丰富的运算符和数据类型，使用灵活方便，应用面广，移植能力强，编译质量高，目标程序效率高，具有高级语言的优点。同时，C 语言还具有低级语言的许多特点，如允许直接访问物理地址，能进行位操作，能实现汇编语言的大部分功能，可以直接对硬件进行操作等。用 C 语言编译程序产生的目标程序，其质量可以与汇编语言产生的目标程序相媲美，具有"可移植的汇编语言"的美称，成为编写应用软件、操作系统和编译程序的重要语言之一。

专用语言是为某种特殊应用而专门设计的语言，通常具有特殊的语法形式。一般来说，这种语言的应用范围狭窄，移植性和可维护性不如结构化程序设计语言。随着时间的推移，被使用的专业语言已有数百种，应用比较广泛的有 APL 语言、Forth 语言和 LISP 语言。

② 从客观系统的描述分类。

从客观系统的描述来看，程序设计语言可以分为面向过程语言和面向对象语言。

以"数据结构+算法"程序设计范式构成的程序设计语言，称为面向过程语言。前面介绍的程序设计语言大多为面向过程语言。

以"对象+消息"程序设计范式构成的程序设计语言，称为面向对象语言。比较流行的面向对象语言有 Python、Java、C++等。

Python 是一种解释型、面向对象、动态数据类型的高级程序设计语言。具有易学、简单、可阅读性强、可移植性、可扩展性和可嵌入性等多个优点，同时拥有庞大丰富的标准库，它可以帮助你处理各种工作，包括正则表达式、文档生成、单元测试、线程、数据库、网页浏览器、CGI、FTP、电子邮件、XML、XML-RPC、HTML、WAV 文件、密码系统、GUI（图形用户界面）、Tk 和其他与系统有关的操作，使用户可以重点关注在解决事务上，适用于大数据的分析处理及呈现。

Java 语言是一种面向对象的、不依赖于特定平台的程序设计语言，简单、可靠、可编译、可扩展、多线程、结构中立、类型显示说明、动态存储管理、易于理解，是一种理想的、用于开发 Internet 应用软件的程序设计语言。

C++是 C 语言的继承，它既可以进行 C 语言的过程化程序设计，又可以进行以抽象数据类型为特点的基于对象的程序设计，还可以进行以继承和多态为特点的面向对象的程序设计。

C++不仅拥有计算机高效运行的实用性特征，同时还致力于提高大规模程序的编程质量与程序设计语言的问题描述能力。C++程序在可重用性、可扩充性、可维护性和可靠性等方面都较 C 语言得到了提高，使其更适合开发大中型的系统软件和应用程序。

（4）第四代非过程化语言

非过程语言是一种计算机程序设计语言，是相对于过程语言而言的，其语言的组织不是围绕于过程的。它同过程语言的区别是非过程语言编写的程序可以不必遵循计算机执行的实际步骤，使人们无须关心问题的解法和计算过程的描述。在非过程语言中，编码时只需说明"做什么"，只要指明输入记录、所要完成的加工以及输出形式，便能得到所要求的输出结果，其余工作全部由系统来完成。其主要优点是可减少程序员编程的工作量。

数据库查询和应用程序生成器是 4GL 的两个典型应用。用户可以用数据库查询语言（SQL）对数据库中的信息进行复杂的操作。用户只需将要查找的内容在什么地方、根据什么条件进行查找等信息告诉 SQL，SQL 将自动完成查找过程。应用程序生成器则是根据用户的需求"自动生成"满足需求的高级语言程序。真正的第四代程序设计语言应该说还没有出现。所谓的第四代语言大多是指基于某种语言环境上具有 4GL 特征的软件工具产品，System Z、如 PowerBuilder、Focus 等。第四代程序设计语言是面向应用，为最终用户设计的一类程序设计语言。它具有缩短应用开发过程、降低维护代价、最大限度地减少调试过程中出现的问题及对用户友好等优点。

3. 数据库技术发展历程

数据库技术是 20 世纪 60 年代开始兴起的一门信息管理自动化的新兴学科，是软件技术中的一个重要分支。随着计算机应用的不断发展，在计算机应用领域中，数据处理越来越占主导地位，数据库技术的应用也越来越广泛。随着计算机硬件和软件的发展，数据库技术也不断地发展。

（1）数据库技术发展阶段

从数据管理的角度来看，数据库技术到目前共经历了人工管理阶段、文件系统阶段和数据库系统阶段。

人工管理阶段是指计算机诞生的初期（即 20 世纪 50 年代后期之前），这个时期的计算机主要用于科学计算。从硬件上看，没有磁盘等直接存取的存储设备；从软件上看，没有操作系统和管理数据的软件，数据处理方式是批处理。

该时期的特点是数据是无法保存的，计算机主要应用于科学计算，一般不需要将数据长期保存，只是在计算某一主题时将数据输入，用完后不保存原始数据，也不保存计算结果。没有对数据进行管理的软件系统，程序员不仅要规定数据的逻辑结构，而且还要在程序中设计物理结构，包括存储结构、存取方法、输入/输出方式等。因此程序中存取数据的子程序随着存储的改变而改变，数据与程序不具有一致性。

同时也没有文件的概念，数据的组织方式必须由程序员自行设计。一组数据对应于一个程序，数据是面向应用的，即使两个程序用到相同的数据，也必须各自定义、各自组织，数据无法共享、无法相互利用和互相参照，从而导致程序与程序之间有大量重复的数据。

在文件系统阶段，计算机不仅用于科学计算，同时还出现大量用于管理数据的工具。在硬件方面，有了存储数据的设备，如外存储器有了磁盘、磁鼓等直接存取的存储设备。在软件方面，操作系统中已经有了专门用于管理数据的软件，称为文件系统。

在文件系统阶段数据管理主要有以下一些特点：

① 数据需要长期保存在外存上供反复使用。

由于计算机大量用于数据处理，经常对文件进行查询、修改、插入和删除等操作，所以数据需要长期保留，以便于反复操作。

② 程序之间有了一定的独立性。

操作系统提供了文件管理功能和访问文件的存取方法，程序与数据之间有了数据存取的接口，程序可以通过文件名和数据打交道，不必再寻找数据的物理存放位置，至此，数据有了物理结构和逻辑结构的区别，但此时程序与数据之间的独立性尚还不充分。

③ 文件的形式已经多样化。

由于已经有了直接存取的存储设备，文件也就不再局限于顺序文件，还有了索引文件、链表文件等，因而，对文件的访问可以是顺序访问，也可以是直接访问。数据的存取基本上以记录为单位。

数据库系统阶段是从 20 世纪 60 年代后期开始的。在这一阶段中，数据库中的数据不再是面向某个应用或某个程序，而是面向整个企业（组织）或整个应用的。

数据库系统阶段的特点是：

① 采用复杂的结构化的数据模型。

数据库系统不仅要描述数据本身，还要描述数据之间的联系。这种联系是通过存取路径来实现的。

② 较高的数据独立性。

数据和程序彼此独立，数据存储结构的变化尽量不影响用户程序的使用。

③ 最低的冗余度。

数据库系统中的重复数据被减少到最低程度，这样，在有限的存储空间内可以存放更多的数据并减少存取时间。

④ 数据控制功能。

数据库系统具有数据的安全性，以防止数据的丢失和被非法使用；具有数据的完整性，以保护数据的正确、有效和相容；具有数据的并发控制，避免并发程序之间的相互干扰；具有数据的恢复功能，在数据库被破坏或数据不可靠时，系统有能力把数据库恢复到最近某个时刻的正确状态。

（2）数据库系统的发展

随着数据管理技术的发展及数据与应用分离的要求，同时又能反映现实数据及其之间的关系，因此对于数据及数据与数据之间的关系描述通过抽象表达演变出数据模型的概念，数据库理论领域中最常见的数据模型主要有层次模型、网状模型和关系模型三种：

- 层次模型（Hierarchical Model）：层次模型使用树形结构来表示数据及数据之间的联系。
- 网状模型（Network Model）：网状模型使用网状结构表示数据及数据之间的联系。
- 关系模型（Relational Model）：关系模型是一种理论最成熟，应用最广泛的数据模型。在关系模型中，数据存放在一种称为二维表的逻辑单元中，整个数据库又是由若干个相互关联的二维表组成的。

针对以上模型的变化，其对应的数据库系统产品也在发生着变化：

第一代数据库系统是 20 世纪 70 年代研制的层次和网状数据库系统。层次数据库系统的典型代表是 1969 年 IBM 公司研制出的层次模型的数据库管理系统 IMS。20 世纪 60 年代末 70 年代初，美国数据库系统语言协会 CODASYL（Conference on Data System Language）旗下的数据库任务组 DBTG（Data Base Task Group）提出了若干报告，被称为 DBTG 报告。DBTG 报告确定并建立了网状数据库系统的许多概念、方法和技术，是网状数据库的典型代表。在 DBTG 思想和方法的指引下数据库系统的实现技术不断成熟，开发了许多商品化的数据库系统，它们都是基于层次模型和网状模型的。

第二代数据库系统是关系数据库系统。1970 年 IBM 公司的 San Jose 研究试验室的研究员 Edgar F. Codd 发表了题为《大型共享数据库数据的关系模型》的论文，提出了关系数据模型，开创了关系数据库方法和关系数据库理论，为关系数据库技术奠定了理论基础。Edgar F. Codd 于 1981 年被授予 ACM 图灵奖，以表彰他在关系数据库研究方面的杰出贡献。

在此期间，大量的理论成果和实践经验终于使关系数据库从实验室走向了社会，因此，人们把 20 世纪 70 年代称为数据库时代。20 世纪 80 年代几乎所有新开发的系统均是关系型的，其中涌现出了许多性能优良的商品化关系数据库管理系统，如 DB2、Ingres、Oracle、Informix、Sybase 等。这些商用数据库系统的应用使数据库技术日益广泛地应用到企业管理、情报检索、辅助决策等方面，成为实现和优化信息系统的基本技术。

第三代数据库系统自 20 世纪 80 年代以来，数据库技术在商业上的巨大成功刺激了其他领域对数据库技术需求的迅速增长。这些新的领域为数据库应用开辟了新的天地，并在应用中提出了一些新的数据管理的需求，推动了数据库技术的研究与发展。

1990 年，高级 DBMS 功能委员会发表了《第三代数据库系统宣言》，提出了第三代数据库管理系统应具有的三个基本特征：应支持数据管理、对象管理和知识管理；必须保持或继承第二代数据库系统的技术；必须对其他系统开放。

同时随着大量数据处理的需求，基于关系模型的关系数据库技术的局限性也越来越突出，针对这种局限性，理论界也不断推出新的技术观点：

面向对象的数据库技术：部分学者认为现有的关系型数据库无法描述现实世界的实体，而面向对象的数据模型由于吸收了已经成熟的面向对象程序设计方法学的核心概念和基本思想，使得它符合人类认识世界的一般方法，更适合描述现实世界。甚至有人预言，数据库的未来将是面向对象的时代。

面向对象的关系数据库技术：关系数据库几乎是当前数据库系统的标准，关系语言与常规语言一起几乎可完成任意的数据库操作，但其简洁的建模能力、有限的数据类型、程序设计中数据结构的制约等却成为关系型数据库发挥作用的瓶颈。面向对象方法起源于程序设计语言，它本身就是以现实世界的实体对象为基本元素来描述复杂的客观世界，但功能不如数据库灵活。因此部分学者认为将面向对象的建模能力和关系数据库的功能进行有机结合而进行研究是数据库技术的一个发展方向。

面向对象数据库技术：面向对象数据库的优点是能够表示复杂的数据模型，但由于没有统一的数据模式和形式化理论，因此缺少严格的数据逻辑基础。而演绎数据库虽有坚强的数学逻辑基础，但只能处理平面数据类型。因此，部分学者将两者结合，提出了一种新的数据库技术——演绎面向对象数据库，并指出这一技术有可能成为下一代数据库技术发展的主流。

在对各个数据库厂商的发展方向和应用需求的不断扩展的现状进行分析的基础上，也有人提出未来数据库技术及市场发展的两大方向是数据仓库和电子商务，同时也会有适合行业应用领域的数据库技术如工程数据库、统计数据库、科学数据库、空间数据库、地理数据库等的更深层发展。随着研究工作的继续深入和数据库技术在实践工作中的应用，数据库技术将会更多朝着专门应用领域发展。

4. 操作系统发展历程

前面我们已经了解操作系统的作用，管理计算机硬件与软件资源的计算机程序，除了需要管理内存、决定系统资源供需的优先次序、控制输入设备与输出设备、操作网络与管理文件系统等作用，同时也提供一个让用户与系统交互的操作界面功能。但操作系统并不是与计算机硬件一起诞生的，它是在人们使用计算机的过程中，为了满足两大需求：提高资源利用率、增强计算机系统性能，伴随着计算机软件和硬件技术及其应用的日益发展，而逐步地形成和完善起来的。

（1）手工操作阶段

第一部计算机并没有操作系统。程序员将对应于程序和数据的已穿孔的纸带（或卡片）装入输入机，然后启动输入机把程序和数据输入计算机内存，接着通过控制台开关启动程序针对数据运行；计算完毕，打印机输出计算结果；用户取走结果并卸下纸带（或卡片）后，才让下一个用户上机（见图2.7）。

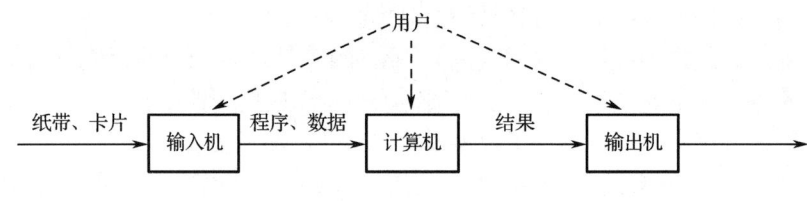

图 2.7　手工操作计算机系统

手工操作方式有两个特点：
① 用户独占全机，不会出现因资源已被其他用户占用而等待的现象，但资源的利用率低。
② CPU 等待手工操作，CPU 的利用不充分。

20 世纪 50 年代后期，出现人机矛盾：手工操作的慢速度与计算机的高速度之间形成了尖锐矛盾，手工操作方式已严重损害了系统资源的利用率（使资源利用率降为百分之几，甚至更低），不能容忍。唯一的解决办法：只有摆脱人的手工操作，实现作业的自动过渡。这样就出现了成批处理。

（2）批处理系统

批处理系统指的是加载在计算机上的一个系统软件，在它的控制下，计算机能够自动地、成批地处理一个或多个用户的作业（这作业包括程序、数据和命令）。

（3）联机批处理系统

首先出现的是联机批处理系统，即作业的输入/输出由 CPU 来处理（见图2.8）。

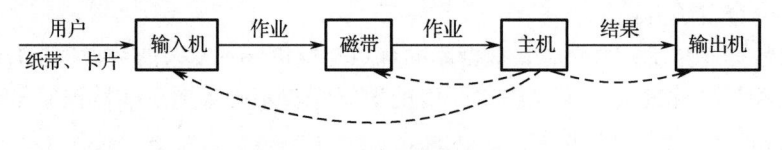

图 2.8　联机批处理系统

主机与输入机之间增加一个存储设备——磁带，在运行于主机上的监督程序的自动控制下，计算机可自动完成：成批地把输入机上的用户作业读入磁带，依次把磁带上的用户作业读入主机内存并执行，并把计算结果向输出机输出。完成了上一批作业后，监督程序又从输入机上输入另一批作业，保存在磁带上，并按上述步骤重复处理。

监督程序不停地处理各个作业，从而实现了作业到作业的自动转接，减少了作业建立时间和手工操作时间，有效克服了人机矛盾，提高了计算机的利用率。

但是，在作业输入和结果输出时，主机的高速 CPU 仍处于空闲状态，等待慢速的输入/输出设备完成工作，主机处于"忙等"状态。

(4) 脱机批处理系统

为克服与缓解高速主机与慢速外设的矛盾，提高 CPU 的利用率，又引入了脱机批处理系统，即输入/输出脱离主机控制（见图 2.9）。

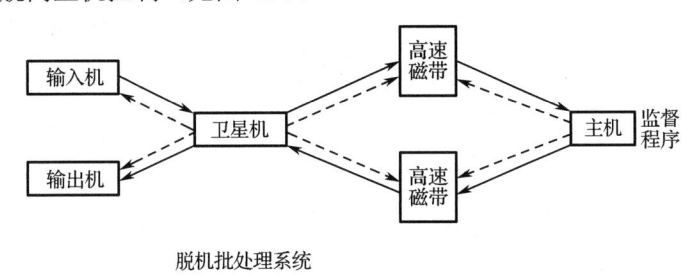

图 2.9 脱机批处理系统

这种方式的显著特征是：增加一台不与主机直接相连而专门用于与输入/输出设备打交道的卫星机。

其功能是：

从输入机上读取用户作业并放到输入磁带上。

从输出磁带上读取执行结果并传给输出机。

这样，主机不是直接与慢速的输入/输出设备打交道，而是与速度相对较快的磁带机发生关系，有效缓解了主机与设备之间的矛盾。主机与卫星机可并行工作，两者分工明确，可以充分发挥主机的高速计算能力。

脱机批处理系统：20 世纪 60 年代应用十分广泛，它极大缓解了人机矛盾及主机与外设的矛盾。IBM-7090/7094：配备的监督程序就是脱机批处理系统，是现代操作系统的原型。

不足：每次主机内存中仅存放一道作业，每当它运行期间发出输入/输出（I/O）请求后，高速的 CPU 便处于等待低速的 I/O 完成状态，致使 CPU 空闲。

为改善 CPU 的利用率，又引入了多道程序系统。

(5) 多道批处理系统

20 世纪 60 年代中期，在前述的批处理系统中，引入多道程序设计技术后形成多道批处理系统，简称批处理系统。

它有两个特点：

① 多道。

系统内可同时容纳多个作业。这些作业放在外存中，组成一个后备队列，系统按一定的调度原则每次从后备作业队列中选取一个或多个作业进入内存运行，运行作业结束、退出运行和后备作业进入运行均由系统自动实现，从而在系统中形成一个自动转接的、连续的作业流。

② 成批。

在系统运行过程中，不允许用户与其作业发生交互作用，即作业一旦进入系统，用户就不能直接干预其作业的运行。

批处理系统的追求目标：提高系统资源利用率和系统吞吐量，以及作业流程的自动化。

批处理系统的一个重要缺点：不提供人机交互能力，给用户使用计算机带来不便。

虽然用户独占全机资源，并且直接控制程序的运行，可以随时了解程序运行情况。但这种工作方式因独占全机造成资源效率极低。

一种新的追求目标：既能保证计算机效率，又能方便用户使用计算机。20 世纪 60 年代中期，计算机技术和软件技术的发展使这种追求成为可能。

（6）分时系统

由于 CPU 速度不断提高和采用分时技术，一台计算机可同时连接多个用户终端，而每个用户可在自己的终端上联机使用计算机，好像自己独占机器一样（见图 2.10）

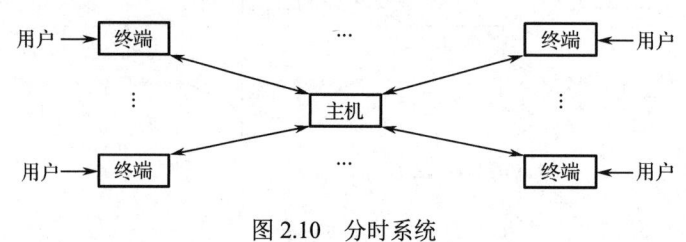

图 2.10 分时系统

分时技术即把处理机的运行时间分成很短的时间片，按时间片轮流把处理机分配给各联机作业使用。

若某个作业在分配给它的时间片内不能完成其计算，则该作业暂时中断，把处理机让给另一作业使用，等待下一轮时再继续其运行。由于计算机速度很快，作业运行轮转得很快，给每个用户的印象是，好像他独占了一台计算机。而每个用户可以通过自己的终端向系统发出各种操作控制命令，在充分的人机交互情况下，完成作业的运行。

具有上述特征的计算机系统称为分时系统，它允许多个用户同时联机使用计算机，其特点总结如下：

① 多路性。

若干个用户同时使用一台计算机。微观上看是各用户轮流使用计算机，宏观上看是各用户并行工作。

② 交互性。

用户可根据系统对请求的响应结果，进一步向系统提出新的请求。这种能使用户与系统进行人机对话的工作方式，明显地有别于批处理系统，因而，分时系统又被称为交互式系统。

③ 独立性。

用户之间可以相互独立操作，互不干扰。系统保证各用户程序运行的完整性，不会发生相互混淆或破坏的现象。

④ 及时性。

系统可对用户的输入及时做出响应。分时系统性能的主要指标之一是响应时间，它是指：从终端发出命令到系统予以应答所需的时间。

分时系统的主要目标是对用户响应的及时性，即不至于用户等待每条命令的处理时间过长。

分时系统可以同时接纳数十个甚至上百个用户，由于内存空间有限，往往采用对换（又称交换）方式的存储方法。即将未"轮到"的作业放入磁盘，一旦"轮到"，再将其调入内存；

而时间片用完后，又将作业存回磁盘，即俗称"滚进""滚出"法，使同一存储区域轮流为多个用户服务。

多用户分时系统是当今计算机操作系统中最普遍使用的一类操作系统。

（7）实时系统

虽然多道批处理系统和分时系统能获得较令人满意的资源利用率和系统响应时间，但却不能满足实时控制与实时信息处理两个应用领域的需求。于是就产生了实时系统，即系统能够及时响应随机发生的外部事件，并在严格的时间范围内完成对该事件的处理。

实时系统多数主要应用在特定领域，比如在工业控制、医疗器械、影音视频合成，以及军事领域，在这些特定环境中作为一种控制设备来使用。

实时系统可分成两类：

① 实时控制系统。

当用于飞机飞行、导弹发射等的自动控制时，要求计算机能尽快处理测量系统测得的数据，及时地对飞机或导弹进行控制，或将有关信息通过显示终端提供给决策人员。当用于轧钢、石化等工业生产过程控制时，也要求计算机能及时处理由各类传感器送来的数据，然后控制相应的执行机构。

② 实时信息处理系统。

当用于预订飞机票、查询有关航班、航线、票价等事宜时，或当用于银行系统、情报检索系统时，都要求计算机能对终端设备发来的服务请求及时予以正确的回答。此类对响应及时性的要求稍弱于第一类。

实时操作系统的主要特点：

① 及时响应。

每个信息接收、分析处理和发送的过程必须在严格的时间限制内完成。

② 高可靠性。

需采取冗余措施，双机系统前后台工作，也包括必要的保密措施等。

常用实时操作系统有 QNX、VxWorks、RTLinux 等，而针对个人或普通商业应用的 Linux、多数 UNIX，以及多数 Windows 家族成员等都属于非实时操作系统。

任务 2　软件技术专业人才培养

➡ 任务描述

经过此次课的学习，小李对软件技术有了初步的认识，也产生了浓厚的兴趣。这一次，老师要求同学们了解要成为一名软件技术专业人才，需要经过什么样的培养？

➡ 任务分析

为了成为一名出色的软件技术人才，同学们需要经过系统地学习和培养，需要知道软件技术体系中的成长路线。

> 知识准备

2.2.1 软件技术专业人才的社会需求

随着中国互联网产业的发展，从"我们万事俱备，只差一个程序员"，到"创业如何寻找技术合伙人"，技术型人才不仅成为各大型互联网企业争相抢夺的紧缺人才，并且在科技创业公司中的分量也越来越重。

通过梳理近十年来行业工资水平变迁，以及不同城市之间的互联网技术人才工资水平，发现以下现象：

IT领域的人才薪资水平已经连续3年超过金融行业，占据榜首。一线城市程序员的平均工资是二线城市工资的近两倍。程序员工资泡沫依旧存在，随着资本进入理性阶段，行业泡沫也在消失，高水平技术人才依旧一将难求。

根据2018年发布的公司直聘报告显示，在工作5年后薪酬最高的前15个专业中，排名前三的分别是软件工程、信息安全和计算机科学与技术，其中软件工程平均最高可达1.46万元月薪。

值得注意的是，在15个专业中，与IT技术直接挂钩的专业就有8个，占比超过50%。因此，事实上IT互联网行业也成为最具发展前景的职业选择，其当前人才需求特点是：

1. 技术类人才依旧紧俏

经调研发现，程序员等技术类人才的工资和工作数量，在未来受资本寒冬影响不大，其他比如公关等非技术岗位工作缺口有所减少。在数字经济时代，以及未来的人工智能时代，专业、高技术的程序员，依旧紧俏，特别是专业的资深程序员。

2. IT产业的人才缺口将继续扩大

目前我国信息领域的教育基础相对薄弱，培养的高端人才根本不能满足市场需求。尽管在教育部2017年3月17日公布的《2016年度普通高等学校本科专业备案和审批结果》中，有32所高校成为第二批成功申请"数据科学与大数据技术"，但教育相对市场需求还是有一定的滞后性。

3. 结构性人才过剩和缺失都将存在

未来五年，各类人才将泥沙俱下，结构性人才过剩和缺失都将存在。以2017年为例，电子信息、大数据专业成为热门专业，学生填报志愿蜂拥而上，各地IT培训机构如雨后春笋，随着科技的发展，越来越多的低水平的程序操作会被机器取代，需要的低数量的高水平技术人才，蜂拥而上的学员，如果没有扎实的本领，未来也将迎来残酷的人才市场洗牌。

4. 大数据、新媒体等领域将出现高薪人才

中国实体经济特别是制造业领域，行业工资水平涨幅缓慢，实体经济发展也增速缓慢，部分行业出现下滑，员工工资不见增长甚至下滑。行业结构调整和转型，也需要越来越多的有国际视野和有跨界能力的人才，比如工业大数据、医疗大数据等领域将会出现一批高薪人才。

同时，随着大数据、人工智能、物联网、数字经济等新一代信息技术的发展，领军型人才、复合型人才和高技能人才紧缺，软件人才结构性短缺导致供给能力不足正成为我国新兴产业高质量发展面临的重要问题：一方面，高端创新型人才匮乏，人才培养不能满足产业发展实际需求。"企业招不到人才""人才找不到合适单位"的矛盾突出。另一方面，复合型人才匮乏，既熟悉创新技术又熟悉各行业领域业务流程的复合型人才与新兴产业需求不相适应。导致人才供给不足的主要原因有：一是我国软件人才培养有待强化产教融合。目前尚未充分发挥信息技术新工科产学研联盟等社会组织作用，高等院校、科研院所和软件企业产学研对接不够深入。二是我国软件人才培养基础教育亟须推广。软件基础教育滞后，公众软件技术素养有待提升，对复合型人才的培养不够重视。三是我国缺乏针对软件新兴技术的专业人才培养。高等院校开设大数据、云计算、人工智能等软件专业新课程力度不够，尚未满足软件新技术、新业态、新模式发展大量高端人才需求。

2.2.2 软件技术专业人才应备的能力

从教育部的教学标准要求和市场人才需求可以看出，软件技术专业的定位是培养能够在软件行业从事开发、测试等工程师人员，对于软件工程师而言，需要具有以下能力才能够胜任相应的工作：

1. 具有程序的设计与实现能力

这是软件技术人员能够从事软件一切工作最基本的前提，是软件技术最基本的素质，这要求软件工程师必须精通编程语言、数据结构和算法、数据库技术等专业课程。

2. 计算机系统的认知、分析、开发与应用能力

所有的程序都运行在计算机系统基础之上，作为软件工程师对于计算机系统的组成、运行原理和操作系统原理等也需要有一定的了解，这就要求软件工程师也必修了解计算机组成与原理、操作系统、网络基础等专业基础课程。

3. 良好的语言表达能力和沟通能力

这是软件工程师应该具备的一个很重要的素质，因为软件工程师是为用户开发软件，常常需要直接面对用户。

4. 较强的工程经济分析能力

软件作为一个工业产品，它应当赚取足够的利润，软件开发公司才能生存下去。因此，从事软件开发的软件工程师应当具有较强的工程经济分析能力，能够分析软件产品的市场前景和经济价值，并做出合理的投资效益预测。

5. 健康的心理素质

开发软件本身就是一项艰苦的脑力和体力劳动，软件工程师开发成功一款软件，要经过反复修改，要花费大量的时间和精力，这些都要求软件工程师有较好的心理承受能力。

2.2.3 软件技术专业人才的特点和定位

1. 软件技术专业人才的基本特点

信息化社会需要大量的应用型软件技术人才，由于应用型的特点，软件技术人员要以计算机学科为基础，结合社会应用需求来设计实用型产品，因此也同时是一个交叉性学科。在完成整个项目的过程中，需要多种不同专业人员的融合，具有鲜明的工程特色，与行业应用结合紧密（见图2.11）。

2. 软件技术专业人才培养基本定位

根据国家要求的培养标准我们可以总结出整个专业的人才培养目标定位是：

① 培养软件开发、软件测试、软件技术支持和 Web 前端开发人员。

② 学生毕业后，应具备从事程序员、软件设计师、软件评测师等工作所需要的素质、知识和能力。

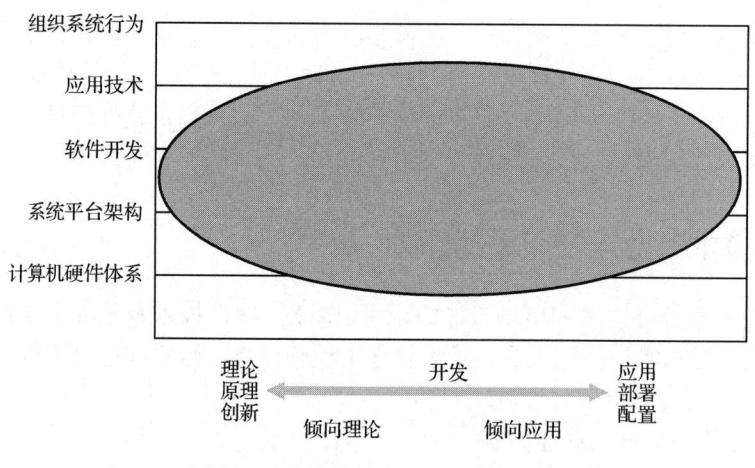

图 2.11　软件技术专业人才探讨空间

2.2.4　软件技术专业人才的培养体系

1. 软件技术专业人才培养定位

本专业基本定位是培养应用型人才,强调动手能力、创新能力的培养。

本专业培养理想信念坚定,德、智、体、美、劳全面发展,具有一定的科学文化水平,良好的人文素养、职业道德和创新意识,精益求精的工匠精神,较强的就业能力和可持续发展的能力;掌握本专业知识和技术技能,面向软件和信息技术服务业的计算机软件工程技术人员、计算机程序设计员、计算机软件测试员等职业群,能够从事软件开发、软件测试、软件编码、软件技术支持、Web 前端开发等工作的高素质技术技能人才。

2. 软件技术专业人才培养课程设置体系

(1) 公共基础课

包括公共必修课程和公共选修课程,主要是思想政治理论、中华优秀传统文化、体育、军事理论与军训、心理健康教育等身体素质和心理政治素质培养课程。

(2) 学科基础课

主要是学科基础性课程和专业基础课程,如 IT 平台基础类课程。

(3) 专业方向课

根据科研优势和专业主攻方向来设计定位,根据科研实力主要定位基于 Java 平台的软件开发方向。

(4) 专业选修课

允许学生根据自己的职业定位和发展意愿,选择不同的发展方向课程。

(5) 专业实践课

此类课程是特色课程,目前,人才培养供给侧和产业需求侧在结构、质量、水平上还不能完全适应,"两张皮"问题仍然存在。深化产教融合,促进教育链、人才链与产业链、创新链有机衔接,是我国当前推进人力资源供给侧结构性改革的迫切要求。传统学院比较偏重理论知识体系架构培养,利用产业优势和教育实践,将理论和实践紧密结合,倡导实践现行原则。根据学习规律设计不同要求的专业实践课。初期实践课整体强调"学",重点完善知识的"静态结构"到"动态转换",包含现有高校教育,厂商大学计划,根据项目设计出来的任务;在初期具有一定知识水平进入第二阶段整体强调"做",重点保证项目的完整性,如一些仿真项目,但和其他实验室仿真模拟项目不同的是仿真项目差异在于"没有项目交付的钱的压力,剔除客户的相关商业信息,有可能简化项目难度";当进入第三阶段后开始整体强调"真实的做",根据不同能力水平的队伍,重点保证完成相应实战项目的交付任务,通过工作室项目组等机制保证项目的商业行为,参与学生和老师通过实战锻炼能力和素质;最后一个实践阶段整体强调"就业,学做结合",重点保证就业出口,针对岗位需求设计针对性非常强的项目进行强化实训。通过以上四个阶段的递进式实践设计,保证在毕业时达到相应岗位的初级人才岗位需求。

3. 软件技术专业人才培养课程设置基本结构

(1)公共基础课

主要包括大学生职业发展与就业指导、创业基础、思想道德修养与法律基础、毛泽东思想和中国特色社会主义理论体系概论、形势与政策、大学生心理健康、军事理论、基础英语、职场英语等课程。

(2)专业基础课

主要包括面向对象程序设计(基础)、信息技术应用、HTML5+CSS3 基础、Python 数据分析等课程。

(3)专业核心课

主要包括面向对象程序设计(高级)、Java Web 程序设计、数据库应用技术、专业项目综合实践(基础)、专业项目综合实践(进阶)、专业项目综合实践(仿真)等课程。

(4)专业方向模块课

专业方向模块课程主要根据学生在专业群中岗位方向发展意愿给学生提供多个选择的可能性,满足学生的个性化发展意愿。主要有四个方向:

① 软件开发方向。

其主要课程有 Web 前端框架技术、Java Web 框架技术等 Web 开发类课程。

② 系统运维方向。

其主要课程有网络设备配置与管理、大数据平台配置与管理等要完成网络、服务器维护类课程。

③ 软件测试方向。

其主要课程有软件测试工具应用、自动化测试等测试相关技术课程。

(5)专业选修课程

其主要课程有数据结构与算法、计算机组网技术、Linux 系统应用与配置、软件工程等,主要为以上各方向打好专业基础知识和技能。

(6)集中性实践课程

主要包括基础技能综合实践、专业文档综合实践、专业方向综合实践、项目实训综合实践、职业素养提升训练、综合素质拓展训练、职业人文与就业训练、跟岗实习、顶岗实习、实习报告(毕业设计)等课程。

(7)主要课程路线图

鉴于本专业的培养定位是基于 Java 平台的 Web 应用软件开发技术,所开课程的主要路线也按照 Java 平台的开发要求来设置,首先我们了解 Java 平台的 Web 应用开发所需要的技术(见图 2.12)。

根据以上技术路线及结合教学特色,设计相应的主要专业课程结构图如图 2.13 所示。

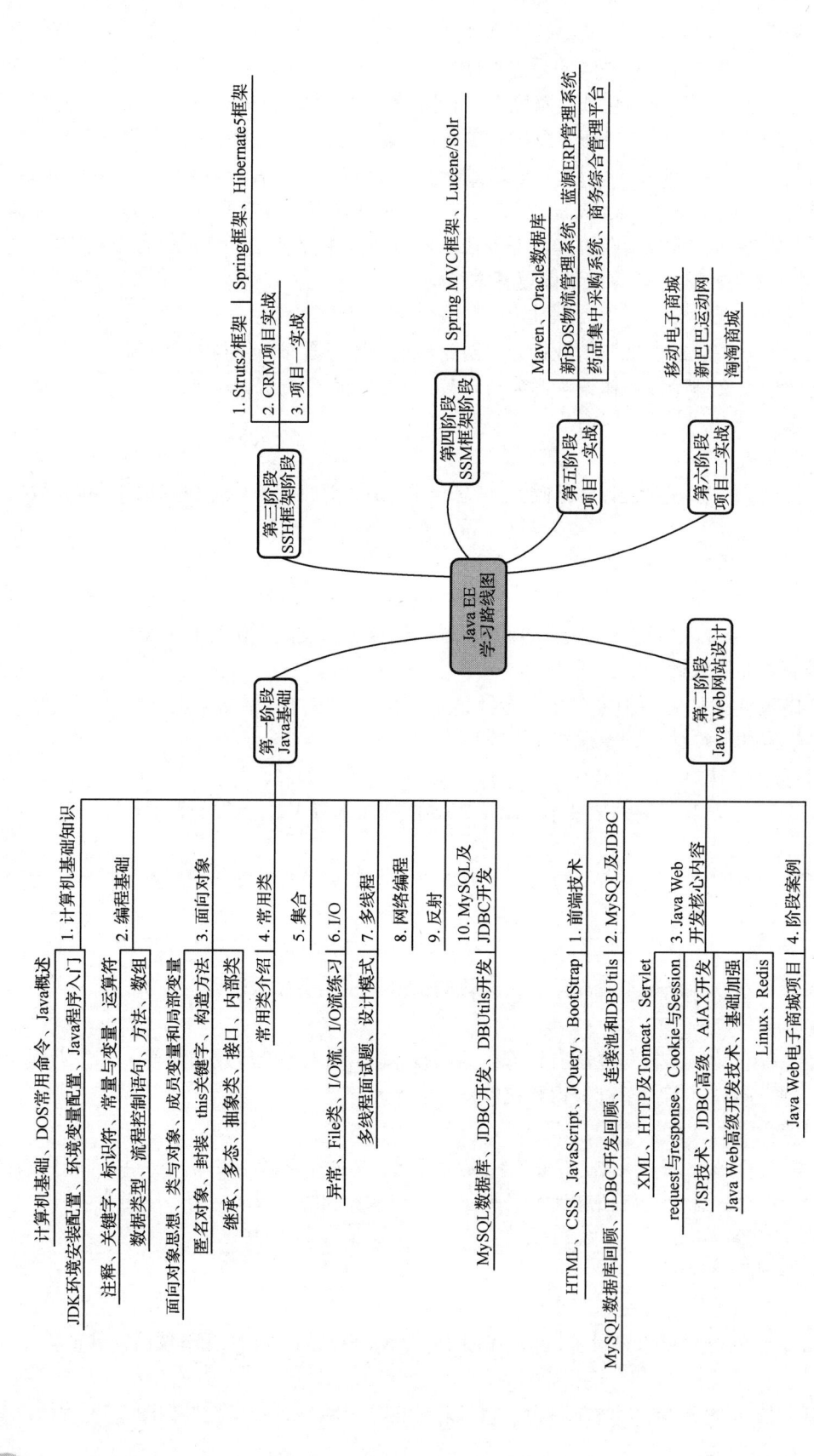

图2.12 Java Web技术路线图

图2.13 主要专业课程结构图

J2SE部分
- Java基础（重点）
  - Java语法
  - 面向对象
  - 常见API
  - 集合框架
- Java界面编程（了解）
  - AMT
  - 事件机制
  - Swing
- Java API（重点）
  - Java IO
  - 多线程
  - 网络编程
  - 反射注解

数据库&JDBC编程
- SQL基础（重点）
  - SQL语法
  - 增删改查
  - 多表查询
- JDBC编程（重点）
  - JDBC原理
  - JDBC连接库
  - JDBC API
- JDBC高级（重点）
  - 数据库连接池
  - 存储过程
  - 触发器
  - CRM思想

Web开发基础
- HTML语言（掌握）
  - HTML标签
  - 表单标签
  - 了解CSS
- JavaScript（掌握）
  - JavaScript语法
  - JavaScript对象
- DOM编程（重点）
  - DOM原理
  - 常用DOM元素
  - DOM编程

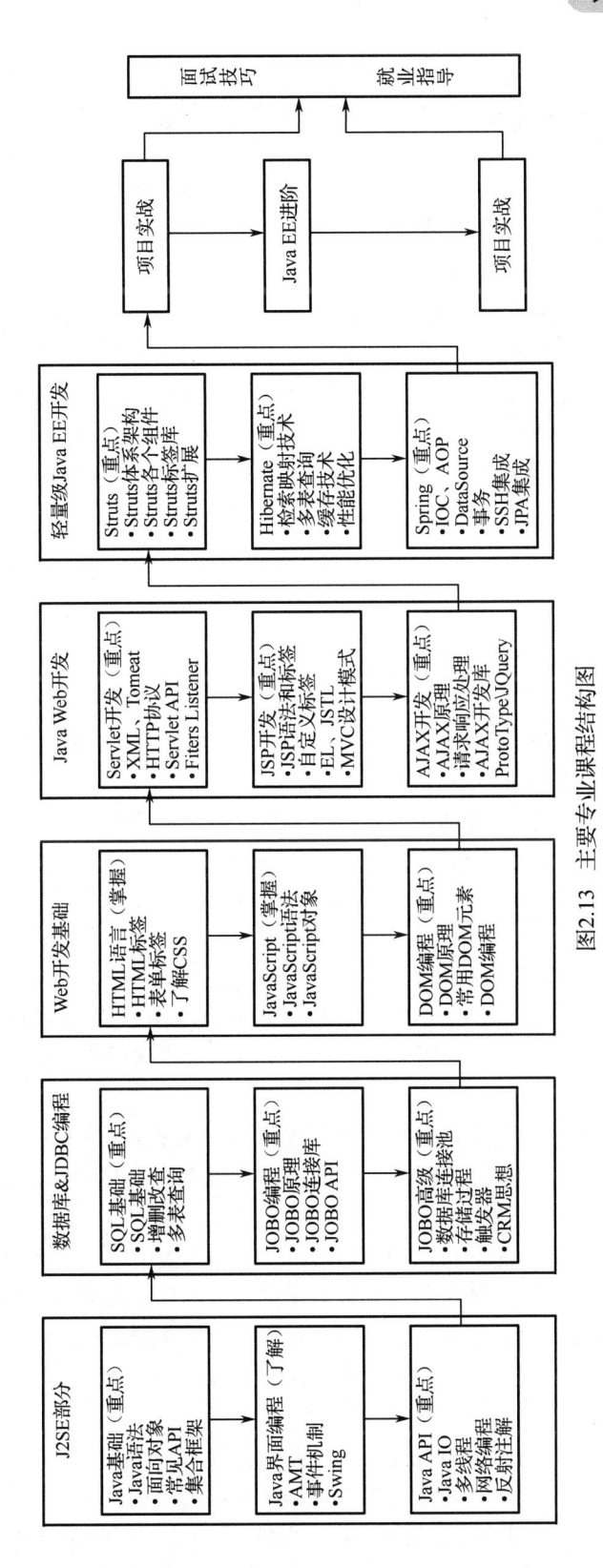

Java Web开发
- Servlet开发（重点）
  - XML、Tomcat
  - HTTP协议
  - Servlet API
  - Filters Listener
- JSP开发（重点）
  - JSP语法和标签
  - 自定义标签
  - EL、JSTL
  - MVC设计模式
- AJAX开发（重点）
  - AJAX原理
  - 请求响应处理
  - AJAX开发库
  - ProtoType JQuery

轻量级Java EE开发
- Struts（重点）
  - Struts体系架构
  - Struts各个组件
  - Struts标签库
  - Struts扩展
- Hibernate（重点）
  - 检索映射技术
  - 多表查询
  - 缓存技术
  - 性能优化
- Spring（重点）
  - IOC、AOP
  - DataSource
  - 事务
  - SSH集成
  - JPA集成

项目实战 → Java EE进阶 → 项目实战

面试技巧　就业指导

任务3　软件行业的职业道德和学习规划

任务描述

通过上面课程的学习，小李对软件技术行业人才的社会需求、应具备的能力、培养体系有了更直观的理解。同时，小李迫切地想知道从事软件技术行业，需要遵从哪些职业道德，树立怎样的职业形象，以及怎样规划未来的职业路线，制订学习计划。

任务分析

要成为一名有职业素养的软件技术行业人才，需要了解并遵循职业道德，行业约束，树立良好的职业形象。了解软件技术行业未来动向，制订科学的学习计划。

知识准备

2.3.1　行业职业道德

作为软件开发人员，要遵从行业约束，树立良好的职业形象，需要遵守以下基本要求：

自觉遵守公民道德规范标准和中国软件行业基本公约。

讲诚信，坚决反对各种弄虚作假行为，不承接自己能力尚难以胜任的任务，对已经承诺的事，要保证做到，在情况变化和有特殊原因，实在难以做到时，应及早向当事人报告和说明；忠实做好各种作业记录，不隐瞒、不虚构，对提交的软件产品及其功能，在有关文档上不作夸大不实的说明。

讲团结、讲合作，有良好的团队协作精神，善于沟通和交流，在业务讨论上，积极坦率地发表自己的观点和意见，对理解不清楚和有疑问的地方，绝不放过，在做同级评审和技术审核时，实事求是地反映和指出问题，对事不对人，要自觉协助项目经理做好项目管理，积极提出工作改进建议。

有良好的知识产权保护意识，自觉抵制各种违反知识产权保护法规的行为，不购买和使用盗版的软件，不参与侵犯知识产权的活动，在自己开发的产品中不复制、复用未获得使用许可的它方内容。

树立正确的技能观，努力提高自己的技能，为社会和人类造福，绝不利用自己的技能去从事危害公众利益的活动，包括构造虚假信息和不良内容、制造电脑病毒、参与盗版活动、非法解密存取、黑客行为和攻击网站等行为，提倡健康的网络道德准则和交流活动。应大力鼓励和提倡利用自己的计算机知识，积极参与科学普及活动和应用推广活动。

认真履行签订的合同和协议规定，有良好的工作责任感，不能以追求个人利益为目的，而不顾协议合同规定，不顾对已承诺的项目开发任务的影响，甚至以携带原企业的资料提高自己的身价。应自觉遵守保密规定，不随意向他人泄露工作和客户的机密。

面对飞速发展的技术，能自觉跟踪技术发展动态，积极参与各种技术交流、技术培训和继续教育活动，不断改进和提高自己的技能，自觉参与项目管理和软件过程改进活动。能注意对个人软件过程活动的监控和管理，积累工程数据，研究和不断改进自己的软件生产效率和质量，并积极参与发展高效的团队软件过程管理，使各项软件产出，都能达到国际和国家标准与规范。

努力提高自己的技术和职业道德素质，力争做到与国际接轨，提交的软件和文档资料能符合国际和国家的有关技术标准，在职业道德规范上，也能符合国际软件工程师职业道德规范标准。

2.3.2 学习规划和建议

1. 个人能力培养

对于本专业人才的培养，国家要求的培养规格是本专业毕业生应在素质、知识和能力方面达到以下要求：

（1）素质
- 坚决拥护中国共产党领导和我国社会主义制度，在习近平新时代中国特色社会主义思想指引下，践行社会主义核心价值观，具有深厚的爱国情感和中华民族自豪感。
- 崇尚宪法、遵纪守法、崇德向善、诚实守信、珍爱生命、热爱劳动，履行道德准则和行为规范，具有社会责任感和社会参与意识。
- 具有质量意识、环保意识、安全意识、信息素养、工匠精神、创新思维、全球视野。
- 勇于奋斗、乐观向上，具有自我管理能力、职业生涯规划的意识，有较强的集体意识和团队合作精神。
- 具有健康的体魄、心理和健全的人格，掌握基本运动知识和一两项运动技能，养成良好的健身与卫生习惯，良好的行为习惯。
- 具有一定的审美和人文素养，能够形成一两项艺术特长或爱好。

（2）知识
- 掌握必备的思想政治理论、科学文化基础知识和中华优秀传统文化知识。
- 熟悉与本专业相关的法律法规，以及环境保护、安全消防、文明生产等相关知识。
- 掌握面向对象程序设计的基础理论知识。
- 掌握数据库设计与应用的技术和方法。
- 掌握 Web 前端开发及 UI 设计的方法。
- 掌握 Java、.net 等主流软件开发平台相关知识。
- 掌握软件测试技术和方法。
- 了解软件项目开发与管理知识。
- 了解软件开发相关国家标准和国际标准。

（3）能力
- 具有探究学习、终身学习、分析问题和解决问题的能力。
- 具有良好的语言、文字表达能力和沟通能力。
- 具备良好的团队合作与抗压能力。
- 能够阅读并正确理解软件需求分析报告和项目建设方案。
- 具备计算机软硬件系统安装、调试、维护的实践能力。
- 具备简单算法的分析与设计能力，并能用 HTML5、Java、C#等编程实现。
- 具备数据库设计、应用与管理能力。
- 具备软件界面设计能力。
- 具备桌面应用程序及 Web 应用程序开发能力。

- 具备软件测试能力。
- 具备软件项目文档的撰写能力。
- 具备软件的售后技术支持能力。
- 具备对软件产品应用、行业技术发展进行调研与分析的能力，初步具备企业级应用系统开发能力。

通过国家标准可以看出需要我们具有的能力结构要包括业务能力和综合能力两个部分，相辅相成（见图2.14）。

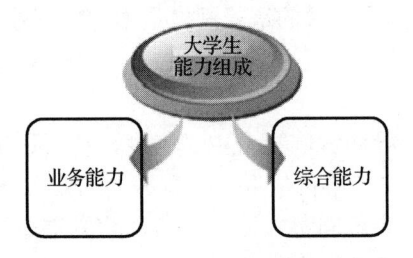

图2.14　大学生能力组成示意图

其中，业务能力主要包括软、硬件的设计能力，对于问题的分析能力和实践动手能力，对于问题的大局观——整体思维能力，以及在此基础上进行的开拓创新能力（见图2.15）。

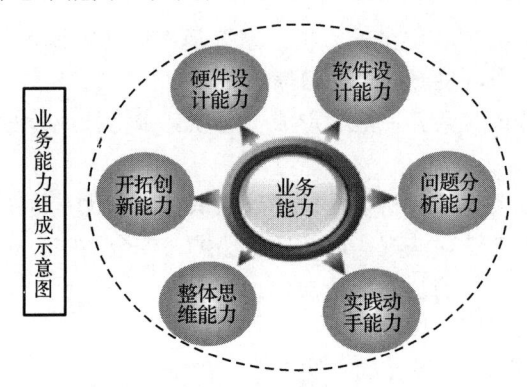

图2.15　大学生业务能力组成示意图

综合能力主要体现在综合素质表达方面，如语言表达能力、外语表达能力、文字写作能力和同事的合作沟通能力、坚强的毅力，以及终身的求知欲望和学习能力（见图2.16）。

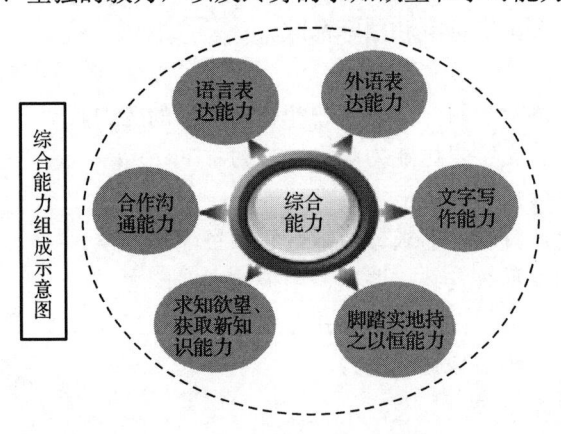

图2.16　大学生综合能力组成示意图

对于以上业务能力和综合能力的培养，中间不可有偏废，有的同学重视业务能力，有的同学重视综合能力，但综合能力对于以后道路的影响是比较深远的，业务能力可能经过几门课程的学习或者几个项目的锻炼就可以具备一定的水平，但综合能力需要长期的修养锻炼甚至是一辈子的努力和磨炼，凡有成就的人必在综合能力的某些方面有过人之处。如果保持强烈的求知欲，愿意和周围人表达你的意愿和想法，能够脚踏实地持之以恒，相信在专业能力上必有一番建树。

2. 能力培养要素

学生能力培养要素主要有两个。

（1）学校因素

学校因素主要包含有三点。

① 教学计划：决定整体知识结构，软件技术专业的知识结构完全按照国家标准和行业人才需求制定，遵从学习规律。

② 教材选择：教材的选订决定学科知识体系，在教材的选订上按照国家规定选用优质教材，禁止不合格的教材进入课堂。建立了由专业教师、行业专家和教研人员等参与的教材选用机构，时刻关注知识的更新，完善教材选用制度，经过规范程序择优选用教材。

③ 讲课教师：好的讲课教师决定了课堂的教学效果，但在当今信息化时代，网络课程资源丰富，这项因素的影响性大大降低。

（2）个人因素

要想在本专业上实现预定目标，针对个人则需要做到以下几点：

① 关心技术走向不断获取新知识。

② 通过各种渠道调查研究了解社会。

③ 明确学习目标不断调整学习计划。

④ 和同学之间和睦相处，相互促进。

⑤ 积极参加社交活动。

在以上学校因素和个人因素中，个人因素是主体和内在，学校因素是外在条件，外在条件如果有不足，可以通过其他渠道来弥补，但内在动力不足，再好的外部条件也没有作用。一个人的知识、能力不是能从外部输入的，他必须通过个人学习、思考、实践和理解才能获得。因此学生的个人因素——自我能力培养意识、求知欲和坚持才是大学成长的关键因素。

3. 了解自己

凡事"预则立，不预则废"，针对大学生活提前做好学习规划，对以后的学习将会有很好的帮助，在做规划之前首先从以下几个问题来对自己做一个初步了解：

（1）你对什么感兴趣？

硬件、软件、通信、网络、市场还是企业管理？

（2）你的特长是什么？

数学、理论、动手能力、逻辑思维、组织管理还是软件开发？

（3）社会需求是什么？

物联网产业、软件产业、数字媒体产业、移动互联网产业、通信产业，需要了解这些产业的技术领域和国家产业政策。

（4）你喜欢什么职业？

工程师、教师、产品研发、市场营销还是企业管理？

（5）毕业后干什么？

就业、继续升造还是出国留学？

上述问题是制定学习规划的依据。

4. 制定学习规划

（1）规划方式

根据社会需求、个人爱好、本人特长及毕业后的人生计划来规划大学三年的学习，包括课程的选择、能力的锻炼、社会实践、全面发展等。

（2）实时调整

技术是发展的，社会需求也可能变化，随着知识增长，兴趣爱好也可能改变，因此需要根据个人情况进行实时调整。

（3）制定规划的必要性

有规划，才有目标；有目标，才有动力。制定规划的过程是了解学科发展、了解教学计划、了解社会需求、了解自己的过程。

5. 大学学习特点、学习方法及建议

中学的课程体系相对简单，课程间的关系也比较简单，相对而言大学课程是按专业来组织教学，专业课程一般体系庞杂，课程间的关系复杂，当前导课程没有学好容易影响后继课程。

计算机整个学科的特点是理论与实践结合得非常紧密。在理论学习上要具有一定的深度，但一些理论基础课程容易让学生感觉没有直接的用处；同时还要求学生有一定的实践动手能力，但在动手过程中容易因为理论的不足导致无法分析遇到的问题。

大学的学习目标相对不是很明确，学生学习成绩的好坏与毕业后的出路之间无明确的对应关系，中学阶段对学习成绩比较重视，但大学阶段更重视个人能力的提高。

在大学学习过程中，学校及教师对学生学习的管理相对比较松散，主要靠学生的自我管理、自主学习来完成，同时由于外在环境各方面的诱惑，容易掉入其他一些陷阱，如情感、游戏、娱乐等各种活动。

针对这些学习特定的复杂性和人员的多样性，因此并没有明确的学习方法，只能针对不同课程根据自身特点摸索个人的学习方法。

本节提出以下一些建议供各位参考：

根据个人特长和兴趣抓住主线，第1年打好基础，第2年和第3年重点培养实践能力，参加学技竞赛、社会实践等活动。

树立合适的目标，挖掘自己的潜能，并认识自己的缺点，既要有信心也要不盲目乐观。对于感兴趣的课程要深入学习，不感兴趣的课程要争取通过考试。

重视能力培养，针对自己的能力，培养学习的兴趣，学一门课要有一门课的收获，甚至学一章也要有一章的收获。

有具体的学习计划，针对课程制订每周计划、每月计划，何时预习什么课程，达到预定目标都要提前计划好，不要等到了作业最后期限才来写作业。

学思结合，学而不思则罔，思而不学则殆，要善于总结，抓住课程内容的主线，听课不要盲目抄笔记，应写下自己的理解和心得。建议每周或每月写份总结，总结学到的内容和收获，分析遗憾部分及下一步努力的方向。

积极主动和同学、老师交流，与同学、老师之间融洽相处，求同存异，保持平和、开朗、阳光的心态。

项目考核

一、选择题

1. 以下选项中不是软件技术的典型应用案例的是（ ）。
   A．智慧城市　　　　　　　　　B．烟雾报警器
   C．工业 4.0　　　　　　　　　D．百度云+
2. 下列编程语言中常被用在软件技术上的是（ ）。
   A．C 语言　　　　　　　　　　B．Java
   C．机器语言　　　　　　　　　D．汇编语言
3. IDE 是（ ）的缩写。
   A．集成开发环境　　　　　　　B．IDEA 编辑器
   C．集成开发工具　　　　　　　D．开发环境
4. 以下选项中不是操作系统的层次结构的是（ ）。
   A．外壳程序　　　　　　　　　B．内核
   C．硬件　　　　　　　　　　　D．键盘
5. 分时系统的特性是（ ）。
   A．多路性　　　　　　　　　　B．高可靠性
   C．有效性　　　　　　　　　　D．通用性
6. 软件技术人才培养体系的专业方向是（ ）。
   A．物联网方向　　　　　　　　B．系统运维方向
   C．工业控制方向　　　　　　　D．大数据处理方向
7. 软件技术人才不要求具备（ ）。
   A．数据库设计能力　　　　　　B．软件测试能力
   C．软件 UI 设计能力　　　　　D．硬件设备维修能力
8. 软件技术人才不能从事的岗位是（ ）。
   A．软件设计师　　　　　　　　B．程序员
   C．软件测试工程师　　　　　　D．设备管理员
9. （ ）是面向对象编程语言。
   A．C 语言　　　B．Python　　　C．go 语言　　　D．汇编语言
10. 关于软件技术发展历程上的数据库系统阶段的特点是（ ）。
    A．文件的多样化　　　　　　　B．数据长期储存在内存上
    C．较高的数据独立性　　　　　D．较多的数据冗余

二、课后阅读

1. 阅读有关软件开发行业的发展介绍。
2. 写一篇课程听后感，包括如下三点：
（1）对软件技术专业的认识。
（2）对软件技术专业课程的认识。
（3）对自己大学学习的初步规划。

项目 3 移动通信导论

项目介绍

进入 21 世纪，移动通信技术的发展，使用户彻底摆脱终端设备的束缚、实现完整的个人移动性、可靠的传输手段和接续方式。移动通信技术已经成为社会发展和进步必不可少的工具。5G 通信更是对人工智能、大数据、物联网等技术的应用突破至关重要。在本项目中需要全面了解和掌握移动通信技术。

任务安排

任务 1　通信概述
任务 2　通信基础概念
任务 3　通信系统模型
任务 4　无线通信技术概述
任务 5　移动通信技术
任务 6　了解移动通信技术人才培养

学习目标

◇ 了解通信的发展过程
◇ 了解通信的概念，模型等方面的知识
◇ 了解和掌握移动通信的相关知识
◇ 了解和掌握移动通信专业的培养体系

任务 1　通信概述

➡ 任务描述

张三是一名 ICT 专业大类的新生，他想了解移动通信技术的知识及这个专业主要学习什么？老师说，了解移动通信技术首先要了解通信的相关知识。

➡ 任务分析

自古以来人类为了传递信息想出了多种办法，那么什么是通信呢？通信是如何发展起来的？让我们一起来了解一下通信基本知识。

➡ 知识准备

3.1.1　什么是通信

通信，是指人与人或人与自然之间通过某种行为或媒介进行的信息交流与传递，从广义上指需要信息的双方或多方在不违背各自意愿的情况下采用任意方法、任意媒质，将信息从某方准确安全地传送到另一方。

以视觉声音传递为主的古代的烽火台、击鼓、旗语，近代以实物传递为主的驿站快马接力、信鸽、邮政通信等。以前的通信对远距离来说，最快也要几天的时间，而现代通信往往以电信方式为主，如电报、电话、快信、短信、E-mail 等，注重即时通信，作为自然科学来说邮政通信更能体现人与自然的和谐与沟通。

在古代，人类通过驿站、飞鸽传书、烽火报警、符号、身体语言、眼神、触碰等方式进行信息传递（见图 3.1 和图 3.2）。

图 3.1　烽火通信

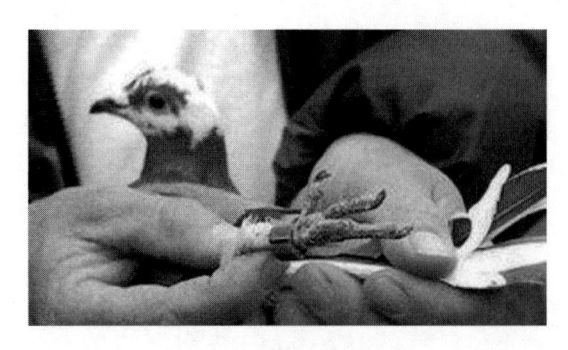

图 3.2　飞鸽传书

随着现代科学技术的飞速发展，相继出现了无线电、固定电话、移动电话、互联网，甚至视频电话等多种通信方式。通信技术拉近了人与人之间的距离，提高了经济效率，改变了人类的生活方式和社会面貌。

通信在不同的环境下有不同的解释，在出现电波传递通信后通信被单一解释为信息的传递，是指由一地向另一地进行信息的传输与交换，其目的是传输消息。然而，通信是在人类实践过程中随着社会生产力的发展对传递消息的要求不断提升使得人类文明不断进步。在各种各样的通信方式中，利用"电"来传递消息的通信方法称为电信（Telecommunication），这种通信具有迅速、准确、可靠等特点，且几乎不受时间、地点、空间、距离的限制，因而得到了飞速发展和广泛应用。

3.1.2　通信发展史

通信技术的发展是伴随科技的发展和社会的进步而逐步发展起来的。早在古代，人们就寻求各种方法实现信息的传输。我国古代利用烽火传送边疆警报，古希腊人用火炬的位置表示字母符号，这种光信号的传输构成最原始的光通信系统。利用击鼓鸣金可以报送时刻或传达命令，这是声信号的传输。后来又出现了信鸽、旗语、驿站等传送信息的方法。

19 世纪中叶以后，随着电报、电话的发明，电磁波的发现，人类通信领域产生了根本性的巨大变革，实现了利用金属导线来传递信息，甚至通过电磁波来进行无线通信，使神话中的"顺风耳""千里眼"变成了现实。

从此，人类的信息传递可以脱离常规的视觉、听觉方式，用电信号作为新的载体，同时带来了一系列技术的革新，开始了人类通信的新时代。

1837 年，美国人塞缪乐·莫尔斯（Samuel Morse）成功地研制出世界上第一台电磁式电报机。他利用自己设计的电码，可将信息转换成一串或长或短的电脉冲传向目的地，再转换为原来的信息。

1844 年 5 月 24 日，莫尔斯在华盛顿国会大厦联邦最高法院会议厅用"莫尔斯电码"发出了人类历史上的第一份电报，从而实现了长途电报通信。

1864 年，英国物理学家麦克斯韦（J.c.Maxwel）建立了一套电磁理论，预言了电磁波的存在，说明了电磁波与光具有相同的性质，两者都是以光速传播的。

1875 年，苏格兰青年亚历山大·贝尔（A.G.Bell）发明了世界上第一台电话机。并于 1876 年申请了发明专利。1878 年在相距 300 公里的波士顿和纽约之间进行了首次长途电话实验，并获得成功，后来就成立了著名的贝尔电话公司。

1888 年,德国青年物理学家海因里斯·赫兹(H.R.Hertz)用电波环进行了一系列实验,发现了电磁波的存在,他用实验证明了麦克斯韦的电磁理论。这个实验轰动了整个科学界,成为近代科学技术史上的一个重要里程碑,导致了无线电的诞生和电子技术的发展。

19 世纪末,人们致力于研究用电磁波传送电信号,赫兹、波波夫、马可尼等人在这方面都做出了贡献。开始时,传输距离仅数百米。

1901 年,马可尼成功地实现了横跨大西洋的无线电通信。从此,传输电信号的通信方式得到广泛应用和迅速发展。

20 世纪 20 年代起,通信建设和应用广泛发展,开始利用铜线实现市内和长途有线通信,又利用短波实现远距离无线通信和国际通信。

20 世纪 30—40 年代起,利用铜线传输载波电话,使长途通信容量加大,电信号的频分多路技术开始步入实用阶段。

20 世纪 50—60 年代起,半导体、晶体管开始在电子电路中替代电子管,接着进入集成电路技术到超大规模集成电路的时代,开始建设最早的公用电话通信网。

20 世纪 60 年代起,电子计算机应用增多,数据通信开始兴起,电话编码技术得到应用,模拟通信开始向数字通信过渡。

20 世纪 70 年代起,玻璃光纤研制成功,于是传输网络从电缆通信向光纤通信过渡。地球同步轨道运行的通信卫星发射成功,卫星通信开始对国际通信和电视转播做出贡献,也经常在特殊地理环境下作为有线接入技术的替代与补充。

20 世纪 80 年代起,各种信息业务应用增多,通信网络开始向数字网络发展。电信号的时分多路技术(PDH 和 SDH)走向成熟,公共电话交换网(PSTN)逐渐得到普及,交换方式发展出新的类型(ATM)。蜂窝网等各种无线移动通信业务向公众开放,于是个人通信得到迅速发展。第一代模拟移动通信网的代表技术为 AMPS。

20 世纪 90 年代起,互联网(Internet)在全世界兴起,在吸引众多计算机用户踊跃上网的同时,也吸引人们更多地使用计算机。可以在网上快速实现国内和国际通信并获取各种有用信息,而只需支付低廉的费用。从此,通信网络的数据业务量急剧增长。这使得以互联网协议(IP)为标志的数据通信,在通信网络中逐渐占据更为重要的地位。同时,在光纤通信技术中,波分复用技术(WDM)取得成功,与电信号的时分复用技术(TDM)相结合,线路的传输容量显著加大,足以适应通信业务量急速增长的需要(见图 3.3)。

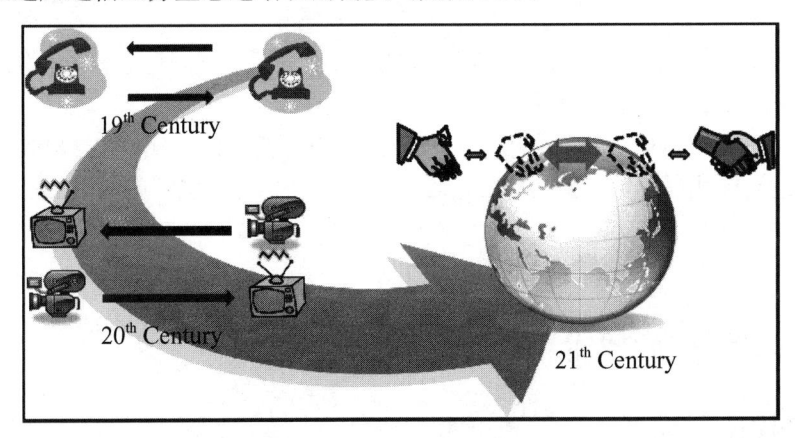

图 3.3 通信发展史

3.1.3 通信系统的分类

1. 按传输媒质分类

有线通信：是指传输媒质为导线、电缆、光缆、波导、纳米材料等形式的通信，其特点是媒质能看得见、摸得着（明线通信、电缆通信、光缆通信、光纤/光缆通信）。

无线通信：是指传输媒质看不见、摸不着（如电磁波）的一种通信形式（微波通信、短波通信、移动通信、卫星通信、散射通信）。

2. 按信道中传输的信号分类

模拟信号：凡信号的某一参量（如连续波的振幅、频率、相位，脉冲波的振幅、宽度、位置等）可以取无限多个数值，且直接与消息相对应的，模拟信号有时也称连续信号。这个连续是指信号的某一参量可以连续变化。

数字信号：凡信号的某一参量只能取有限个数值，并且常常不直接与消息相对应的，也称离散信号。

3. 按工作频段分类

长波通信、中波通信、短波通信、微波通信。

4. 按消息分类

电报系统、电话系统、数据系统、图像系统。

5. 按复用方式分类

频分复用、时分复用、码分复用。

6. 按调制方式分类

基带传输：是指信号没有经过调制而直接送到信道中去传输的通信方式。

频带传输：是指信号经过调制后再送到信道中传输，接收端有相应解调措施的通信方式。

7. 按通信双方的分工及数据传输方向分类

对于点对点之间的通信，按消息传送的方向，通信方式可分为单工通信、半双工通信及全双工通信三种。

所谓单工通信，是指消息只能单方向进行传输的一种通信工作方式。单工通信的例子很多，如广播、遥控、无线寻呼等。这里，信号（消息）只从广播发射台、遥控器和无线寻呼中心分别传到收音机、遥控对象和 BP 机上。

所谓半双工通信方式，是指通信双方都能收发消息，但不能同时进行收和发的工作方式。对讲机、收发报机等都是这种通信方式。

所谓全双工通信，是指通信双方可同时双向传输消息的工作方式。在这种方式下，双方都可同时收发消息。很明显，全双工通信的信道必须是双向信道。生活中全双工通信的例子非常多，如普通电话、手机等。

任务 2　通信基础概念

➡ 任务描述

经过前一次任务的学习，张三对通信有了初步的认识。接下来老师要求大家了解通信中的一些基本概念。

任务分析

为了进一步掌握通信的知识，同学们需要了解通信技术中的一些基础术语和基本概念。

知识准备

3.2.1 信息、数据和信号

信息、数据、信号和传输介质。
① 信息是客观事物的属性和相互联系特性的表现，它反映了客观事物的存在形式或运动状态。
② 数据是信息的载体，是信息的表现形式。
③ 信号是数据在传输过程中的具体物理表示形式，分为模拟信号和数字信号，具有确定的物理描述。
④ 传输介质是通信中传送信息的载体，又称为信道。

3.2.2 模拟通信和数字通信

通信系统主要由5个基本系统元件构成，信源、转换器、信道、反转换器和信宿。
源系统将信源发出的信息转换成适合在传输系统中传输的信号形式，通过信道传输到目的系统，目的系统再将信号反变换为具体的信息。
通过系统传输的信号一般有模拟信号和数字信号两种表达方式（见图3.4）。

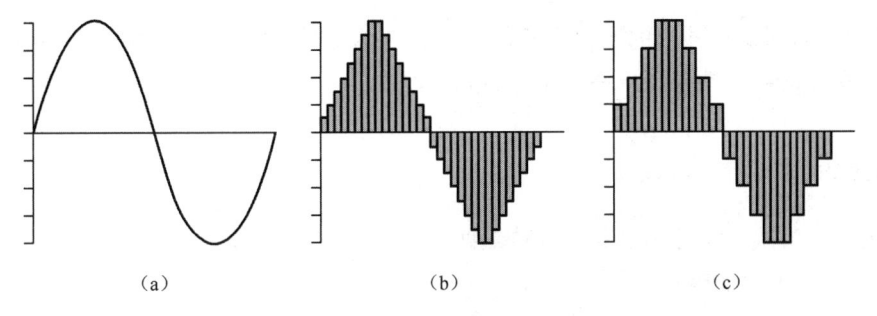

图 3.4 模拟信号与数字信号

模拟信号是一个连续变化的物理量，即在时间特性上幅度（信号强度）的取值是连续的，一般用连续变化的电压表示。
数字信号是离散的，即在时间特性上幅度的取值是有限的离散值，一般用脉冲序列来表示。
数字信号比模拟信号可靠性高，数字信号比较容易存储、处理和传输。

3.2.3 数据通信的技术指标

（1）信道带宽：是描述信道传输能力的技术指标，它的大小是由信道的物理特性决定的。

信道能够传送电磁波的有效频率范围就是该信道的带宽。

（2）数据传输速率：称为比特率，是指信道每秒钟所能传输的二进制比特数，记为 bps，常见的单位有 Kbps、Mbps、Gbps 等，数据传输速率的高低，由每位数据所占的时间决定，一位数据所占用的时间宽度越小，则传输速率越高。

（3）信道容量：信道的传输能力是有一定限制的，信道传输数据的速率的上限，称为信道容量，一般表示单位时间内最多可传输的二进制数据的位数。

$$C=W\log_2(1+S/N)$$

C 为信道容量，W 为信道带宽，N 为噪声功率，S 为信号功率。

S/N 称为信噪比，用来描述信道的质量，噪声小的系统信噪比高，信噪比 S/N 通常用 $10\lg(S/N)$ 来表示，其单位为分贝。

无噪声离散信道容量公式为 $C=2W\log_2 L$（L 为传输二进制信号）。

（4）波特率：是传输的信号值每秒钟变化的次数，如果被传输的信号周期为 T，则波特率 $Rb=1/T$。Rb 称为波形速率或调制速率。

$$R=Rb\log_2 V$$

V 表示传输信号所包含的离散电平数。

（5）信道延迟：信号沿信道传输需要一定的时间，就是信道延迟，信道延迟时间的长短，主要受发送设备和接收设备的响应时间、通信设备的转发和等待时间、计算机的发送和接收处理时间、传输介质的延迟时间等的影响。

信道延迟=计算机的发送和接收处理时间+传输介质的延迟时间+
　　　　发送设备和接收设备的响应时间+通信设备的转发和等待时间。

（6）误码率：是指接收的错误码元数占传送总码元数的比例，即码元在传输系统中被传错的概率。

$$Pc=Ne/N$$

Ne 表示单位时间内接收的错误码元数；N 表示单位时间内系统接收的总码元数。误码率越低，通信系统的可靠性越高，通信质量越好。

3.2.4　数据的传输

数据的传输方式有串行传输和并行传输两种，并行传输用于较低距离的数据传输，串行传输用于较远距离的数据传输（见图3.5）。

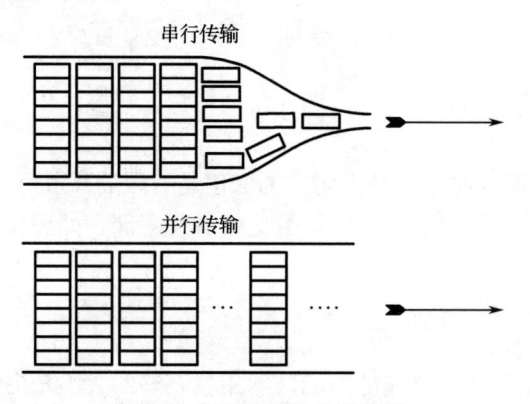

图 3.5　串行传输与并行传输

1. 串行通信

串行通信在传输数据时，数据是一位一位地在通信线路上传输的。USB 指串行总线。网卡负责串行数据和并行数据的转换工作。

2. 并行通信

并行通信是指要传输的数据中多个数据位同时在两个设备中传输，发送设备将这些数据位通过对应的数据线传送给接收设备，还可附加一位校验位。接收设备可同时接收到这些数据，而且无须变换就可以直接使用。并行通信特点是传输速度快，处理简单。

3.2.5 通信线路的连接方式

通信线路的连接方式有两种：点对点连接方式和多点连接方式。

（1）点对点连接方式：指在发送端和接收端之间采用一条线路连接，使用的线路可以是专用线路、租用线路或交换线路（见图3.6）。

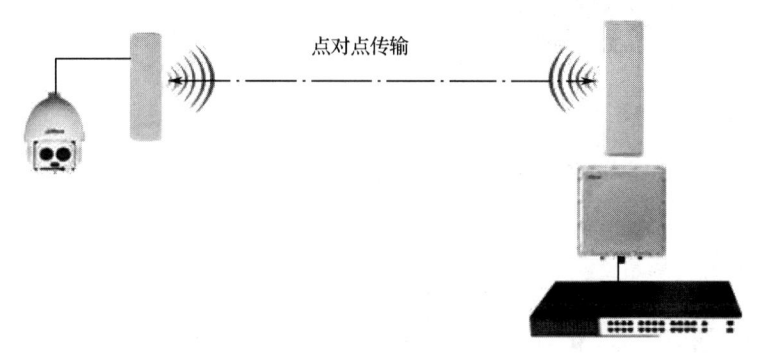

图 3.6 点对点连接传输

（2）多点连接方式：指各个站点通过一条公共的通信线路或集线器连接起来（见图3.7）。

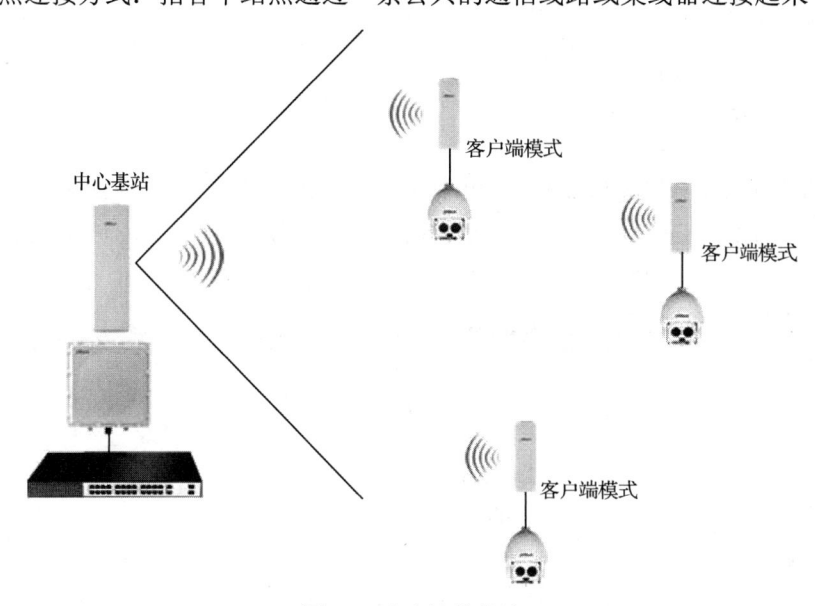

图 3.7 多点连接传输

常用的同步技术有两种：异步传输方式和同步传输方式。

（1）异步传输：每传送一个字符，都要在字符前加 1 个起始位，表示字符的开始，在字符代码和检验码后面加 1 或 2 个停止位，表示字符的结束。接收方根据起始位或停止位判断一个字符开始或结束，从而起到通信双方的同步作用。

异步传输特点：
- 每个字符作为一个独立的整体进行传送。
- 字符之间的时间间隔是任意的。
- 每传输一个字符都需要多使用 2~3 个二进制位，增加了通信的开销，适合于低速通信。

（2）同步传输：以数据块为单位进行传输，在数据块之前先发送一个或多个同步字符 SYN，用于接收方进行同步检测，从而使通信双方进入同步状态。在同步字符之后，可以连续发送任意多个字符或数据块，发送完毕，再使用同步字符来标识整个发送过程结束。

同步传输特点：传输效率高，对传输设备要求高。

任务 3　通信系统模型

🢂 任务描述

了解一些通信技术知识，这些通信技术有没有共同的地方呢？老师要求同学们去了解统一的通信模型。

🢂 任务分析

不管什么样的通信技术，都可以用统一的模型来描述。接下来一起了解一下通信系统的一些模型。

🢂 知识准备

3.3.1　通信系统一般模型

在电通信系统中，消息的传递是通过电信号来实现的，首先要把消息转换成电信号，经过发送设备，将信号送入信道，在接收端利用接收设备对接收信号做相应的处理后，送给信宿再转换为原来的消息，这一过程可用通信系统一般模型来概括（见图 3.8）。

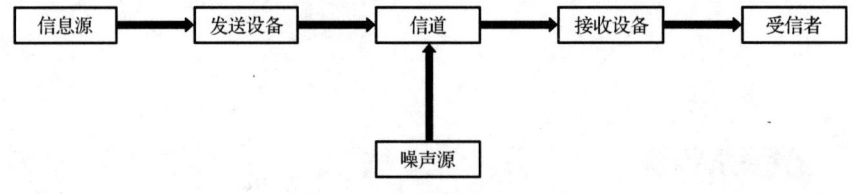

信息源 → 发送设备 → 信道 → 接收设备 → 受信者

噪声源 → 信道

图 3.8　通信系统一般模型

1. 信息源

信息源（简称信源）的作用是把各种消息转换成原始电信号。根据消息的种类不同，信源可分为模拟信源和数字信源。模拟信源输出连续的模拟信号，如话筒（声音→音频符号）、摄像机（光信号→视频信号）；数字信源则输出离散的数字信号，如电传机（键盘字符→数字信号)、计算机等各种数字终端。并且,模拟信源送出的信号经数字化处理后也可送出数字信号。

2. 发送设备

发送设备的作用是产生适合于在信道中传输的信号,即使发送信号的特性和信道特性相匹配,具有抗信道干扰的能力,并且具有足够的功率以满足远距离传输的需要。因此,发送设备涵盖的内容很多,可能包含变换、放大、滤波、编码、调制等过程。对于多路传输系统,发送设备还包括多路复用器。

3. 信道

信道是一种物理介质,将来自发送设备的信号传送到接收端。在无线信道中,信道可以是自由空间;在有线信道中,可以是明线、电缆和光纤。有线信道和无线信道均有多种物理介质。信道既给信号以通路,也会对信号产生各种干扰和噪声。信道的固有特性及引入的干扰和噪声直接关系到通信的质量。

图 3.8 中的噪声源是信道中的噪声及分散在通信系统及其他各处的噪声的集中表示。噪声通常是随机的,形式多样的,它的出现干扰了正常信号的传输。

4. 接收设备

接收设备的功能是将信号放大和反变换(如解码、解调等),其目的是从收到减损的接收信号中正确恢复出原始电信号。对于多路复用信号,接收设备中还包括解除多路复用,实现正确分路的功能。此外,它还要尽可能降低在传输过程中噪声与干扰所带来的影响。

5. 受信者

受信者(简称信宿)是传送消息的目的地,其功能与信源相反,即把原始电信号还原成相应的消息,如扬声器等。

图 3.8 概括地描述了一个通信系统的组成,通信系统的共性。根据我们研究的对象及所关注的问题不同,因而相应有不同形式的、更具体的通信模型。通常按照信道中传输的是模拟信号还是数字信号,相应地把通信系统分为模拟通信系统和数字通信系统。

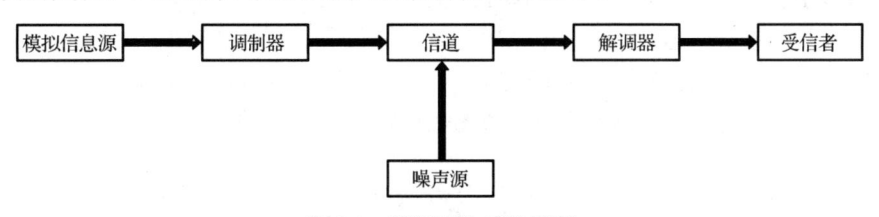

3.3.2 模拟通信系统模型

模拟通信系统是利用模拟信号来传递信息的通信系统,其模型如图 3.9 所示,其中包含两种重要变换,第一种变换是,在发送端把连续消息变换成原始电信号,在接收端进行相反的变换,这种变换由信源和信宿完成,这里所说的原始电信号通常称为基带信号。有些信道可以直接传输基带信号,而以自由空间作为信道的无线电传输却无法直接传输这些信号,因此,模拟通信系统中常常需要进行第二种变换:把基带信号变换成适合在信道传输的信号,并在接收端进行反变换,完成这种变换和反变换的通常是调制器和解调器。除了上述两种变换,实际通信系统中可能还有滤波、放大、无线辐射等过程,上述两种变换起主要作用,而其他过程不会使信号发生质的变化,只是对信号进行放大和改善信号特性等。

图 3.9 模拟通信系统模型

3.3.3 数字通信系统模型

目前，无论是模拟通信还是数字通信，在不同的通信业务中都得到了广泛的应用。但是，数字通信的发展速度已明显超过了模拟通信，成为当代通信技术的主流（见图 3.10）。与模拟通信相比，数字通信具有以下一些优点：

① 抗干扰能力强（数字信号可多次再生，自动检错、纠错信道），可消除噪声积累。

② 差错可控，传输性能好。可采用信道编码技术使误码率降低，提高传输的可靠性。

③ 便于与各种数字终端接口，用现代计算技术对信号进行处理、加工、变换、存储，从而形成智能网。

④ 便于集成化，从而使通信设备微型化。

⑤ 便于加密处理，且保密强度高。

⑥ 占用信道频带宽。

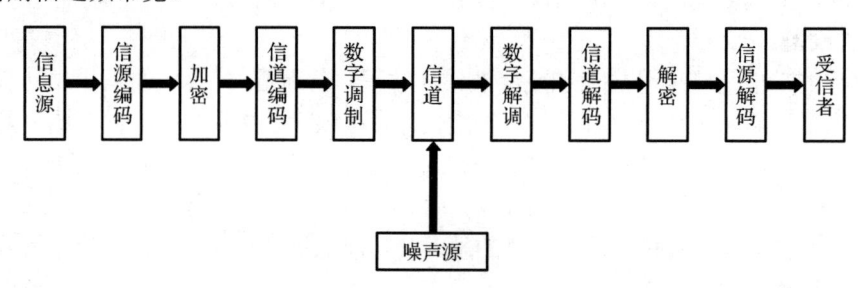

图 3.10 数字通信系统模型

（1）信源编码与解码

信源编码有两个基本功能：一是提高信息传输的有效性；二是完成模/数（A/D）转换，信源编码是信源解码的逆过程。

（2）信道编码与解码

信道编码的目的是增强数字信号的抗干扰能力，接收端的信道解码器按相应的逆规则进行解码，从中发现错误或纠正错误，提高通信系统的可靠性。

（3）加密与解密

在需要事先保密通信的场合，为了保证所传信息的安全，人为地将被传输的数字序列扰乱，即加上密码，这种处理过程叫加密。在接收端利用与发送端相同的密码复制品对收到的数字序列进行解密，恢复原来的信息。

（4）数字调制与解调

数字调制就是把数字基带信号的频谱搬移到高频处，形成适合在信道中传输的带通信号，在接收端可以利用相干解调或非相干解调还原数字基带信号。

数字调制的主要目的是将二进制信息序列映射成信号波形，是对编码信号进行处理，使其变成适合传输的过程。即把基带信号转变为一个相对基带信号而言频率非常高的带通信号，易于发送。数字调制一般是指调制信号是离散的，而载波是连续的调制方式。

主要的数字调制方式有：

1. ASK，幅移键控。这种调制方式是根据信号的不同调节正弦波波幅度。
2. PSK，相移键控，载波相位受数字基带信号控制。如基带信号为 1 时相位为 π，基带信号为 0 时相位为 0。

3. FSK，频移键控，即用数字信号去调制载波频率。

4. QAM，正交幅度调制，根据数字信号的不同，载波相位和幅度都发生变化。

（5）同步

同步是使收发两端的信号在时间上保持步调一致，是保证数字通信系统有序/准确/可靠工作的前提条件。

（6）信道

信道是通信传输信号的通道，是通信系统的重要组成部分。其基本特点是发送信号随机地受到各种可能机理的恶化。

在通信系统的设计中，人们往往根据信道的数学模型来设计信道编码，以获得更好的通信性能。常用的信道数学模型有：加性噪声信道、线性滤波信道、线性时变滤波信道。

任务 4 无线通信技术概述

任务描述

经过前面的学习，张三和同学们了解了通信系统的模型。同时老师要求大家进一步去了解无线通信的相关知识。

任务分析

对于通信来说，可以分为有线通信和无线通信。我们当前使用的移动通信属于无线通信。那么无线通信还有哪些方式呢，我们一起来学习一下。

知识准备

3.4.1 无线通信简介

无线通信系统是利用空间电磁波作为传输介质，在空中传递信号的系统。在发信设备与收信设备上安装天线，完成电磁波的辐射与接收。

1. 无线通信系统分类

利用无线电波来解决信息传输问题，如微波传输系统、卫星传输系统。

利用无线方式作为系统接入，形成具有覆盖能力的通信网络，如陆地移动通信系统、卫星移动通信系统及各种短距离无线通信等。

按传输距离分：近距离、短距离、中距离和长距离无线通信技术。

按移动性分：固定接入和移动接入技术。

2. 无线通信的主要特点

无线通信与移动通信，由于其信道是无线的，甚至是不可选择的，属于随机变参信道，因此与其他通信方式相比，具有以下主要特点：

➢ 传播条件恶劣。
➢ 噪声干扰严重。

- 网络结构复杂。
- 综合多种技术。
- 频谱资源有限。

3.4.2　无线通信技术发展趋势

随着无线通信技术的不断发展，未来的无线通信技术将朝着宽带化方向及信息个人化方向发展，并将会不断实现核心网络的综合化和接入网络的多样化及通信技术机构的变革化，利用网络用户终端的分组传输方式，帮助用户实现数据及图像信息的快速传输。

1. 信息个人化方向

作为未来信息化产业的重要方向之一，信息个人化是未来无线通信技术发展的方向之一，为了进一步推动个人化信息的发展和实现信息化，移动 IP 这项技术需要在手机上进行更加广泛的应用，推动手机网络向移动智能网技术的发展。更进一步地推动全球个人通信，利用移动智能网技术和 IP 这项技术将迎来信息化个人化时代。

2. 无线通信技术结构的变革化

未来无线通信技术的改革主要体现在高效频谱的接入方面，在无线通信技术背景下无线通信技术呈现容量大、效率高的特点，通过频谱的增加以实现用户更加快捷的服务，全面提升无线通信技术的效率。

3. 综合化核心网络与多元化接入网络

在未来无线通信技术的网络结构也将发生变化，在无线通信技术的背景下，实现多元化接入和核心网接入，将逐渐转变信息网络的结构，推动分组化网络和宽带化网络的进步，在未来实现统一核心网络的多种业务传输，这也是未来无线通信技术发展的趋势，同时与人们的生产生活息息相关，为人们的生活提供更加便捷的网络服务。

4. 宽带化方向

未来无线通信技术的发展，必将朝着无线接入宽带化的方向推进，其传输速率将在第二代系统的 9.6Kbit/s 的基础上进行发展革新，继续向第三代移动通信系统的最高速率，也就是 2Mbit/s 方向发展，为用户提供更加快捷的数据及图像信息等传输服务。

3.4.3　无线通信技术应用

1. 微波通信

微波是指频率为 300MHz～300GHz 的电磁波。微波通信是在微波频段通过地面视距进行信息传播的一种无线通信手段。

微波传播具有视距传播特性，在空气中是沿直线传播的，而地球表面是个曲面，为了延长通信距离，需要在通信两地之间设立若干中继站，进行电磁波转接。微波在传播过程中有损耗，在远距离通信时需要采用中继方式对信号逐段接收、放大和发送。

微波通信主要应用在城市内的短距离支线连接，边远地区和专用通信网中为用户提供基本业务，无线宽带业务接入。

微波通信具有良好的抗灾性能，对水灾、风灾及地震等自然灾害，微波通信一般都不受影响。但微波经空中传送，易受干扰，在同一微波电路上不能使用相同频率于同一方向，因此微波电路必须在无线电管理部门的严格管理之下进行建设。此外由于微波直线传播的特性,在电波波束方向上,不能有高楼阻挡,因此城市规划部门要考虑城市空间微波通道的规划,使之不受高楼的阻隔而影响通信(见图3.11)。

图 3.11　微波通信

2. 卫星通信

卫星通信是指利用人造地球卫星作为中继站转发无线电信号,在两个或者多个地面站之间进行的通信。

卫星通信系统由通信卫星和经该卫星连通的地球站两部分组成。静止通信卫星是目前全球卫星通信系统中最常用的星体,是将通信卫星发射到赤道上空 35860 公里的高度上,使卫星运转方向与地球自转方向一致,并使卫星的运转周期正好等于地球的自转周期(24 小时),从而使卫星始终保持同步运行状态。故静止卫星也称为同步卫星。静止卫星天线波束最大覆盖面积可以达到大于地球表面总面积的三分之一。因此,在静止轨道上,只要等间隔地放置三颗通信卫星,其天线波束就能基本上覆盖整个地球(除两极地区外),实现全球范围的通信。由中国航天科技集团研制的全球低轨卫星移动通信与空间互联网系统——"鸿雁"星座的首颗试验星,2018 年 12 月 29 日在酒泉卫星发射中心成功搭载发射,标志着"鸿雁"星座的建设已全面启动。

按照规划,"鸿雁"星座一期预计在 2022 年建成并投入运营,系统由 60 颗核心骨干卫星组成,主要实现全球移动通信、物联网、导航增强、航空监视等功能;二期预计 2025 年完成建设,"鸿雁"星座系统由数百颗宽带通信卫星组成,可实现全球任意地点的互联网接入(见图 3.12)。

图 3-12　"鸿雁"星座

卫星通信相比于地面微波通信，具有以下特点：
- 通信距离远，且建站成本几乎与通信距离无关。
- 通信容量大，业务种类多，通信线路稳定可靠。
- 可以自发自收进行监测。
- 覆盖面积大，便于实现多址连接。

3. 蓝牙技术

蓝牙这个名称来自公元十世纪的一位丹麦国王哈拉尔蓝牙王，哈拉尔蓝牙王 Blatand 在英文里的意思可以被解释为 Bluetooth（蓝牙），因为国王喜欢吃蓝莓，牙龈每天都是蓝色的所以叫蓝牙。

蓝牙（Blue Tooth）是一种短距离无线通信技术（见图 3.13），是实现语音和数据无线传输的全球开放性标准。蓝牙技术使用跳频（FH/SS）、时分多址（TDMA）等先进技术，在小范围内建立多种通信与信息系统之间的信息传输。

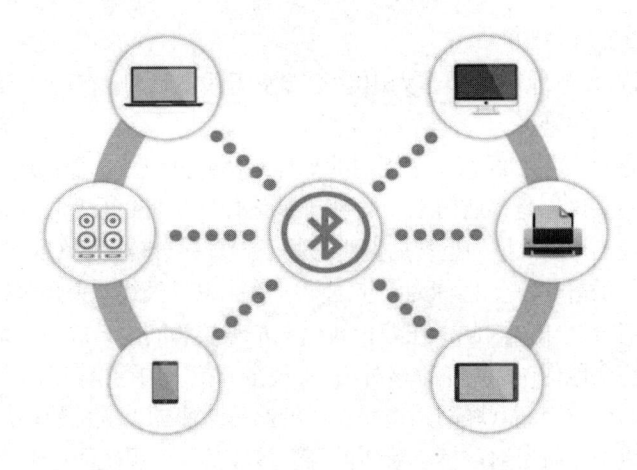

图 3-13　蓝牙通信

蓝牙系统的基本单元是微微网，由 1 个主设备（主动发起链接的设备）和至多 7 个从设备（被动链接的设备）组成。当两个蓝牙设备成功建立链路后，便形成了一个微微网，两者之间的通信通过无线电波在 79 个信道中随机跳转而完成。

蓝牙技术主要应用在无线设备（如 PDA、手机、智能电话、无绳电话）、图像处理设备、消费娱乐产品、汽车产品、医疗健身设备、楼宇无线局域网等。

4. 超宽带无线电技术

随着科学技术的发展．各种个人终端诸如便携式电脑、移动电话、手机等日益普及。人们迫切需要一种低功耗、短距离、能进行双向无线通信的全球规范，以实现个人设备之间的无缝操作。作为新兴的短距离无线通信技术，超宽带无线电（UWB）可实现个人网络的高速化、宽带化目标（见图 3.14）。

雷达、监测：超宽带依赖于极微弱的、与雷达中所使用的相近的基带窄脉冲，具有很强的穿透能力，能穿透树叶、墙壁、地表、云层等障碍，辨别出障碍物后隐藏的物体或运动着的物体，测距精度的误差只有 1～2 厘米。

测距、定位：超宽带信号在户内和户外都可以提供精确的定位信息，在军事和民用上都有广泛的应用。

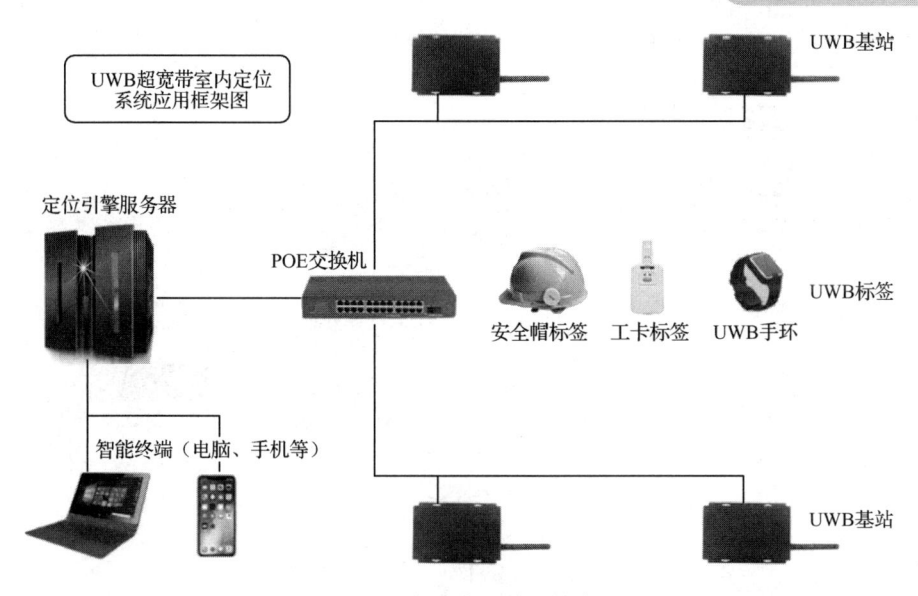

图 3.14　超宽带无线电技术

5. ZigBee 传感器网络

ZigBee 是一种新兴的短距离、低速率无线网络技术，它是一种介于无线标记技术和蓝牙之间的技术方案。

它有自己的无线电标准，在数千个微小的传感器之间相互协调实现通信。这些传感器只需要很少的能量，以接力的方式通过无线电波将数据从一个传感器传到另一个传感器，所以它们的通信效率非常高。

Zigbee 被正式提出来是在 2003 年，它的出现是为了弥补蓝牙通信协议的高复杂、功耗大、距离近、组网规模太小等缺陷。名称取自于蜜蜂（bee），蜜蜂是靠飞翔和"嗡嗡"（zig）地抖动翅膀的"舞蹈"来与同伴传递花粉所在方位信息，依靠这样的方式构成了群体中的通信网络。

ZigBee 可工作在三个频段：868～868.6MHz、902～928MHz 和 2.4～2.4835GHz，其中最后一个频段世界范围内通用，16 个信道，并且该频段为免付费、免申请的无线电频段。三个频段传输速率分别为 20kbps、40kbps 和 250kbps。

ZigBee 采用自组网的方式进行通信，也是无线传感器网络领域最为著名的无线通信协议。在无线传感器网络中，当某个传感器的信息从某条通信路径无法顺畅地传递出去时，动态路由器会迅速地找出另外一条近距离的信道传输数据，从而保证了信息的可靠传递（见图 3.15）。

ZigBee 不算主流的无线通信技术，但却以其低功耗、低成本、低速率、高容量、长时间的电池寿命的特点深受一些厂家的追捧。例如，2015 年小米推出的系列家庭智能产品，全都支持 ZigBee 通信，以及后来推出的小米温湿度传感器。

6. Wi-Fi 技术

Wi-Fi（Wireless Fidelity），以太网的一种无线扩展，可为用户提供无线的宽带互联网访问，是 WLAN 的一个主要技术标准，速度高达上百兆，是在家庭、办公室或旅途中上网的快速、便捷的途径，工作在全球开放的 2.4GHz ISM（Industry Science Medicine）频段。

Wi-Fi 是 Wi-Fi 联盟（Wi-Fi Alliance）制造的基于 IEEE802.11 标准的 WLAN 设备的商标，继 802.11 标准之后，又出现了多个版本的标准，统称为 Wi-Fi。

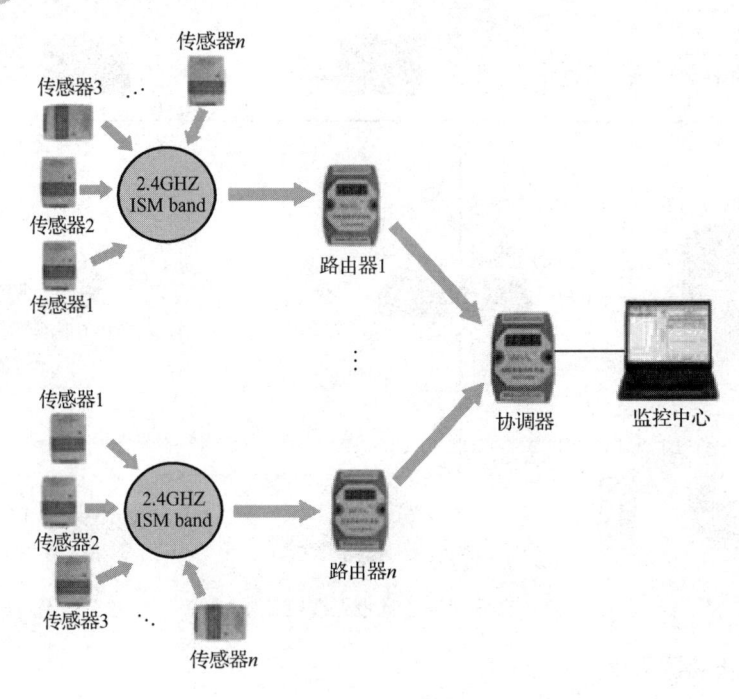

图 3.15　ZigBee 传感器网络

　　Wi-Fi 主要的应用为无线接入互联网。任何支持 Wi-Fi 的设备在 Wi-Fi 热点覆盖的地方，均可以无线接入互联网。大部分 Wi-Fi 热点均位于供大众访问的地方，如机场、大型办公室、车间、酒店宾馆、咖啡店、旅馆、书店和校园等。

　　无线网络上网可以简单地理解为无线上网，几乎所有智能手机、平板电脑和笔记本电脑都支持 Wi-Fi 上网，是当今使用最广的一种无线网络传输技术。实际上就是把有线网络信号转换成无线信号，使用无线路由器供支持其技术的相关电脑、手机、平板电脑等接收。手机如果有 Wi-Fi 功能的话，在有 Wi-Fi 无线信号的时候就可以不通过移动或联通的网络上网，节省了流量费（见图 3.16）。

图 3.16　Wi-Fi 通信

任务 5　移动通信技术

任务描述

张三了解了无线通信技术的基础知识后，现在又有一个疑问。最常用的手机通信技术具有什么特征呢？老师说要知道手机是如何通信的，就要学习移动通信系统的相关知识。

任务分析

要了解手机的通信技术，我们就要去学习移动通信技术的一些基本概念，同时还要了解移动通信技术的发展和技术、组成。

知识准备

3.5.1　移动通信发展史

1897 年，马可尼在陆地和一艘拖船上完成无线通信试验，标志着无线通信的开始。

1928 年，美国警用车辆的车载无线电系统，开始进入实用阶段。

1946 年，贝尔实验室在圣路易斯建立第一个公用汽车电话网，后称作城市系统。

1974 年，贝尔实验室提出蜂窝移动通信概念。

1978 年美国的 AMPS 系统，1979 年日本的 NAMS 系统，1980 年北欧的 NMT 系统，1985 年英国的 TACS 系统。最能代表 1G 时代特征的，是美国摩托罗拉公司在 20 世纪 90 年代推出并风靡全球的大哥大，即移动手提式电话。相信经历过那个年代的人们都还记得，风衣、墨镜、大哥大这样的打扮在那个年代可是身份和财富的象征。大哥大的推出，依赖于第一代移动通信系统（1G）技术的成熟和应用。

1986 年，第一代移动通信系统在美国芝加哥诞生，采用模拟信号传输。即将电磁波进行频率调制后，将语音信号转换到载波电磁波上，载有信息的电磁波发布到空间后，由接收设备接收，并从载波电磁波上还原语音信息，完成一次通话。但各个国家的 1G 通信标准并不一致，使得第一代移动通信并不能实现"全球漫游"，这大大阻碍了 1G 的发展。同时，由于 1G 采用模拟信号传输，所以其容量非常有限，一般只能传输语音信号，且存在语音品质低、信号不稳定、涵盖范围不够全面，安全性差和易受干扰等问题。

1990 年，第二代移动通信系统，1991 年美国提出 IS-54，1992 年商用的 GSM 系统，1993 年日本提出 PDC，1993 年美国提出的 IS-95。

和 1G 不同的是，2G 采用的是数字调制技术。因此，第二代移动通信系统的容量也在增加，随着系统容量的增加，2G 时代的手机可以上网了，虽然数据传输的速度很慢（每秒 9.6～14.4kbit），但文字信息的传输由此开始了，这成为当今移动互联网发展的基础。

2G 时代也是移动通信标准争夺的开始，主要通信标准有以摩托罗拉为代表的 CDMA 美国标准和以诺基亚为代表的 GSM 欧洲标准。最终随着 GSM 标准在全球范围更加广泛地使用，诺基亚击败摩托罗拉成为全球移动手机行业的霸主，直到乔布斯 iPhone 的诞生。

2000 年，第三代移动通信系统，北美的 CDMA2000，欧洲的 WCDMA，中国的 TD-SCDMA。

2G 时代，手机只能打电话和发送简单的文字信息，虽然这已经大大提升了效率，但是日益增长的图片和视频传输的需要，人们对于数据传输速度的要求日趋高涨，2G 时代的网速显然不能支撑满足这一需求。于是高速数据传输的蜂窝移动通信技术——3G 应运而生。

相比于 2G，3G 依然采用数字数据传输，但通过开辟新的电磁波频谱、制定新的通信标准，使得 3G 的传输速度可达每秒 384kbit，在室内稳定环境下甚至有每秒 2Mbit 的水准，是 2G 时代的 140 倍。由于采用更宽的频带，传输的稳定性也大大提高。速度的大幅提升和稳定性的提高，使大数据的传送更为普遍，移动通信有更多样化的应用，因此 3G 被视为是开启移动通信新纪元的关键。

2007 年，乔布斯发布 iPhone，智能手机的浪潮随即席卷全球。从某种意义上讲，终端功能的大幅提升也加快了移动通信系统的演进脚步。2008 年，支持 3G 网络的 iPhone 3G 发布，人们可以在手机上直接浏览网页、收发邮件、进行视频通话、收看直播等，人类正式步入移动多媒体时代（见图 3.17）。

4G 是在 3G 基础上发展起来的，采用更加先进通信协议的第四代移动通信网络。对于用户而言，2G、3G、4G 网络最大的区别在于传输速度不同，4G 网络作为最新一代通信技术，在传输速度上有着非常大的提升，理论上网络速度是 3G 的 50 倍，实际体验在 10 倍左右，上网速度可以媲美 20MB 家庭宽带，因此 4G 网络可以具备非常流畅的速度，观看高清电影、大数据传输速度都非常快。如今 4G 已经像"水电"一样成为我们生活中不可缺少的基本资源。微信、微博、视频等手机应用成为生活中的必需，我们无法想象离开手机的生活。由此，4G 使人类进入了移动互联网的时代。

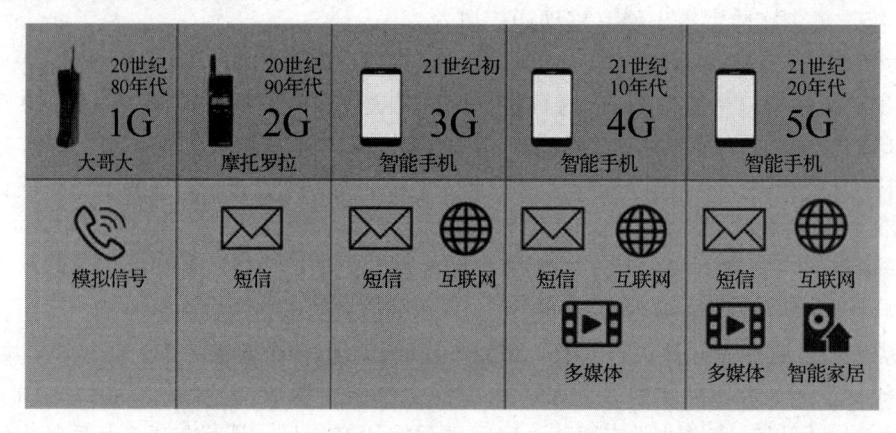

图 3.17　移动通信发展史

随着移动通信系统带宽和能力的增加，移动网络的速率也飞速提升，从 2G 时代的每秒 10kbit，发展到 4G 时代的每秒 1Gbit，足足增长了 10 万倍。历代移动通信的发展，都以典型的技术特征为代表，同时诞生出新的业务和应用场景。而 5G 将不同于传统的几代移动通信，5G 不再由某项业务能力或者某个典型技术特征所定义，它不仅是更高速率、更大带宽、更强能力的技术，而且是一个多业务多技术融合的网络，更是面向业务应用和用户体验的智能网络，最终打造以用户为中心的信息生态系统。

尽管相关的技术还没有完全定型，但是 5G 的基本特征已经明确：高速率（峰值速率大于每秒 20 Gbit，相当于 4G 的 20 倍）、低时延（网络时延从 4G 的 50ms 缩减到 1ms）、海量设备连接（满足 1000 亿量级的连接）、低功耗（基站更节能，终端更省电）。

随着我国多年的移动通信发展，已形成围绕中国移动、中国电信、中国联通三大运营商的设备制造商华为、中兴，以及各种移动通信设备提供商、软件开发商、第三方服务商、建设施工方等，由此建立较为完备的移动通信产业链。

3.5.2 移动通信概念

移动通信是指通信双方或至少一方是处于移动中进行信息交换的通信方式。移动通信（Mobile communication）是移动体之间的通信，或移动体与固定体之间的通信。

移动通信分类如下：
- 移动通信按业务性质分为电话业务和数据、传真等非话业务。
- 按服务对象分为公用移动通信和专用移动通信。
- 按移动台活动范围分为陆地移动通信、海上移动通信和航空移动通信。
- 按使用情况分，常用的有移动电话、无线寻呼、集群调度系统、泄漏电缆通信系统、无绳电话。

目前实际使用的移动通信系统有：航空航天通信系统、航海通信系统、陆地移动通信系统和国际卫星移动通信系统。

移动通信技术的特点：

（1）移动性

要保持物体在移动状态中的通信，因而它必须是无线通信，或无线通信与有线通信的结合。

（2）电波传播条件复杂

因移动体可能在各种环境中运动，电磁波在传播时会产生反射、折射、绕射、多普勒效应等现象，产生多径干扰、信号传播延迟和展宽等效应。

（3）噪声和干扰严重

在城市环境中的汽车火花噪声、各种工业噪声，移动用户之间的互调干扰、邻道干扰、同频干扰等。

（4）系统和网络结构复杂

它是一个多用户通信系统和网络，必须使用户之间互不干扰，能协调一致地工作。此外，移动通信系统还应与市话网、卫星通信网、数据网等互连，整个网络结构复杂。

（5）要求频带利用率高、设备性能好

狭义的移动通信，专指公众陆地移动通信系统（即 PLMN，Public Land Mobile-communication Network），亦称蜂窝式移动通信系统。

Cellular 蜂窝技术，是一种无线通信技术，这种技术把一个地理区域分成若干个小区，称作"蜂窝"（即 Cell）。因移动通信系统的最小覆盖单元，形似蜂窝，故名蜂窝式移动通信系统（见图 3.18）。

常见的蜂窝移动通信系统按照功能的不同可以分为三类：宏蜂窝、微蜂窝和智能蜂窝，通常这三种蜂窝技术各有特点。

蜂窝移动通信系统中，在网络运营初期，运营商的主要目标是建设大型的宏蜂窝小区，取得尽可能大的地域覆盖率，宏蜂窝每小区的覆盖半径大多为 1～25km，基站天线尽可能做得很高。在实际的宏蜂窝小区，通常存在两种特殊的微小区域。一是"盲点"，由于电波在传播过程中遇到障碍物而造成的阴影区域，该区域通信质量严重低劣；二是"热点"，由于空间业务负荷的不均匀分布而形成的业务繁忙区域，它支持宏蜂窝中的大部分业务。以上两"点"问题的解决，往往依靠设置直放站、分裂小区等办法。除经济方面的原因外，从原理上讲，这两种方法也不能无限制地使用，因为扩大了系统覆盖，通信质量要下降；提高了通信质量，往往又要牺牲容量。近年来，随着用户的增加，宏蜂窝小区进行小区分裂，变得越来越小。当小区小到一定程度时，建站成本就会急剧增加，小区半径的缩小也会带来严重的干扰，另一方面，盲区仍然存在，热点地区的高话务量也无法得到很好的吸收，微蜂窝技术就是为了解决以上难题而产生的。

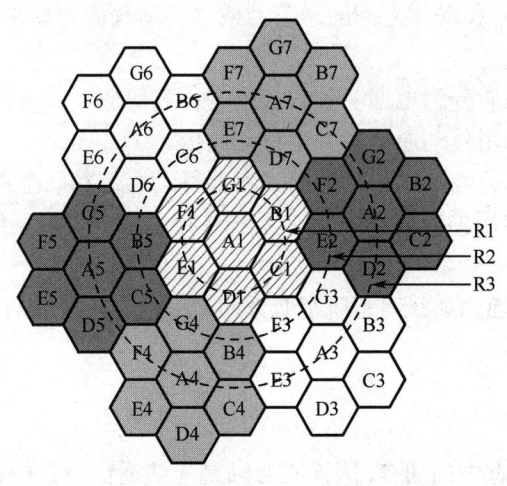

图 3.18 蜂窝式结构

与宏蜂窝技术相比，微蜂窝技术具有覆盖范围小、传输功率低和安装方便灵活等优点，该小区的覆盖半径为 30～300m，基站天线低于屋顶高度，传播主要沿着街道的视线进行，信号在楼顶的泄露小。微蜂窝可以作为宏蜂窝的补充和延伸，微蜂窝的应用主要有两方面：一是提高覆盖率，应用于一些宏蜂窝很难覆盖到的盲点地区，如地铁、地下室；二是提高容量，主要应用在高话务量地区，如繁华的商业街、购物中心、体育场等。微蜂窝在作为提高网络容量的应用时一般与宏蜂窝构成多层网。宏蜂窝进行大面积的覆盖，作为多层网的底层，微蜂窝则小面积连续覆盖叠加在宏蜂窝上，构成多层网的上层，微蜂窝和宏蜂窝在系统配置上是不同的小区，有独立的广播信道。

智能蜂窝技术是指基站采用具有高分辨阵列信号处理能力的自适应天线系统，智能地监测移动台所处的位置，并以一定的方式将确定的信号功率传递给移动台的蜂窝小区。对于上行链路而言，采用自适应天线阵接收技术，可以极大地降低各址干扰，增加系统容量；对于下行链路而言，则可以将信号的有效区域控制在移动台附近半径为 100～200nm 的范围内，使同道干扰大小为减小。智能蜂窝小区既可以是宏蜂窝，也可以是微蜂窝。利用智能蜂窝小区的概念进行组网设计，能够显著地提高系统容量，改善系统性能。

3.5.3 移动通信系统组成

移动通信系统一般由信源、发信机、天线（含馈线）、收信机和信宿几部分组成。其中信源用来发送信号，信宿接收信号。

发信机将所要传送的信号首先对载波信号进行调制，形成已调载波，已调载波信号经过变频成为射频载波信号送至功率放大器，经功率放大器放大后送至天馈线。馈线把发射机输出的射频载波信号高效地送至天线，这一方面要求馈线的衰耗要小，另一方面其阻抗应尽可能与发射机的输出阻抗和天线的输入阻抗相匹配。天线把射频载波信号变成电磁波或者把电磁波变成射频载波信号。馈线把天线接收下来的射频载波信号首先进行低噪声放大，然后经过变频、中频放大和解调后还原出原始信号，最后经低频放大器放大输出（见图3.19）。

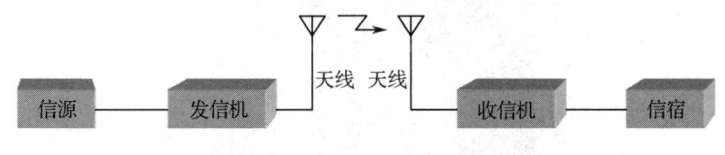

图 3.19　移动通信系统

在移动通信系统中，常说的收信机和发信机即是我们常见的基站及移动终端，基站和移动终端既是收信机同时又是发信机。

基站包括宏基站、微基站、射频拉远、直放站和室内分布系统等。各种基站的特点和应用环境如下：

1. **宏基站**

容量大，需要机房，可靠性较好，维护方便。

- 覆盖能力：比较强，使用的场合较多；馈线长度大于 70m 时，馈线损耗较大，对覆盖有一定的影响。
- 容量：根据配置的载频数，支持的用户数可以变化；总的来说宏基站可以支持的容量比其他产品要大很多。
- 组网要求：2Mbps 传输速率（可用微波或光纤）。

缺点：设备价格较贵，需要机房，安装施工较麻烦，不易搬迁，灵活性差。

应用环境：

- 广域覆盖：城区广域范围的覆盖；郊区、农村、乡镇、公路的覆盖。
- 深度覆盖：城区内话务密集区域的覆盖，室内覆盖（作为室内分布系统的信号源）（见图 3.20）。

图 3.20　宏基站

2. 微基站

微基站可以看作是微型化的基站，将所有的设备浓缩在一个比较小的机箱内，可以方便安装；同时微基站和宏基站一样可以提供容量。微基站的主要特点和应用环境如图3.21所示。

图 3.21　微基站

- 体积小，不需要机房，安装方便；不同作用的单板一般集成在设备上，维护起来不太方便。
- 覆盖能力：可以就近安装在天线附近，如塔顶和房顶，直接用跳线将发射信号连接到天线端，馈缆短，损耗小；可以根据覆盖需求选择相应功放的微基站，其覆盖范围不一定比宏基站小。
- 容量：微基站体积有限，可以安装的信道板数量有限，一般只能支持一个载频，能提供的容量较小。
- 组网要求：2Mbps 传输速率（可用微波或光纤）。

缺点：室外条件恶劣，可靠性不如基站，维护不太方便。

应用环境：

- 深度覆盖：城区小片盲区的覆盖、室内覆盖（如作为室内分布系统的信号源）、城区的导频污染区覆盖。
- 广域覆盖：采用大功率微蜂窝覆盖农村、乡镇、公路等容量需求较小的广域覆盖。

宏基站和微基站均包括三种类型：S1/1/1（含 S1、S1/1）、OTSR、O1。

3. 射频拉远

射频拉远是指将基站单个扇区的射频部分用光纤拉到一定距离之外发射的设备，光纤拉远的基带部分安放在原基站，可以和原基站的其他扇区共用 CE 等资源，可以提供容量。下面介绍射频拉远的特点和应用环境。

- 体积小，安装方便，不需要专门的机房，可以将设备放置在比较远的位置，用光纤把信号送到发射点。
- 由于可以补偿拉远带来的传输延迟（基站侧芯片集成器用延迟的方法对传输延迟进行补偿），与光纤直放站相比没有了延迟导致的各种问题。远端模块的维护不太方便，选用时需要注意。
- 覆盖能力：馈缆损耗很小，覆盖能力较强。
- 容量：占用基站一个扇区的容量。
- 组网要求：需要一根专用光纤与源基站连接。

缺点：室外条件恶劣，可靠性不如宏微基站，维护不太方便。

应用环境：

机房位置不理想导致馈缆很长的站点，使用射频拉远将射频部分拉到天线附近，减少馈缆损耗，增加覆盖范围。容量需求比较大，但无法提供机房的区域。

> 广域覆盖：用于高速公路、农村、乡镇等区域。为了节省投资，可以设计多扇区基站，用射频拉远把其中某些扇区信号送到合适的地点，如绕开山体的阻挡等，最大限度满足覆盖需求。

> 深度覆盖：用在城区地形地貌比较复杂的区域，比如某个基站的某些扇区发射方向存在遮挡时，可以用射频拉远把信号送到遮挡物的后面发射（见图3.22）。

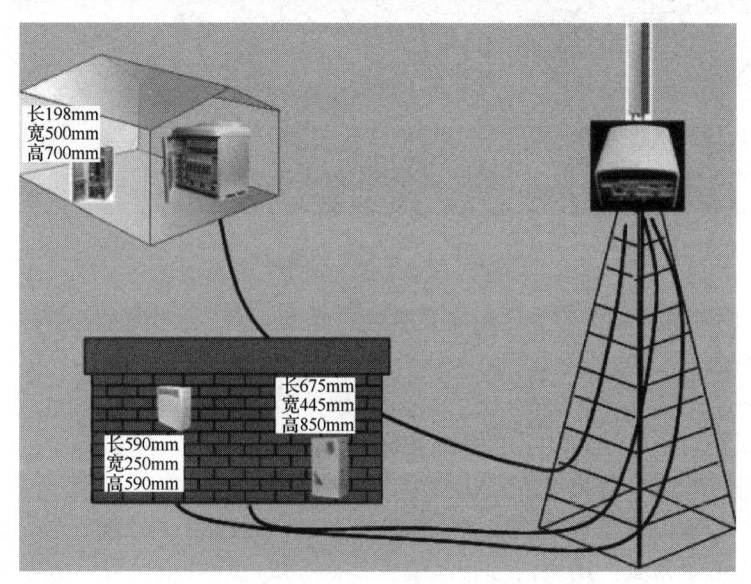

图3.22 射频拉远

4．直放站

直放站是一种信号中继器，对基站发出的射频信号根据需要放大，本身不能提供容量，其应用环境主要包括覆盖不好且容量要求比较小的区域和容量要求比较小的广域覆盖。应用最广泛的直放站包括无线直放站和光纤直放站两大类。其中的区别主要是施主基站的信号通过无线途径还是光纤传播到直放站。无线直放站可以细分为宽带直放站、选频直放站和移频直放站，主要区别是直放站使用的频段（见图3.23）。

图3.23 直放站

5. 室内分布系统

室内分布系统通过将宏基站、微基站和直放站等的射频输出信号为信号源引入需要覆盖的室内环境，来提高室内覆盖性能，本身不能提供容量，包括有源和无源两类产品（见图3.24）。

图 3.24　室内分布系统

通过光纤、同轴电缆等把信号送到需要覆盖的位置，系统非常复杂；多种制式的系统可以共用室内分布系统。

- 覆盖：用于室内环境的覆盖，对于有源室内分布系统，要注意上下行链路的平衡。
- 容量：只是信号中继器，不能增加系统容量。
- 组网条件：获取合适的基站信号作为信号源。
- 应用环境：室内覆盖盲区或弱区、如地下商场，建筑物高层存在导频污染的区域，建筑物内话务量密集，用室内分布系统吸收话务量，这种情况可以考虑采用独立的信号源，如微蜂窝。

3.5.4　移动通信系统多址技术

- 多址方式：将可用的无线资源同时分配给众多用户使用，以达到较高的系统容量。
- 设计的主要问题：多路复用和信道分配。

FDMA（频分多址）为每个用户指定了特定信道，这些信道按要求分配给请求服务的用户。在呼叫的整个过程中，其他用户不能共享这一频段。是让不同的通信站占用不同频率的信道进行通信。因为各用户使用不同频率的信道，所以相互没有干扰。早期的移动通信就是采用这个技术（见图3.25）。

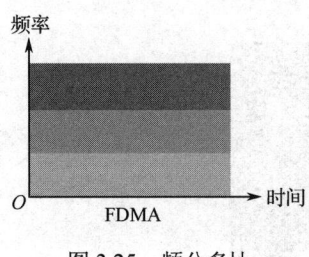

图 3.25　频分多址

TDMA（时分多址）这种多址技术是让若干个通信站共同使用一个信道。但是占用的时间不同，所以相互之间不会干扰。显然，在相同信道数的情况下，采用时分多址要比频分多址能容纳更多的用户。现在的移动通信系统多数用这种多址技术。在一个宽带的无线载波上，把时间分成周期性的帧，每一帧再分割成若干时隙（无论帧还是时隙都是互不重叠的），每个时隙就是一个通信信道，分配给一个用户（见图3.26）。

CDMA（码分多址）是系统为每个用户分配了各自特定的地址码，它可在一个信道上同时传输多个用户的信息。这种多址技术也是多个通信站共同使用一个信道。但是每个通信站都被分配有一个独特的"码序列"，与所有别的"码序列"都不相同，所以各个用户相互之间也没有干扰。因为是靠不同的"码序列"来区分不同的地球站，所以叫作"码分多址"。采用 CDMA 技术可以比时分多址方式容纳更多的用户。这种技术比较复杂，现在已经为不少移动通信系统所采用（见图 3.27）。

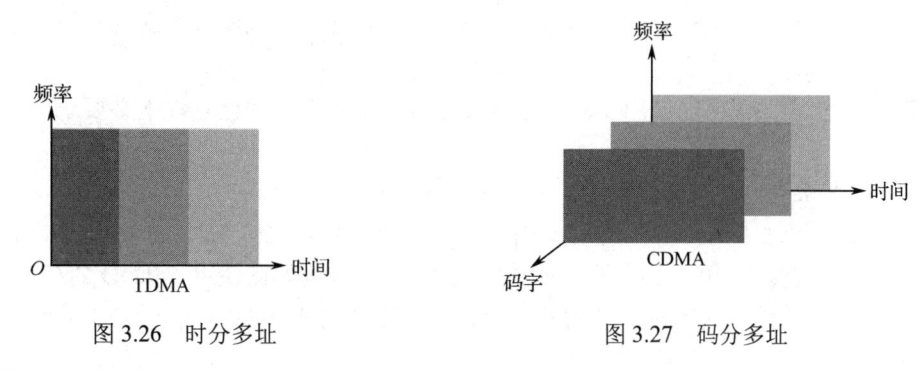

图 3.26　时分多址

图 3.27　码分多址

3.5.5　FDD 与 TDD 技术

频分双工（FDD，Frequency Division Duplexing）和时分双工（TDD，Time Division Duplexing）是两种不同的双工方式（见图 3.28）。

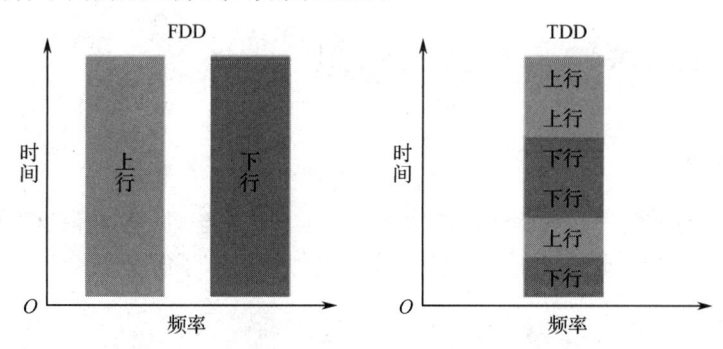

图 3.28　FDD 与 TDD 技术

FDD 是在分离的两个对称频率信道上进行接收和发送，用保护频段来分离接收和发送信道。FDD 的缺点就是必须采用成对的频率，依靠频率来区分上下行链路，其单方向的资源在时间上是连续的。FDD 虽然在支持对称业务时，能充分利用上下行的频谱，但在支持非对称业务时，频谱利用率将大大降低。

相对而言，TDD 用时间来分离接收和发送信道。其就在一个通道中进行，在 TDD 方式的移动通信系统中，接收和发送使用同一频率载波的不同时隙作为信道的承载，时间资源在两个方向上进行了分配。在某个时间段由基站发送信号给移动台，而中间的时间间隙由移动台发送信号给基站，基站和移动台之间必须协同一致才能顺利工作。

下面，我们分别列出两者的优缺点（以 FDD 来对比说明）：

使用 TDD 技术时，只要基站和移动台之间的上下行时间间隔不大，小于信道相干时间，就可以比较简单的根据对方的信号估计信道特征。而对于一般的 FDD 技术，一般的上下行频率间隔远远大于信道相干带宽，几乎无法利用上行信号估计下行，也无法用下行信号估计上行；这一特点使得 TDD 方式的移动通信体制在功率控制及智能天线技术的使用方面有明显的优势。但也是因为这一点，TDD 系统的覆盖范围半径要小，由于上下行时间间隔的缘故，基站覆盖半径明显小于 FDD 基站。否则，小区边缘的用户信号到达基站时不能同步。

TDD 技术可以灵活地设置上行和下行转换时刻，用于实现不对称的上行和下行业务带宽，有利于实现明显上下行不对称的互联网业务。但是，这种转换时刻的设置必须与相邻基站协同进行。

与 FDD 相比，TDD 可以使用零碎的频段，因为上下行有时间区别，不必要求带宽对称的频段。

TDD 技术不需要收发隔离器，只需要一个开关即可。

移动台移动速度受限制。在高速移动时，多普勒效应会导致快衰落，速度越高，衰落变换频率越high，衰落深度越深，因此必须要求移动速度不能太高。例如在使用了 TDD 的 TD-SCDMA 系统中，在目前芯片处理速度和算法的基础上，当数据率为 144kbit/s 时，TDD 的最大移动速度可达 250km/h，与 FDD 系统相比，还有一定差距。一般 TDD 移动台的移动速度只能达到 FDD 移动台的一半甚至更低。

发射功率受限。如果 TDD 要发送和 FDD 同样多的数据，但是发射时间只有 FDD 的大约一半，这要求 TDD 的发送功率要大。当然同时也需要更加复杂的网络规划和优化技术。

传输效率高，对传输设备要求高。

任务 6 　了解移动通信技术人才培养

⮕ 任务描述

经过前期的了解，同学们对移动通信技术有了了解。在当前 5G 通信这么热门的情况下，为了让大家更清楚这个专业毕业后能干些什么？老师让大家了解一下移动通信技术主要学习什么课程。

⮕ 任务分析

要了解学习移动通信技术后能够从事什么样的工作岗位，那么首先就要了解移动通信专业主要学习内容。

⮕ 知识准备

3.6.1　专业培养目标及规格

1. 专业培养目标

本专业培养理想信念坚定，德、智、体等全面发展，具有一定的科学文化水平，良好的人文素养、职业道德和创新意识，精益求精的工匠精神，较强的就业能力和可持续发展的能力，掌握移动通信的基础理论，熟练使用各种常用通信测试工具并能够进行移动网络数据分析和优化；掌握移动通信网络的规划理论和建设标准，具有移动网络的设计和监理能力。面向移动网络测试与优化、移动网络规划职业群，能够从事移动通信网络的规划、测试、优化的高素质技术技能人才。

毕业生就业初期从事移动通信工程的施工、运行和维护及移动通信网络的测试、外场优化等工作，胜任移动通信初级工程师、通信技术初级工程师等岗位。从业2～4年后可以胜任移动通信中级工程师、通信技术中级工程师等岗位，从事网络规划、技术支持、前/后台优化等工作。从业5～8年后可升任移动通信高级工程师、通信技术高级工程师、项目经理、部门主管等，从事移动通信方案设计、核心网络优化、团队管理与培训等工作。

2. 专业培养规格

（1）素质结构
- 拥护党的基本路线，热爱社会主义祖国，遵纪守法。
- 具有较强的心理适应能力、健全的意志品质和良好的人际交往能力。
- 养成现代公民应具备的良好文明习惯和文明意识。
- 具有较好的人文、审美情趣及文字、语言表达能力。
- 具有一定的体育和国防军事知识，掌握科学锻炼身体的基本方法和技能，具有较强的身体素质，适应艰苦工作的需要。
- 具有团队精神和合作意识，具有协调工作的能力和组织管理能力。
- 掌握基本的就业、创业知识，有一定的择业、创业能力。

（2）知识结构
- 掌握马克思主义、毛泽东思想及中国特色社会主义理论的重要思想和基本原理，具备一定的就业与创业、文学、法律等方面的知识。
- 具备大专水平的文化基础知识。
- 具备一定的英语水平。
- 具备在相关行业中从事移动通信相关工作所需要的计算机基础知识。
- 掌握移动通信技术的电磁波技术、天线技术、2G、3G、4G、5G基本理论和知识。
- 掌握移动通信网络优化与测试知识，熟练使用移动网络测试及优化相关工具。
- 掌握移动网络的规划、设计、监理、设备维护知识。
- 熟练移动网络的规划、优化和建设流程及规范。

（3）能力结构
- 具有一定的政治理论水平，对马列主义、毛泽东思想、邓小平理论的基本原理有一定的理解和认识，并能运用它来指导实际工作。
- 具有熟练的计算机操作和应用，进行网络信息检索、处理的能力。
- 具备阅读本专业中英文相关资料的能力。
- 系统掌握移动通信的基本理论和基础知识，了解互联网+发展的动向，具有较强的专业素质和综合素质。
- 具有移动网络测试能力，并提出有效网络优化方案的能力。
- 具有移动网络的规划、设计、设备维护和建设监理的能力。
- 具有移动互联应用创新性的能力。

3.6.2 知识体系图

通过与国内移动通信多家企业、企业人事人员、移动通信工程师的沟通，以及通过网络招聘网站的数据分析，本着 UBL 的教学理念，贯彻以产业促教育的产教融合教学方法，根据产业端的人才需求及产业端对岗位的知识技能需求，我们对移动通信技术专业所需的知识技能点构建知识体系（见图 3.29）。

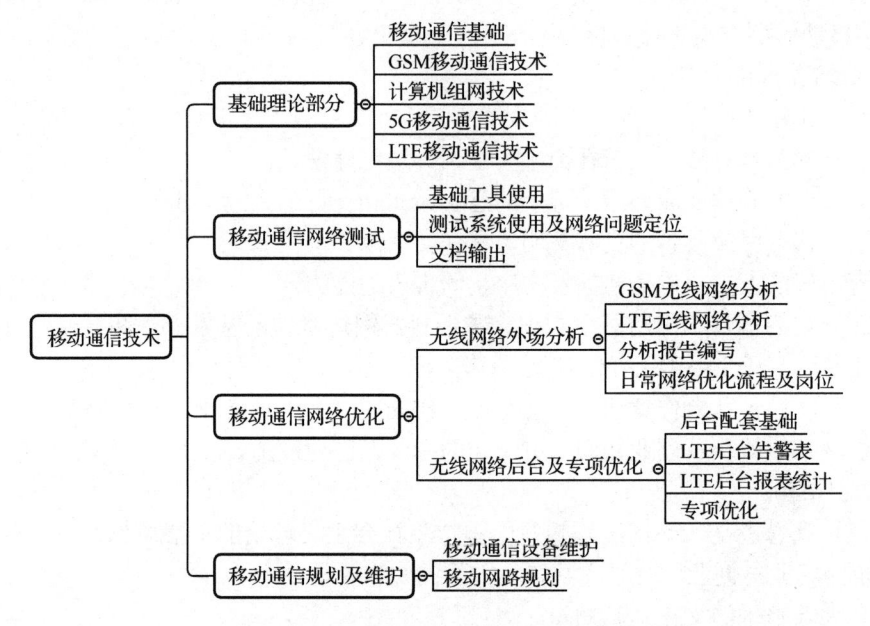

```
移动通信技术 ┬─ 基础理论部分 ─┬─ 移动通信基础
             │                ├─ GSM移动通信技术
             │                ├─ 计算机组网技术
             │                ├─ 5G移动通信技术
             │                └─ LTE移动通信技术
             │
             ├─ 移动通信网络测试 ─┬─ 基础工具使用
             │                   ├─ 测试系统使用及网络问题定位
             │                   └─ 文档输出
             │
             ├─ 移动通信网络优化 ─┬─ 无线网络外场分析 ─┬─ GSM无线网络分析
             │                   │                   ├─ LTE无线网络分析
             │                   │                   ├─ 分析报告编写
             │                   │                   └─ 日常网络优化流程及岗位
             │                   │
             │                   └─ 无线网络后台及专项优化 ─┬─ 后台配套基础
             │                                             ├─ LTE后台告警表
             │                                             ├─ LTE后台报表统计
             │                                             └─ 专项优化
             │
             └─ 移动通信规划及维护 ─┬─ 移动通信设备维护
                                   └─ 移动网路规划
```

图 3.29 移动通信技术专业知识体系图

在本专业知识体系中，模拟电路、数字电路、电磁波原理、信号与系统及天线技术的相关理论知识一般作为移动通信技术专业的基础理论部分，后续的基础理论知识包含了移动通信技术中的 GSM、3G、LTE 通信原理，以及计算机组网技术、数据库技术等原理。针对移动通信网络测试需要熟练使用相关测试工具及软件，并具备一定的文档输出能力；针对移动通信网络优化需要掌握清晰的移动通信网络的分析思路，能够对移动通信网络数据进行分析，具备一定的主流移动通信厂家相关平台操作能力，熟悉各类移动通信优化项目流程及岗位职责；针对移动通信规划及维护，需掌握主流设备厂家的移动通信基站设备、传输设备和核心网设备构造及维护方法，掌握移动通信网络规划原理及技巧，并掌握一定的容量规划、覆盖规划和参数规划的能力。

3.6.3 课程体系

根据移动通信产业端岗位对应的知识与技能需求，并结合现有教学体系，本专业设置的课程类型包括公共基础课、公共选修课、专业基础课、专业核心课/模块课、专业选修课、职业素养类课程。专业课程中部分课程为理论课程，部分课程为理论+实践课程，部分课程为实践或实训课程。另外，在课程体系中还包含了企业实习课程，需在企业中完成一段时间实习工作（见图 3.30）。

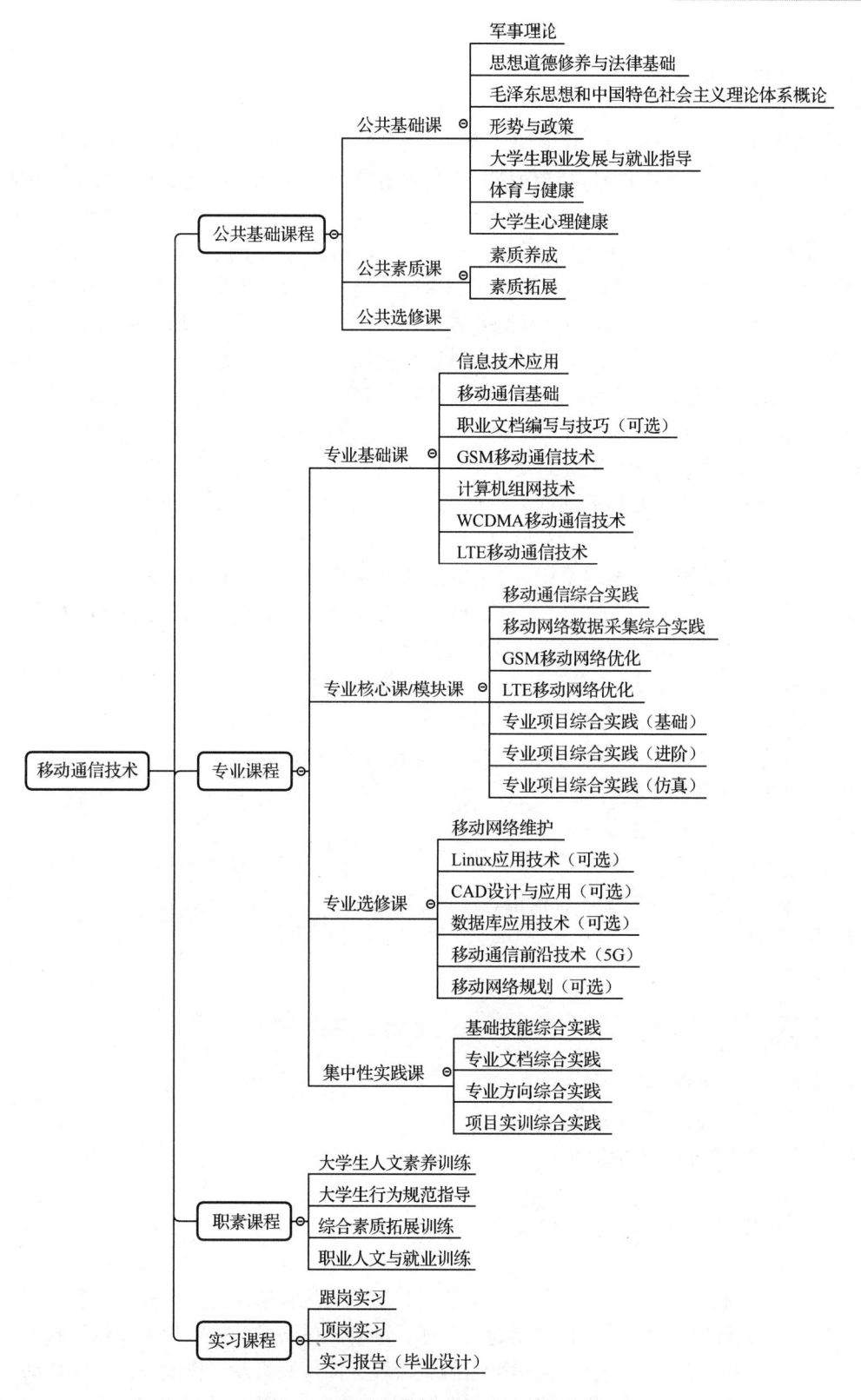

```
移动通信技术 ─┬─ 公共基础课程 ─┬─ 公共基础课 ─┬─ 军事理论
              │                │              ├─ 思想道德修养与法律基础
              │                │              ├─ 毛泽东思想和中国特色社会主义理论体系概论
              │                │              ├─ 形势与政策
              │                │              ├─ 大学生职业发展与就业指导
              │                │              ├─ 体育与健康
              │                │              └─ 大学生心理健康
              │                ├─ 公共素质课 ─┬─ 素质养成
              │                │              └─ 素质拓展
              │                └─ 公共选修课
              │
              ├─ 专业课程 ─┬─ 专业基础课 ─┬─ 信息技术应用
              │            │              ├─ 移动通信基础
              │            │              ├─ 职业文档编写与技巧（可选）
              │            │              ├─ GSM移动通信技术
              │            │              ├─ 计算机组网技术
              │            │              ├─ WCDMA移动通信技术
              │            │              └─ LTE移动通信技术
              │            │
              │            ├─ 专业核心课/模块课 ─┬─ 移动通信综合实践
              │            │                    ├─ 移动网络数据采集综合实践
              │            │                    ├─ GSM移动网络优化
              │            │                    ├─ LTE移动网络优化
              │            │                    ├─ 专业项目综合实践（基础）
              │            │                    ├─ 专业项目综合实践（进阶）
              │            │                    └─ 专业项目综合实践（仿真）
              │            │
              │            ├─ 专业选修课 ─┬─ 移动网络维护
              │            │              ├─ Linux应用技术（可选）
              │            │              ├─ CAD设计与应用（可选）
              │            │              ├─ 数据库应用技术（可选）
              │            │              ├─ 移动通信前沿技术（5G）
              │            │              └─ 移动网络规划（可选）
              │            │
              │            └─ 集中性实践课 ─┬─ 基础技能综合实践
              │                            ├─ 专业文档综合实践
              │                            ├─ 专业方向综合实践
              │                            └─ 项目实训综合实践
              │
              ├─ 职素课程 ─┬─ 大学生人文素养训练
              │            ├─ 大学生行为规范指导
              │            ├─ 综合素质拓展训练
              │            └─ 职业人文与就业训练
              │
              └─ 实习课程 ─┬─ 跟岗实习
                           ├─ 顶岗实习
                           └─ 实习报告（毕业设计）
```

图 3.30 移动通信技术专业课程体系图

3.6.4 典型岗位分析

如今经济全球化与信息网络化的快速推进,现有的移动网络已经很难满足移动业务发展的需要,为适应发展,对现有的移动通信技术进行改进就越来越迫切,一方面要求尽可能丰富的移动业务满足移动用户不断增长的业务需求;另一方面要求通过采用新技术,不断提高系统的容量,以支持不断增长的移动用户的数量,移动通信技术正是在这两种需求的驱动下不断发展的。随着社会经济的发展,移动通信得到了越来越广泛的应用。在我国,移动通信技术的起步虽晚,但是发展极其迅速。自从 20 世纪 90 年代以来,很多国家对移动通信的需求量经历了指数级的增长,我国也不例外,而且这种需求量还将持续下去。移动通信行业是国内乃至世界最前沿、最活跃、最有发展前景的高薪行业之一,随着 2G、3G、4G 全面应用和 5G 牌照的发放,中国移动、中国联通和中国电信等运营商,华为、中兴等全球有影响力的通信设备制造商,以及通信工程公司、通信系统测试公司对移动通信人才的需要越来越迫切。

移动通信技术专业主要培养面向移动通信运营商(电信、移动、联通等)、移动通信设备及器件制造商(华为、中兴等)、移动通信业务部门、应用部门、工程部门及其他相关单位,掌握现代移动通信系统的基本理论和基本技能,能够从事移动通信设备的生产、测试、安装和调试,移动通信系统的运行、检测、优化、维护和工程施工及移动通信产品技术支持和移动通信工程技术管理等相关工作的高素质技能型专门人才。

1. 就业方向
- 移动通信终端设备的生产研发与调试。
- 移动通信终端客服中心的技术主管与终端设备的测试。
- 移动基站设备的研发与维护。
- 移动通信的工程安装、调试、维护。
- 移动通信业的运营。
- 移动通信相关产品的生产、检修、测试、营销。

2. 从事行业
- 新能源。
- 互联网。
- 计算机软件。
- 通信/电信/网络设备。
- 通信/电信运营、增值服务。
- 电子技术/半导体/集成电路。
- 其他行业。
- 计算机服务(系统、数据服务、维修)。

3. 从事岗位
- 移动通信无线网络测试工程师:本岗位培养适应周边省市经济社会发展需要,德、智、体、美全面发展,掌握现代移动通信原理、移动通信网络结构的相关知识,熟悉移动通信网络基础数据,熟悉移动通信网络测试流程、岗位职责及工作流程,掌握移动网络测试工具使用及基本的操作技能,能够根据 DT、CQT 及其他类型测试结果,发现移动通信网络问题,完成移动通信相应文档输出,能够从事移动通信网络系统的测试工作。

本岗位涉及基础课程包括：移动通信基础、职业文档编写与技巧、GSM 移动通信技术、LTE 移动通信技术。

本岗位涉及核心课程包括：移动通信综合实践、移动通信数据采集综合实践。

面向企业包括中国移动、中国联通、中国电信三大运营商，中兴、华为等设备制造商，杭州东信、上海贝尔电子、中国通信服务有限公司、大唐移动等第三方服务商。

➢ 移动通信无线网络优化工程师：本岗位培养适应周边省市经济社会发展需要，德、智、体、美全面发展，掌握现代移动通信原理、移动通信网络结构、移动通信技术、计算机网络技术的相关知识，熟悉移动通信网络各种配置及规划原理，熟悉移动通信网络各类项目流程、岗位职责及工作流程，具备完善的移动通信优化思路，能够从事移动通信的覆盖优化、容量优化、参数优化、指标优化等，能够发现移动通信网络问题、提出有效的解决方案，完成移动通信相应文档输出，能够从事移动通信网络系统的优化工作。

本岗位涉及基础课程包括：移动通信基础、职业文档编写与技巧、GSM 移动通信技术、LTE 移动通信技术、移动通信综合实践、移动通信数据采集综合实践。

本岗位涉及核心课程包括：GSM 移动网络优化、LTE 移动网络优化。

面向企业包括中国移动、中国联通、中国电信三大运营商，中兴、华为等设备制造商，杭州东信、浙江明讯、北京电旗、上海贝尔电子、大唐移动等第三方服务商。

➢ 移动通信工程督导：培养具有良好的思想道德素质和职业素养，掌握现代通信领域的基础理论和应用技术，掌握移动通信基本原理和应用技术；具备移动通信工程设计、移动通信工程项目管理能力、移动通信设备安装督导能力，熟悉移动通信工程建设流程，熟悉主流设备制造商设备结构，能够完成移动通信设备的维护、升级、检修等，能够从事移动网络规划与监理岗位、移动网络运维岗位。

本岗位涉及基础课程包括：移动通信基础、GSM 移动通信技术、LTE 移动通信技术。

本岗位涉及核心课程包括：移动通信网络维护。

面向通信服务商、通信运营商、通信设备制造商、通信相关配套产品的生产、建设、管理、服务的一线高技能实用型人才。

➢ 移动通信网络规划工程师：培养具有理想信念坚定，具有一定的科学文化水平，良好的人文素养、职业道德和创新意识，掌握移动通信原理、移动通信网络结构，熟悉移动通信网络各种规划模型及工作流程，能够完成 2G/3G/4G/5G 网络的覆盖规划、容量规划及参数规划，从事移动通信网络规划、设计、勘察类工作。

本岗位涉及基础课程包括：移动通信基础、GSM 移动通信技术、LTE 移动通信技术。

本岗位涉及核心课程包括：移动通信网络维护、移动网络规划。

面向企业包括移动通信运营商、通信服务商及各种移动通信设计院。

➢ 移动通信数据维护工程师：培养具有良好的人文素养、职业道德和创新意识，精益求精的工匠精神，较强的就业能力和可持续发展的能力，掌握现代移动通信原理、移动通信网络结构的相关知识，熟悉移动通信网络基础数据，熟悉 2G/3G/4G/5G 网络话统 KPI 指标及告警指标，能够从事移动通信后台数据维护类岗位。

本岗位涉及基础课程包括：移动通信基础、GSM 移动通信技术、LTE 移动通信技术、职业文档编写与技巧。

本岗位涉及核心课程包括：移动通信数据采集综合实践。

面向企业包括移动通信运营商、通信服务商、移动通信第三方客户服务。

通过 268 份移动通信技术专业就业状况分析，移动通信技术专业工资按工作经验和工龄统计，其中 0~2 年工资 4480 元，3~5 年工资 11500 元。根据 7672 份就业数据分析，移动通信技术专业在 1099 个专业中，就业排名第 189 位，移动通信技术专业在电子信息 61 个专业中，就业排名第 9 位，移动通信技术专业在通信类 12 个专业中，就业排名第 3 位。

项目考核

思考题

1. 什么是通信技术？
2. 什么是信息、数据、信号？
3. 举例说出生活中的通信，并说出该通信方式中是如何跟通信模型对应起来的。
4. 举例说出生活中比较常见的无线通信技术。
5. 移动通信系统是由什么组成的？在课外用手机去拍摄身边的通信系统中的设备。
6. 说一说生活中 5G 通信技术的使用例子。
7. 查询资料，然后讨论 5G 通信技术对哪些行业会带来变化。

项目 4

物联网应用技术导论

项目介绍

物联网是在计算机互联网的基础上，利用射频识别、传感器、无线数据通信、计算机等技术，构造一个覆盖世界上万事万物的实物互联网。随着科技的不断进步，物联网已对各行各业产生极其重要的影响。从个人穿戴设备到共享经济，从智慧家居到智慧城市，从民用领域到军用领域等到处可见其身影。所以，了解和掌握物联网相关知识已经成为人们工作和生活中一门必不可少的技能。本项目作为后续几个项目的基础，需要全面了解和掌握。

任务安排

任务 1　物联网的定义
任务 2　物联网的由来
任务 3　物联网的应用场景举例
任务 4　物联网体系结构
任务 5　了解物联网人才培养方案

学习目标

- 了解物联网的定义
- 了解物联网的由来
- 了解和掌握物联网的各个应用场景
- 了解和掌握物联网的体系结构组成的相关知识
- 了解物联网的发展趋势
- 了解物联网的专业课程体系及培养方案

任务 1　物联网的定义

➡ 任务描述

小李是一名物联网专业的大一新生，学校为新生所开设的课程中有一门是《物联网应用技术》。老师说，学习这门课程首先需要掌握物联网的基本概念。

➡ 任务分析

随着智能硬件、通信、大数据等技术的相互融合、相互促进，物联网越来越热了，任何一名初学者首先需要从物联网概念入手，知道物联网描述的是什么。

➡ 知识准备

4.1.1　物联网的实质

物联网是在计算机互联网的基础上，利用射频识别、传感器、无线数据通信、计算机等技术，构造一个覆盖世界上万事万物的实物互联网。物联网内每一个物品（包含人、动物、植物、物体等）都有一个唯一的产品电子码，叫作 EPC（Electronic Product Code），通常 EPC 码被存入硅芯片做成的电子标签内，附在被标志产品上，被高层的信息处理软件识别、传递、查询，进而与网络（如互联网、4G、5G 网络）连接起来，实现智能化应用和管理，形成专为供应链企业服务的各种信息服务就是物联网（IOT，Internet of Things）如图 4.1 所示。

图 4.1　客观事物会交流

定义：物联网是通过射频识别、红外感应器、全球定位系统、激光扫描器等信息传感设备，按约定的协议，把任何物品与互联网连接起来，进行信息交换和通信，以实现智能化识别、定位、跟踪、监控和管理的一种网络。

范畴：网络。

方式：传感设备、协议、信息交换和通信。

目的：识别、定位、跟踪、监控和管理。

含义：物联网是物物相连的互联网。

一层：基础和核心仍是互联网，是在互联网基础上延伸和扩展的网络。

二层：用户端从个人电脑延伸和扩展到任何物品之间的信息交换和通信。

在这个网络中，物品能够彼此进行"交流"，人们能够彼此进行"交流"，人与物能够彼此进行"交流"，而无须人的干预。

其实质是利用感知/无线技术，通过计算机互联网实现物品的自动识别和信息的互联与共享。

4.1.2 官方机构对物联网的定义

我们可以通过对官方定义的阅读来加深对物联网的认知。

定义一：把所有物品通过射频识别 RFID 和条码等信息传感设备与互联网连接起来，实现智能化识别和管理。

——1999 年麻省理工学院 Auto-ID 研究中心。

定义二：任何时间、任何地点、任何物体之间的互联，无所不在的网络和无所不在的计算。

——2005 年国际电信联盟（ITU）（*The Internet of Things*）报告。

定义三：由具有标识、虚拟个体的物体/对象所组成的网络，这些标识和个体运行在智能空间，使用智慧的接口与用户、社会和环境的上下文进行连接和通信。

——2008 年 5 月，欧洲智能系统集成技术平台（EPoSS）（*Internet of Things in 2020*）报告。

定义四：物联网是未来互联网的整合部分，它是以标准、互通的通信协议为基础，具有自我配置能力的全球性动态网络设施。在这个网络中，所有实质和虚拟的物品都有特定的编码和物理特性，通过智能界面无缝连接，实现信息共享。

——2009 年 9 月，欧盟第七框架 RFID 和互联网项目组报告。

定义五：物联网实现人与人、人与物、物与物之间任意的通信，使联网的每一个物件均可寻址，联网的每一个物件均可通信，联网的每一个物件均可控制。

——2010 年，邬贺铨院士。

任务 2 物联网的由来

➡ 任务描述

经过一次课的学习，小李对物联网有了初步的认识，也产生了浓厚的兴趣。这一次，老师要求同学们了解物联网的由来，以及物联网在中国的发展情况。

➡ 任务分析

为了更深入地学习物联网相关知识，同学们需要了解物联网的发展历程，并了解物联网在中国的发展情况。

知识准备

4.2.1 咖啡壶事件

咖啡壶事件发生在 1991 年，剑桥大学特洛伊计算机实验室的科学家们在工作时，要下两层楼梯到楼下看咖啡煮好了没有，常常空手而归，这让工作人员觉得很烦恼。为了解决这个麻烦，他们编写了一套程序，并在咖啡壶旁边安装了一个便携式摄像机，镜头对准咖啡壶，利用计算机图像捕捉技术，以 3 帧/s 的速度传递到实验室的计算机上，以方便工作人员随时查看咖啡是否煮好，省去了上下楼梯的麻烦。这样，他们就可以随时了解咖啡的煮沸情况，如图 1.2 所示，咖啡煮好之后再下去拿（见图 4.2）。

图 4.2 "特洛伊咖啡壶服务器"事件

1993 年，这套简单的本地"咖啡观测"系统又经过其他同事的更新，以 1 帧/s 的速度通过实验室网站链接到了互联网上。没想到的是，仅仅为了窥探"咖啡煮好了没有"这一情况，全世界互联网用户蜂拥而至，近 240 万人点击过这个"咖啡壶"网站。

Perl 语言的发明人 Larry Wall 说，好的程序员有 3 种美德：懒惰、急躁和傲慢（Laziness, Impatience and hubris）。懒人也能改变世界。一个不经意的发明，在全世界引起了如此大的轰动。物联网，物体的互联网，让每个目标物体通过传感系统接入网络，让我们在享受"随时随地"两个维度的自由交流外，又加上一个"随物"的第三维度自由，这就是目前对"物联网"的认知定位和未来对"物联网"发展的高追求。

4.2.2 聪明的饮料售货机

1995 年夏季，在卡耐基·梅隆大学校园里有一个自动售货机，出售的各色可乐，价钱比市场上的便宜一半。所以，很多学生都去那个机器买可乐。但是大老远地跑过去，经常发现可乐已经售完，学生为了不想去自动售货机买饮料时白跑一趟，于是几个聪明的学生想到一个办法，他们在自动售货机里装了一串光电管，用来计数，然后装上芯片，把自动售货机与互联网对接，这样，学生在宿舍里先在网上查看一下就知道哪个售货机还有多少饮料，以免白跑一趟。这是对于物联网的初次接触（见图 4.3）。

图 4.3　1990 年施乐公司发明的网络可乐贩售机——NetWorked Coke Machine

4.2.3　比尔·盖茨与《未来之路》

《未来之路》(*The Road Ahead*)，是一本创作于 1995 年的图书，作者是比尔·盖茨。《未来之路》是读者了解信息高速公路全部面目乃至 21 世纪人类生活面貌的最佳入门书（见图 4.4）。

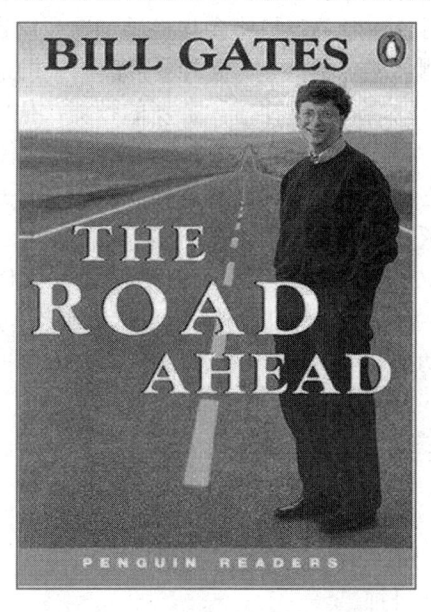

图 4.4　比尔·盖茨与《未来之路》

他在书中预测了微软乃至整个科技产业未来的走势。盖茨在书中写道："虽然现在这些预测是不太可能实现的，甚至有些荒谬，但我保证这是一本严肃的书，绝不是戏言。10 年后我的观点将会得到证实。"

在该书中，比尔·盖茨也提到了"物联网"的构想，意即因特网仅仅实现了计算机的联网，而未实现与万事万物的联网，但迫于当时的网络技术终端的局限，这一构想无法真正落实。下面就让我们一起回顾一下，关于互联网，盖茨在书中都预测了什么？这些是否已经变为现实。

《未来之路》中写道：您将会自行选择自己喜欢的节目，而不是等着电视台为您强制选择。如今的数字电视已经实现了这种视频点播功能，机顶盒功不可没。您还可以通过网络，使用网络电视来实现上述目标。

《未来之路》中写道：如果您计划购买一台冰箱，您将不用听那些喋喋不休的推销员的唠叨，电子论坛将会为您提供最丰富的信息。如今的因特网上，几乎没有您找不到，只有你想不到的，各类论坛，购物网站，交友网站等提供的最新信息，让你应接不暇。

《未来之路》中写道：一对邻居在各自家中收看同一部电视剧，然而在中间插播电视节目广告的时段，两家电视节目中却出现完全不同的节目。中年夫妻家中的电视节目广告是理财服务广告，而年轻夫妇的电视节目中播放的是假期旅游广告。此项定制广告业务至今为止还没有得以实现，不过部分高科技公司已经开始着手定制广告业务的销售，相信在不久的将来我们就可以看到这个画面。

《未来之路》中写道：音乐销售将出现新的模式。那些对光盘和磁带等产品感到头疼的用户可以不再受它们的侵扰，以全新数字模式出现的音乐产品将会登陆市场，且音乐将会成为因特网信息高速公路上一个重要组成部分。比尔·盖茨的先知先觉体现无疑，但让人感到迷惑的是，26 年前的比尔·盖茨既然已经意识到数字音乐市场的巨大潜力，为什么微软不是第一个兼职做数字音乐产品，而让苹果在市场上抢占先机？看来 CEO 有贤明之见对企业发展有很大影响。

《未来之路》中写道：如果你的孩子需要零花钱，你可以从计算机钱包中给他转 5 美元。另外，当你驾车驶过机场大门时，电子钱包将会与机场购票系统自动连接，为你购买机票，而机场的检票系统将会自动检测你的电子钱包，查看是否已购买机票。如今的信用卡、网上支付、移动支付、EBAY 服务、电子机票最接近比尔·盖茨的预测，他们共同开启了电子商务时代。

《未来之路》中写道：你可以亲自进入地图中，这样可以方便地找到每一条街道，每一栋建筑。虚拟的第二人生提供完全模拟现实的生活体验，谷歌地球提供的地图几乎可以覆盖地球上任何地方，甚至可以"找根皮筋儿做弹弓，打你家玻璃"。

《未来之路》中写道：你失窃的或丢失的电子产品将自动向你发送信息，告诉你它现在所处的具体位置，甚至当它已经不在你所在的城市也可以被轻松找到。我想应该是苹果 iPhone 手机和华为手机实现了这一功能。

4.2.4 Ashton 与 MIT 自动识别中心

物联网概念最早提出于 1999 年，由 Kevin Ashton 教授在美国召开的移动计算和网络国际会议上提出。物联网定义很简单，即把所有物品通过射频识别和条码等信息传感设备与互联网连接起来，实现智能化识别和管理。

事情是这样的，1997 年宝洁公司（P&G, Procter&Gamble）的新产品上市，商品大为畅销，当时还是宝洁公司的一名产品经理的 Kevin Ashton，观察到许多商店货架常常空掉，由于商品太多、查补的速度又太慢，宝洁公司只能眼睁睁地看着钱从货架上流失。

作为"条形码退休运动"的核心人物，Kevin Ashton 花了两年时间找到了答案，就是将 RFID 取代现有的商品条形码，使电子标签变成零售商品的绝佳信息发射器，并由此变化出千百种应用与管理方式，来实现供应链管理的透明化和自动化（见图 4.5 和图 4.6）。

图 4.5　Kevin Ashton 教授　　　　图 4.6　电子标签是 RFID 技术的载体

1999 年 10 月 1 日,他与美国麻省理工学院的两位同人创立了一个 RFID 研究机构——MIT 自动识别中心,该机构于 2003 年 11 月 1 日更名为自动识别实验室,主要为电子标签即 EPC global 提供技术支持。

Kevin Ashton 对物联网的定义很简单:把所有物品通过射频识别等信息传感设备与互联网连接起来,实现智能化识别和管理。MIT 自动识别中心提出,要在计算机互联网的基础上,利用 RFID、无线传感网(Wireless Sensor Network,WSN)、数据通信等技术,构成一个覆盖世界上万事万物的"物联网"。在这个网络中,物品(商品)能够彼此进行"交流",而无需人的干预。Kevin Ashton 说:"这是比互联网更大的,为公司创造一种使用传感器识别世界各地商品的方法。"

2005 年 11 月 17 日,在突尼斯举行的信息社会世界峰会(WSIS)上,国际电信联盟(ITU)发布了《ITU 互联网报告 2005:物联网》,报告指出,无所不在的"物联网"通信时代即将来临,世界上所有的物体从轮胎到牙刷、从房屋到纸巾都可以通过因特网主动进行交换。射频识别技术、传感器技术、纳米技术、智能嵌入技术将得到更加广泛的应用。

4.2.5　智慧地球

2009 年 1 月,在奥巴马总统与美国工商界领袖举行的一次会议上,IBM 首席执行官彭明盛提出"智慧地球"的概念,并建议美国政府投资新一代智慧型基础设施。

时任美国总统奥巴马对此给予积极回应:"经济刺激资金将会投入到宽带网络等新兴技术中去,毫无疑问,这就是美国在 21 世纪保持和夺回竞争优势的方式。"此后,物联网产业引发全美工商界的高度关注,并认为"智慧地球"有望成为又一个"信息高速公路"计划,从而在世界范围内引起轰动(见图 4.7 和图 4.8)。

图 4.7　"智慧地球"有望成为又一个"信息高速公路"计划　　　　图 4.8　Smart Planet

IBM认为建设智慧地球需要三个步骤：

首先各种创新的感应科技开始被嵌入各种物体和设施中，从而令物质世界被极大程度地数据化。

其次，随着网络的高速发展，人、数据和各种事物都将以不同的方式联入网络。

最后，先进的技术和超级计算机则可以对这些堆积如山的数据进行整理、加工和分析，将生硬的数据转化成实实在在的洞察，并帮助人们做出正确的行动决策。

智慧地球分成三个要素，即"3I"：物联化、互联化、智能化（Instrumentation，Interconnectedness，Intelligence），是指把新一代的IT、互联网技术充分运用到各行各业，把感应器嵌入、装备到全球的医院、电网、铁路、桥梁、隧道、公路、建筑、供水系统、大坝、油气管道，通过互联网形成"物联网"；而后通过超级计算机和云计算，使人类以更加精细、动态的方式工作和生活，从而在世界范围内提升"智慧水平"，最终就是"互联网+物联网=智慧地球"（见图4.9）。

图4.9 智慧地球三要素

4.2.6　u-Japan

在2009年8月，日本又将"u-Japan"升级为"i-Japan"战略，提出"智慧泛在"构想，将传感网列为其国家重点战略之一，致力于构建一个个性化的物联网智能服务体系，充分调动日本电子信息企业积极性，确保日本在信息时代的国家竞争力始终位于全球第一阵营。同时，日本政府希望通过物联网技术的产业化应用，减轻由于人口老龄化所带来的医疗、养老等社会负担。将"u-Japan"升级至"i-Japan"战略，确保日本在信息时代的国际竞争地位（见图4.10）。

关于"u-Japan"的内容解读如下：

1. 目标

u-Japan由日本信息通信产业的主管机关总务省提出，即物联网（泛在网）战略。目标是把日本建成一个充满朝气的国家，使所有的日本人，包括儿童和残疾人，都能积极地参与日本社会的活动。通过无所不在的物联网，创建一个新的信息社会。

2. 功能

物联网在日本已渗透到人们的衣食住中，松下公司推出的家电网络系统可供主人通过手机下载菜谱，通过冰箱的内设镜头查看存储的食品，以确定需要买什么菜，甚至可以通过网络让电饭煲自动下米做饭；日本还提倡数字化住宅，通过有线通信网、卫星电视台的数字电视网和移动通信网，人们不管在屋里、屋外或是在车里，都可以自由自在地接收信息服务。

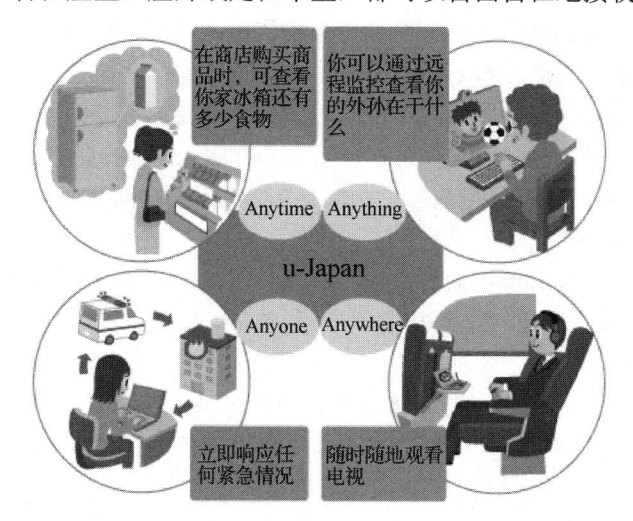

图 4.10　日本"u-Japan"构想

3. 战略

u-Japan 战略的理念是以人为本，实现所有人与人、物与物、人与物之间的连接。为了实现 u-Japan 战略，日本进一步加强官、产、学、研的有机联合，在具体政策实施上，将以民、产、学为主，政府的主要职责就是统筹和整合。

4.2.7　u-Korea

作为亚洲地区网络覆盖率最高的国家，韩国的移动通信、信息家电、数字内容等位居世界前列。

2004 年，面对全球信息产业新一轮"u"化战略的政策动向，韩国信息通信部提出"u-Korea"战略，并于 2006 年 3 月确定总体政策规划。根据规划，"u-Korea"发展期为 2006—2010 年，成熟期为 2011—2015 年（见图 4.11）。

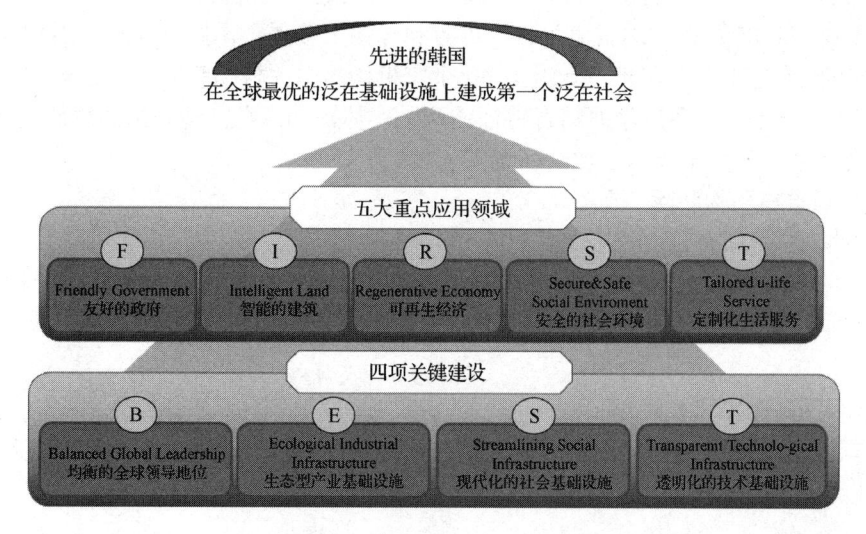

图 4.11　韩国："u-Korea"战略

1. 智慧韩国：u-Korea

"u-Korea"战略是一种以无线传感网络为基础，把韩国的所有资源数字化、网络化、可视化、智能化，以此促进韩国经济发展和社会变革的国家战略。

"u-Korea"旨在建立信息技术无所不在的社会，即通过布建智能网络、推广最新信息技术应用等信息基础环境建设，让韩国民众可以随时随地享有科技智能服务。其最终目的，除运用IT科技为民众创造衣、食、住、行、体育、娱乐等各方面无所不在的便利生活服务之外，也希望通过扶植韩国IT产业发展新兴应用技术，强化产业优势和国家竞争力。

2. 智慧城市：u-City

2009年，韩国通过了u-City综合计划，将u-City建设纳入国家预算，在后来5年投入4900亿韩元（约合4.15亿美元）支撑u-City建设，大力支持核心技术国产化，标志着智慧城市建设上升至国家战略层面。

韩国对u-City的官方定义为：在道路、桥梁、学校、医院等城市基础设施之中搭建融合信息通信技术的泛在网络平台，实现可随时随地提供交通、环境、福利等各种泛在网服务的城市。

4.2.8 物联网在中国

1. 感知中国

2009年8月上旬温家宝总理在无锡视察时指出，"要在激烈的国际竞争中，迅速建立中国的传感信息中心或'感知中国'中心。为认真贯彻落实总理讲话精神，加快建设国家"感知中国"示范区（中心），推动中国传感网产业健康发展，引领信息产业第三次浪潮，培育新的经济增长点，增强可持续发展能力和可持续竞争力，无锡市委、市政府迅速行动起来，专门召开市委常委会和市政府常务会议进行全面部署，精心组织力量，采取有力措施，全力以赴做好建设国家"感知中国"示范区（中心）的相关工作。

实现"感知中国"智能改变生活物物相连。

中国物联网与互联网的融合才刚起步。要真正达到物物相连，实现"感知中国"，要走的路还很长。

智能城市，感知中国，智慧地球，由物联网带来的这一切美好前景有多远？

2009年11月12日，中国科学院、江苏省和无锡市签署合作协议成立中国物联网研发中心。2009年的11月1日，集聚产业链上40余家机构的中关村物联网产业联盟成立。一南一北，由政府大力推动，具备产学研结合特征的两个实体，都意在打造中国的物联网产业中心。物联网，"感知中国"的步伐正在加快（见图4.12）。

2. 国家重点布局物联网

（1）物联网是战略性新兴产业

2010年10月18日，国务院发布《国务院关于加快培育和发展战略性新兴产业的决定》，明确了信息为七大战略性新兴产业之一，突破方向为：新一代信息网络、"三网"融合、物联网、云计算。

（2）物联网是国家重要规划

2016年12月27日，经李克强总理签批，国务院在中国政府网印发《"十三五"国家信息化规划》（以下简称《规划》）。

图 4.12 感知中国

党中央、国务院高度重视物联网、云计算、大数据等新技术的引领作用,在《规划》中有20处提到"物联网",其中"应用基础设施建设行动"方案中,明确指出积极推进物联网发展的具体行动指南:推进物联网感知设施规划布局,发展物联网开环应用;实施物联网重大应用示范工程,推进物联网应用区域试点,建立城市级物联网接入管理与数据汇聚平台,深化物联网在城市基础设施、生产经营等环节中的应用。

《规划》指出,全球信息化进入全面渗透、跨界融合、加速创新、引领发展的新阶段。信息技术创新代际周期大幅缩短,创新活力、集聚效应和应用潜能裂变式释放,更快速度、更广范围、更深程度地引发新一轮科技革命和产业变革。物联网、云计算、大数据、人工智能、机器深度学习、区块链、生物基因工程等新技术驱动网络空间从人人互联向万物互联演进,数字化、网络化、智能化服务将无处不在。现实世界和数字世界日益交汇融合,全球治理体系面临深刻变革(见图 4.13)。

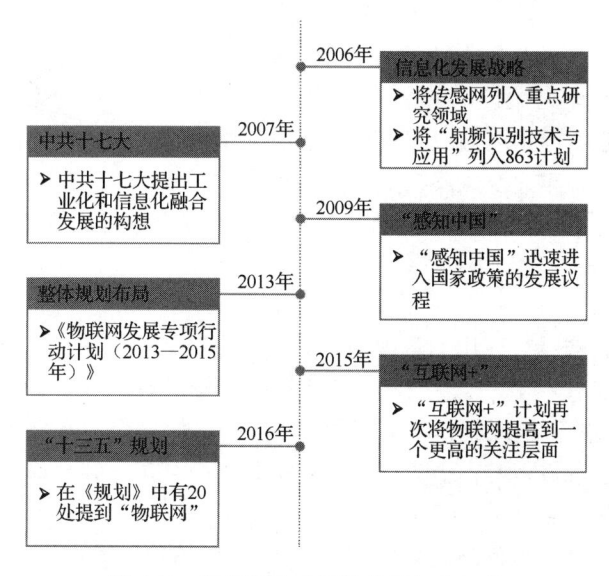

图 4.13 物联网在中国的发展如火如荼

任务 3　物联网的应用场景举例

➡ 任务描述

了解物联网在各行业的具体应用，通过这些具体场景的学习，更深入地理解物联网在各个行业中起到的作用。

➡ 任务分析

通过各行业中，物联网的具体应用场景，总结出物联网的实际应用及物联网需要的设备。

➡ 知识准备

4.3.1　应用场景概述

物联网是在计算机互联网的基础上，利用 RFID、无线数据通信等技术构造一个覆盖世界上万事万物的"Internet of Things"。在这个网络中，物品（商品）能够彼此进行"交流"，而无须人工干预。其实质是利用射频自动识别技术，通过计算机互联网实现物品（商品）的自动识别和信息的互联与共享。物联网应用技术具有很多应用场景，如以下 10 种常见的应用场景：

1. 智慧物流

智慧物流是新技术应用于物流行业的统称，指的是以物联网、大数据、人工智能等信息技术为支撑，在物流的运输、仓储、包装、装卸、配送等各个环节实现系统感知、全面分析及处理等功能。智慧物流的实现能大大地降低各行业运输的成本，提高运输效率，提升整个物流行业的智能化和自动化水平。物联网应用于物流行业中，主要体现在三方面，即仓储管理、运输监测和智能快递柜（见图 4.14）。

仓储管理：通常采用基于 LoRa、NB-IoT 等传输网络的物联网仓库管理信息系统，完成收货入库、盘点调拨、拣货出库及整个系统的数据查询、备份、统计、报表生成及报表管理等任务。

运输监测：实时监测货物运输中的车辆行驶情况及货物运输情况，包括货物位置、状态环境及车辆的油耗、油量、车速及刹车次数等驾驶行为。

智能快递柜：将云计算和物联网等技术结合，实现快件存取和后台中心数据处理，通过 RFID 或摄像头实时采集、监测货物收发等数据。

2. 智能交通

交通被认为是物联网所有应用场景中最有前景的应用之一。而智能交通是物联网的体现形式，利用先进的信息技术、数据传输技术及计算机处理技术等，通过集成到交通运输管理体系中，使人、车和路能够紧密地配合，改善交通运输环境、保障交通安全及提高资源利用率。以下将着重讲述行业内应用较多的前五大场景，包括智能公交车、共享单车、汽车联网、智慧停车和智能红绿灯等（见图 4.15）。

智能公交车：结合公交车辆的运行特点，建设公交智能调度系统，对线路、车辆进行规划调度，实现智能排班。

图 4.14　物联网智慧物流　　　　　　图 4.15　物联网智能交通

共享单车：运用带有 GPS 或 NB-IoT 模块的智能锁，通过 App 相连，实现精准定位、实时掌控车辆状态等。

汽车联网：利用先进的传感器及控制技术等实现自动驾驶或智能驾驶，实时监控车辆运行状态，降低交通事故发生率。

智慧停车：通过安装地磁感应，连接进入停车场的智能手机，实现停车自动导航、在线查询车位等功能。

智能红绿灯：依据车流量、行人及天气等情况，动态调控灯信号，来控制车流，提高道路承载力。

3. 智能安防

智能安防核心在于智能安防系统，系统主要包括门禁、报警和监控三大部分。安防是物联网的一大应用市场，传统安防对人员的依赖性比较大，非常耗费人力，而智能安防能够通过设备实现智能判断。目前，智能安防最核心的部分在于智能安防系统，该系统是对拍摄的图像进行传输与存储，并对其分析与处理。一个完整的智能安防系统主要包括三大部分，门禁、报警和监控，行业中主要以视频监控为主（见图 4.16）。

由于采集的数据量足够大，且时延较低，因此目前城市中大部分的视频监控采用的是有线的连接方式，而对于偏远地区和移动性的物体监控则采用的是 4G 等无线技术。

门禁系统：主要以感应卡式、指纹、虹膜面部识别等为主，有安全、便捷和高效的特点，能联动视频抓拍、远程开门、手机位置探测及轨迹分析等。

监控系统：主要以视频为主，分为警用和民用市场。通过视频实时监控，使用摄像头进行抓拍记录，将视频和图片进行数据存储和分析，实时监测、确保安全。

报警系统：主要通过报警主机进行报警，同时，部分研发厂商会将语音模块和网络控制模块置于报警主机中，缩短报警反应时间。

4. 智慧能源

物联网应用于能源领域，可用于水、电、燃气等智能表计和路灯的远程控制上。智慧能源属于智慧城市的一部分，当前，将物联网技术应用在能源领域，主要用于水、电、燃气等智能表计和根据外界天气对路灯的远程控制等，基于环境和设备进行物体感知，通过监测，提升利用效率，减少能源损耗（见图 4.17）。根据实际情况，智慧能源分为四大应用场景：

智能水表：可利用先进的 NB-loT 技术，远程采集用水量，以及提供用水提醒等服务。

智能电表：自动化、信息化的新型电表，具有远程监测用电情况，并及时反馈等功能。

智能燃气表：通过网络技术，将用气量传输到燃气集团，无须入户抄表，且能显示燃气用量及用气时间等数据。

智慧路灯：通过搭载传感器等设备，实现远程照明控制和故障自动报警等功能。

图 4.16　物联网智能安防　　　　　图 4.17　物联网智慧能源

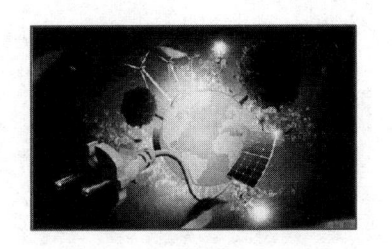

5. 智能医疗

智能医疗的两大主要应用场景：医疗可穿戴和数字化医院。在智能医疗领域，新技术的应用必须以人为中心。而物联网技术是数据获取的主要途径，能有效地帮助医院实现对人的智能化管理和对物的智能化管理。对人的智能化管理指的是通过传感器对人的生理状态（如心跳频率、体力消耗、血压高低等）进行捕捉，将它们记录到电子健康文件中，方便个人或医生查阅。对物的智能化管理，指的是通过 RFID 技术对医疗物品进行监控与管理，实现医疗设备、用品可视化（见图 4.18）。以物联网技术为主，当前主要有两个应用场景：

医疗可穿戴：通过传感器采集人体及周边环境的参数，经传输网络，传到云端，数据处理后，反馈给用户。

数字化医院：将传统的医疗设备进行数字化改造，实现了数字化设备远程管理、远程监控和电子病历查阅等功能。

6. 智慧建筑

物联网应用于建筑领域，主要体现在用电照明、消防监测和楼宇控制等。建筑是城市的基石，技术的进步促进了建筑的智能化发展，物联网技术的应用，让建筑向智慧建筑方向演进。智慧建筑越来越受到人们的关注，是集感知、传输、记忆、判断和决策于一体的综合智能化解决方案。当前的智慧建筑主要体现在用电照明、消防监测和楼宇控制等，将设备进行感知、传输并远程监控，不仅能够节约能源，同时也能减少运维的楼宇人员。而对于古建筑，也可以进行白蚁（以木材为生的一种昆虫）监测，进而达到保护古建筑的目的。

7. 智能制造

物联网技术赋能制造业，实现工厂的数字化和智能化改造。制造领域的市场体量巨大，是物联网的一个重要应用领域，主要体现在数字化和智能化的工厂改造上，包括工厂机械设备监控和工厂的环境监控。通过在设备上加装物联网装备，使设备厂商可以远程随时随地对设备进行监控、升级和维护等操作，更好地了解产品的使用状况，完成产品全生命周期的信息收集，指导产品设计和售后服务；而厂房的环境监控主要包括空气温湿度、烟感等情况。

数字化工厂的核心特点是：产品的智能化、生产的自动化、信息流和物资流合一。目前，从世界范围看，还没有一家企业宣布建成一座完全数字化的工厂。近些年来，一些企业开始给行业内其他企业提供以生产环节为基础的数字化和智能化工厂改造方案。企业的数字化和智能化改造大体分成 4 个阶段：自动化生产线与生产装备、设备联网与数据采集、数据的打通与直接应用、数据智能分析与应用。这 4 个阶段并不按照严格的顺序进行，各阶段也不是孤立的，边界较模糊（见图 4.19）。

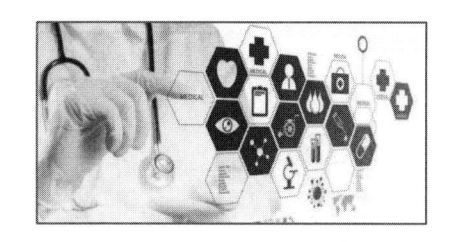

图 4.18　物联网智慧医疗　　　　图 4.19　物联网工业 4.0

8. 智能家居

智能家居的发展分为三个阶段，单品连接、物物联动和平台集成，当前处于单品向物物联动过渡阶段。智能家居指的是使用各种技术和设备，来改善人们的生活方式，使家庭变得更舒适、安全和高效。物联网应用于智能家居领域，能够对家居类产品的位置、状态、变化进行监测，分析其变化特征，同时根据人的需要，在一定程度上进行反馈。

单品连接：这个阶段是将各个产品通过传输网络，如 Wi-Fi、蓝牙、ZigBee 等进行连接，对每个单品单独控制。

物物联动：目前，各个智能家居企业将自家的所有产品进行联网、系统集成，使得各产品间能联动控制，但不同的企业单品还不能联动。

平台集成：这是智能家居发展的最终阶段，根据统一的标准，使各企业单品能相互兼容，目前还没有发展到这个阶段。

9. 智能零售

智能零售依托于物联网技术，主要体现于两大应用场景，即自动售货机和无人便利店。行业内将零售按照距离，分三种不同的形式：远场零售、中场零售、近场零售，三者分别以电商、商场/超市和便利店/自动售货机为代表。物联网技术可以用于近场和中场零售，且主要应用于近场零售，即无人便利店和自动（无人）售货机（见图 4.20）。

智能零售通过将传统的售货机和便利店进行数字化升级、改造，打造无人零售模式。通过数据分析，并充分运用门店内的客流和活动，为用户提供更好的服务，为商家提供更高的经营效率。

自动售货机：自动售货机也叫无人售货机，分为单品售货机和多品售货机，通过物联网卡平台进行数据传输，客户验证，购物车提交，到扣款回执。

无人便利店：采用 RFID 技术，用户仅需扫码开门，便可进行商品选购，关门之后系统会自动识别所选商品，并自动完成扣款结算。

10. 智慧农业

智慧农业指的是利用物联网、人工智能、大数据等现代信息技术与农业进行深度融合，实现农业生产全过程的信息感知、精准管理和智能控制的一种全新的农业生产方式，可实现农业可视化诊断、远程控制和灾害预警等功能。农业分为农业种植和畜牧养殖两方面。农业种植分为设施种植（温室大棚）和大田种植，主要包括播种、施肥、灌溉、除草和病虫害防治等五个部分，以传感器、摄像头和卫星等收集数据，实现数字化和智能机械化发展。当前，数字化的实现多以数据平台服务来呈现，而智能机械化以农机自动驾驶为代表。畜牧养殖主要是将新技术、新理念应用在生产中，包括繁育、饲养和疾病防疫等，并且应用类型较少，因此用"精细化养殖"定义整体畜牧养殖环节（见图 4.21）。

图 4.20　无营业员超市　　　　　图 4.21　作业中的无人机

4.3.2　机场防入侵

图 4.22　浦东机场防入侵系统

上海浦东国际机场防入侵系统铺设了 3 万多个传感节点，覆盖了地面、栅栏和低空探测，多种传感手段组成一个协同系统后，可以防止人员的翻越、偷渡、恐怖袭击等攻击性入侵（见图 4.22）。当年产值 5000 万（2008），上海移动的车务通在 2010 年世博会期间全面运用于上海公共交通系统，以最先进的技术保障世博园区周边大流量交通的顺畅。

4.3.3　感知太湖

1. "感知太湖　智慧水利"项目概况

"感知太湖　智慧水利"项目主要是针对太湖水域保护建立的一套集蓝藻湖泛智能感知、打捞车船智能调度和信息综合管理于一体的智慧水利物联网系统。系统由基于智能模式识别的自适应蓝藻湖泛传感器、实时蓝藻湖泛感知传输无线网络节点设备、蓝藻打捞和运输船载以及车载智能终端等新型设备支撑，在智能传感设备、计算算法和网络通信等方面，拥有多项创新性核心技术。无锡市水利局是"感知太湖"的服务终端，系统的运用大大节约了以往人力、物力，实现了对蓝藻治理的智能感知、调度和管理，随时随地让太湖水、河道水"跟着"水利监管人员走（见图 4.23）。

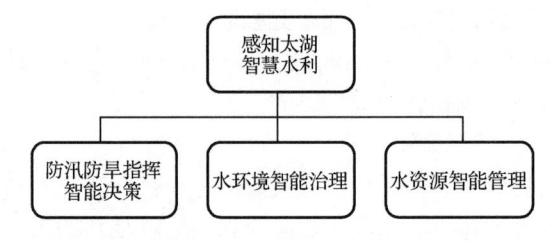

图 4.23　"感知太湖　智慧水利"项目组成部分

2. "感知太湖　智慧水利"项目系统整体架构

按照总体设计、分步实施的原则，项目分三期实施，其中第一期、第二期工程已建设 20 个蓝藻监测点（湖中心 3 个点，湖岸边 17 个点），湖中心的监测点中含有监测蓝藻及水质的传感器与高清晰摄像机，可将蓝藻水华发生信息传给信息中心记录，同时自动调动最近的蓝藻打捞船打捞蓝藻；信息中心通知打捞船到藻水分离公司；藻水分离公司自动通知调动最近的处理厂的车辆运输蓝藻。一期工程还在两个资源化再利用基地设立监控装置，对蓝藻的再去向进行跟踪，同时在杨湾藻水分离站内对蓝藻的打捞全过程，实施监控及智能化指挥。

项目优势：

"水上哨兵"对蓝藻的防范监控及时有效，取代了每天依靠人工取水、实验室化验的老办法。之前，早上 6 点取到的水样到晚上 6 点才能拿到水质报告，而蓝藻爆发速度非常快，指标到达临界点时如果不及时处置，两个小时就会演变成大规模的爆发。

"水上哨兵"还让打捞蓝藻的船与太湖水质监控情况连成一个网络，一旦监测指标显示某处水域出现蓝藻聚集，系统会第一时间自动通知附近打捞点的船只。如果检测出藻情严重，超出附近打捞船只的作业能力，系统还会向周边船只发布命令，这样整个太湖上的打捞船只便可以根据藻情合理配置，实现了对蓝藻治理的智能感知、调度和管理。

机械打捞完，可通过系统指示将蓝藻送去最近的藻水分离处，进行循环资源利用。目前无锡在沿湖各地规划建设 8 个藻水分离站点，日处理能力达 7000 吨藻浆。同时，还成功研制开发了移动式蓝藻打捞处理设备，提升了蓝藻后续处理水平，并建设了南洋和唯琼两个大型蓝藻沼气发电示范项目，形成了日处理能力达 200 吨藻泥的蓝藻沼气发电工程，实现了蓝藻由堆场堆放为主向无害化处理、资源化利用转变。

据统计，2008—2011 年，无锡全市共计打捞蓝藻 310 吨，相当于从水体中清除了 822.5 吨的氮和 205.5 吨的磷，保证了太湖水质安全，也使得太湖的水越来越美（见图 4.24）。

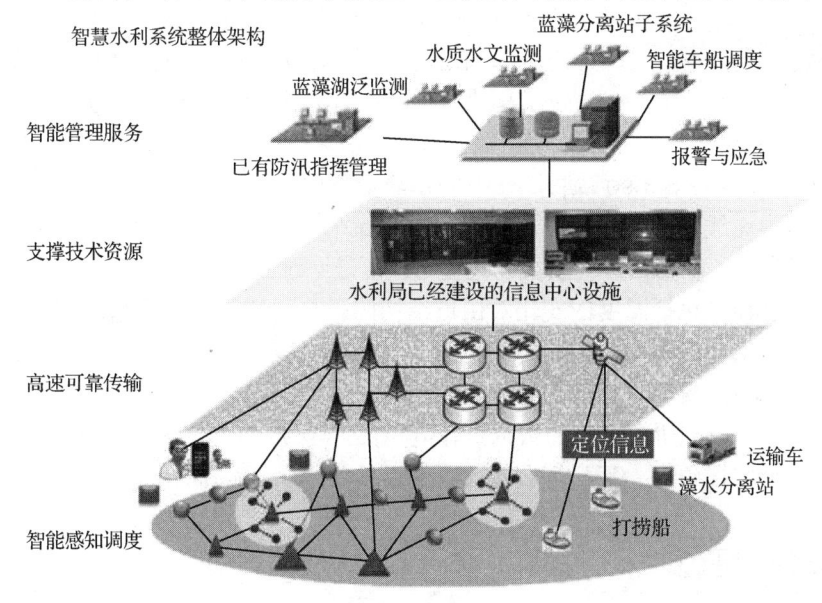

图 4.24 "感知太湖 智慧水利"系统架构图

3. "感知太湖 智慧水利"项目系统设备图

自动检测站身上搭载水质监测仪，可迅速测出湖水的温度、电导、pH 酸碱度、溶解氧、浊度、叶绿素、蓝绿藻等 7 项水质数据，实现对水质的实时监测；浮标上装有气象传感器，可以实时监测风向、风速、气压、温度等气象指标，两者结合，实现了对湖体水质、水文和气象等要素的全天候、全方位、立体式监测。浮标带有航标灯、GPS 定位、雷达放射器和锚系等安全措施，可将仪器实测的数据通过无线网络及时传送到控制中心（见图4.25）。

图 4.25 浮漂式水质自动检测站

无锡的环太湖区域已密布了 86 个水质自动监测站,总投资 1.8 亿元。其中,浮动水质监测站 15 个,覆盖了主要出入湖河流断面、行政交界断面、重点监视河流断面和主要饮用水源地等重点区域。监测站实行 24 小时不间断监测,一旦出现水质突发污染,相关人员的手机会立即收到信息。

4.3.4 瑞典、瑞士项目

1. 瑞典的"ZigBee 城市计划"——哥德堡

瑞典的第二大城市哥德堡,约有 50 万人口,现有电表约 26.5 万只。

市政府和电力公司立足于瑞典 2009 年 7 月的新立法,决定兴建智能电网。共有 8 家供货商参加了竞标,其中 4 家将采用电力线载波(PLC)、2 家采用手机通信、1 家建议用窄频无线电,另外 1 家建议用美国新开发的 ZigBee 通信方式,也终因其为世界首创和功能强大而中标,这家韩国的 Nuri 通信公司与瑞典的 Embrig 公司(负责安装和至少运行 4 年)合作,要求于 2009 年中置换掉原有的 26.5 万只旧电表。估算到 15 年后每户每月即可有 1 欧元(1.37 美元)的净收入。整个系统中最复杂、最费力的部分就是信息处理,全网的海量信息从用户侧传送到系统,经过多层加工和处理后,再以信息、数据、账单等形式送回给用户。在 2010 年 1 月份,整个系统进入清尾检查阶段。建设和调试运作等过程是令人满意的(见图 4.26)。

图 4.26 无线传感器测试不再需要人为参与

2. 瑞士的"Perma Sense 项目"——阿尔卑斯雪山

通过物联网中无线感应技术的应用,"Perma Sense 项目"实现了对瑞士阿尔卑斯山地质和环境状况的长期监控。现场不再需要人为地参与,而是通过无线传感器对整个阿尔卑斯山脉实行大范围深层次监控,包括温度的变化对山坡结构的影响和气候对土质渗水的影响等。

参与该计划的瑞士巴塞尔大学、苏黎世大学与苏黎世联邦理工学院,派出了包括计算机、网络工程、地理与信息科学等领域的专家在内的研究团队。

据他们介绍,该计划所搜集到的数据可作为自然环境研究的参考,同时,经过分析后的信息也可以作为提前掌握山崩、落石等自然灾害的事前警示。

4.3.5 平安城市建设

截至 2020 年年底,全国电动车保有量已近 3 亿辆,如此庞大数量的电动车已成为城市交通的重要组成部分。根据公安部门统计,每年电动车被盗案件占所有财产损失案件的比例在 30%左右,电动车引起的交通事故占 60%以上,居高不下的盗窃案发率和交通事故率,导致公安等政府部门需对此投入大量的人力物力。物联网平安城市项目是解决这一问题的最佳方案,它通过在城市中布设物联网基站,实现对城市中人、车、物的实时安全监管(见图 4.27)。平安城市的实施,将帮助公安机关提高电动车偷盗案件的侦破率(数据表明可提升 80%),

图 4.27 物联网电子标签用于平安城市建设

有效打击犯罪行为和偷盗团伙，降低案件发生率；利用平安城市云平台的数据分析，可帮助公安部门加强对电动车的管控力度，优化交通秩序，实现更合理有效的监管，大大提高广大市民出行的安全性和便利性。利用物联网基站网络对安装在车辆上的 RFID 有源电子标签的读取，可在平安城市云平台上实时获取车辆位置和行驶轨迹，实现实时安全监管。

安装了电子标签的车辆，车主可在手机 App 中对其进行实时监管，公安部门也可通过云平台对市区内的车辆进行有效管理。一旦发生车辆盗抢案件，车主可在 App 中一键报警，公安人员在云平台可实时追踪被盗车辆。利用平台提供的实时数据和公安配备的车载读写器和手持读写器，公安人员可快速追回被盗车辆（见图 4.28）。

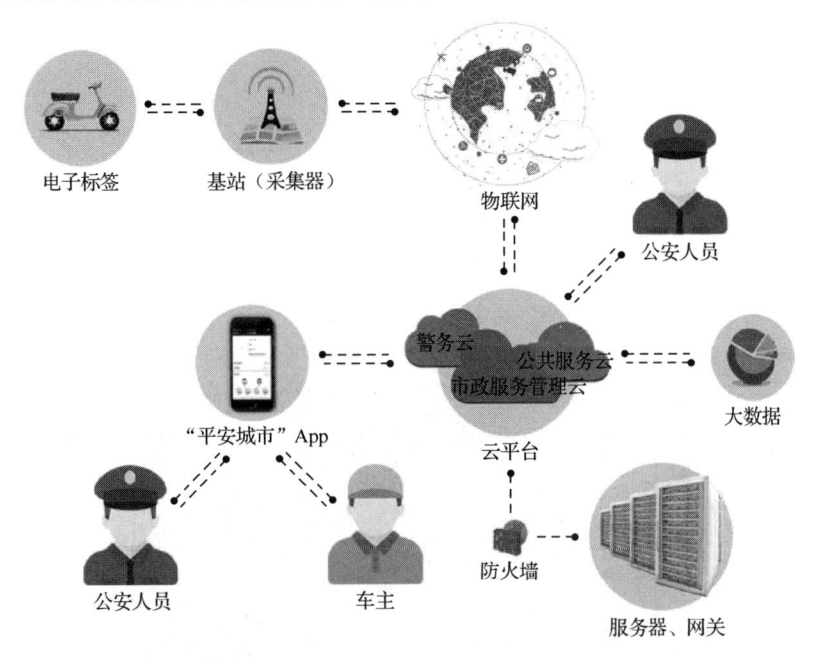

图 4.28 物联网平安城市解决方案

平安城市物联网系统在山西太原、广东河源、浙江衢州、山东东营、湖南怀化、贵州贵阳等十余座城市建成并投入运营，并在运营过程中帮助当地公安部门破获几百起电动车偷盗及相关案件。除车辆防盗外，各地公安人员通过平台实时监管和大数据分析，在一定程度上改善了当地的交通秩序，各运营城市与电动车、摩托车相关的交通事故发生率明显降低（见图 4.29）。

图 4.29 自助管理

利用城市内已建成的平安城市基站网络，可对任何佩戴/安装了电子标签的人员、车辆、物品进行安全监管，包括老年人安全监管、残障人士安全监管、特殊人群管理、管制器具和矫正人员管理、重型车辆管理、特殊车辆管理、危化品管理等（见图 4.30）。

图 4.30　平安城市管理范围很广

4.3.6　智能家居

　　智能家居的概念指的是通过将住宅作为一个平台，采用综合布线技术、网络通信技术、智能家居系统的设计、安全技术、自动控制技术及音频和视频技术相结合，将与家居生活有关的设施进行一个完整的集成，使得家居生活具有便利性、安全性、舒适性及艺术性。

　　智能家居的理念是体现运用现代化的科学技术手段，将生活逐步实现智能化、自动化和现代化。这主要有家庭网络子系统、家庭能量管理子系统、背景音乐子系统、智能照明子系统、智能安防子系统、家庭娱乐子系统、家庭信息处理子系统、家庭环境子系统（见图4.31）。

图 4.31　智能家居产品众多

1．家庭网络子系统

　　构建家庭网络子系统，可以有效地优化人们的生存环境。利用网络，很方便地使用电脑、手机等设备。

2．家庭能量管理子系统

　　在人们的居住环境中，经常要使用到的能源有电、水、天然气等，这些资源的使用，也要有一个能量管理子系统进行管理。

3．背景音乐子系统

　　这主要是为住户丰富娱乐，当人们做完一天的工作后，便可以方便地选取自己喜欢的音乐欣赏。

4．智能照明子系统

　　运用智能照明子系统，实现了在用电方面的节省，而且还能保护眼睛，主要是由于智能照明子系统可以自动开关电灯，整个照明系统还可以进行灯光的调节，根据自己的需要进行调试。

5. 智能安防子系统

智能安防子系统同公安系统进行了网络互通，只要有偷盗行为的，或者是发生火灾等，这个系统就能在第一时间进行自动报警，保护了住户的生命和财产安全不受侵犯。

6. 家庭娱乐子系统

构建家庭娱乐子系统主要是为了让人们能够在家里就能玩各种游戏，看各种电影等活动，减少了外出活动。

7. 家庭信息处理子系统

家庭信息处理子系统的建立能解决家庭中的相关信息，如物业方面，可对信息进行筛选，将信息发送到用户的手机上。

8. 家庭环境子系统

家庭环境子系统主要是实现每天的天气预报，适时调整室内的湿度、采暖和空气质量。

4.3.7 智慧农业——无线葡萄园

2002 年，英特尔公司率先在俄勒冈建立了世界上第一个无线葡萄园。传感器节点被分布在葡萄园的每个角落，每隔一分钟检测一次土壤温度、湿度或该区域有害物的数量，以确保葡萄可以健康生长。研究人员发现，葡萄园气候的细微变化可极大地影响葡萄酒的质量。通过长年的数据记录及相关分析，便能精确地掌握葡萄酒的质地与葡萄生长过程中的日照、温度、湿度的确切关系。这是一个典型的精准农业、智能耕种的实例（见图 4.32）。

图 4.32 葡萄园环境监测系统示意图

4.3.8 大鸭岛生态环境监测

2002 年，由英特尔的研究小组和加州大学伯克利分校及巴港大西洋大学的科学家把无线传感器网络技术应用于监视大鸭岛海鸟的栖息情况。位于缅因州海岸大鸭岛上的海燕由于环境恶劣，海燕又十分机警，研究人员无法采用通常方法进行跟踪观察。为此他们使用了包括光、湿度、气压计、红外传感器、摄像头在内的近 10 种传感器类型数百个节点，系统通过自组织无线网络，将数据传输到 91.44 米外的基站计算机内，再经卫星传输至加州的服务器。在那之后，全球的研究人员都可以通过互联网查看该地区各个节点的数据，掌握第一手的环境资料，为生态环境研究者提供了一个极为有效便利的平台（见图 4.33）。

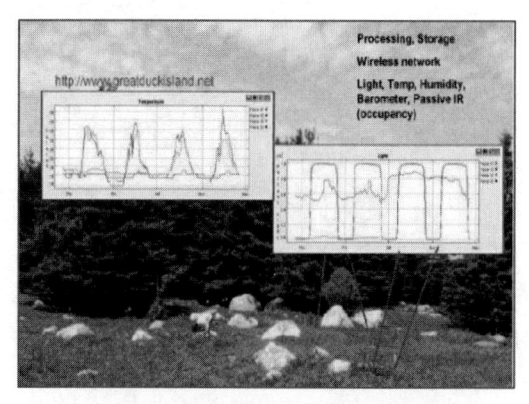

图 4.33 大鸭岛生态环境监测系统

4.3.9 个人保健

人身上可以安装不同的传感器,对人的健康参数进行监控,并且实时传送到相关的医疗保健中心,如果有异常,保健中心通过手机,提醒您去医院检查身体(见图 4.34)。

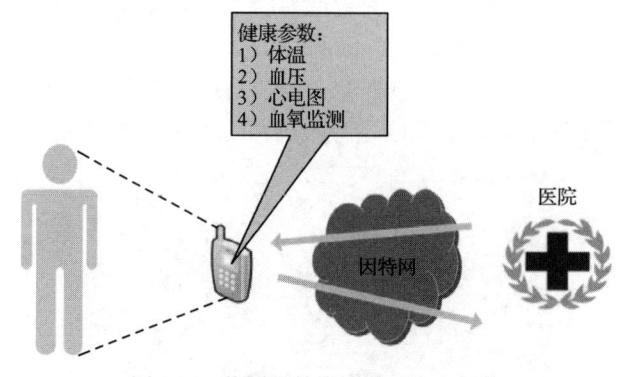

图 4.34 物联网技术应用于个人保健

4.3.10 畜牧溯源

给放养的牲畜中的每一只羊都贴上一个二维码(最好是有源电子标签,具备盘点功能),这个二维码会一直保持到超市出售的肉品上,消费者可通过手机阅读二维码,知道羊的成长历史,确保食品安全。我国已有 10 亿存栏动物贴上了这种二维码(见图 4.35)。

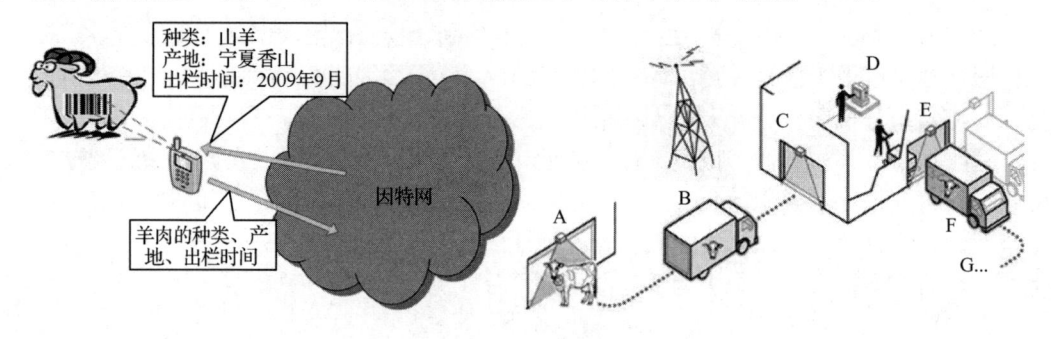

图 4.35 畜牧溯源系统

4.3.11 空间探索

探索外部星球一直是人类梦寐以求的理想，借助于航天器布撒的传感器节点实现对星球表面大范围、长时期、近距离的监测和探索，是一种经济可行的方案。NASA 的 JPL 实验室研制的 Sensor Webs 就是为将来的火星探测、选定着陆场地等需求进行技术准备的。现在该项目已在佛罗里达宇航中心的环境监测项目中进行测试和完善（见图 4.36）。

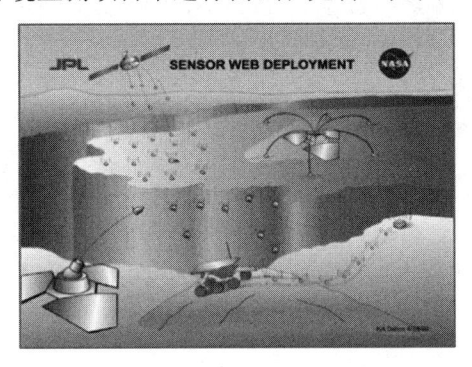

图 4.36　美国宇航局的空间探索计划中无线传感器网络的应用模式示意图

任务 4　物联网体系结构

任务描述

经过一次课的学习，小李对物联网有了初步的认识，也产生了浓厚的兴趣。这一次，老师要求同学们了解物联网体系结构、物联网的三大特征及物联网发展趋势。

任务分析

为了深入了解物联网，同学们需要对物联网体系结构和物联网三大特征有更深刻了解，了解物联网发展趋势。

知识准备

4.4.1 物联网三大特征

全面感知、可靠传输与智能处理是物联网的三个显著特点。

物联网是"万物沟通"的、具有全面感知、可靠传送、智能处理特征的连接物理世界的网络，实现了任何时间、任何地点及任何物体的连接。可以帮助实现人类社会与物理世界的有机结合，使人类可以以更加精细和动态的方式管理生产和生活，从而提高整个社会的信息化能力（见图 4.37）。

1. 全面感知

物联网连接的是物，需要能够感知物，赋予物智能，从而实现对物的感知。

图 4.37 全面感知是物联网的重要特征

1) 感知方式（部分）

利用 RFID 和传感器随时随地获取物体的信息（见图 4.38）。

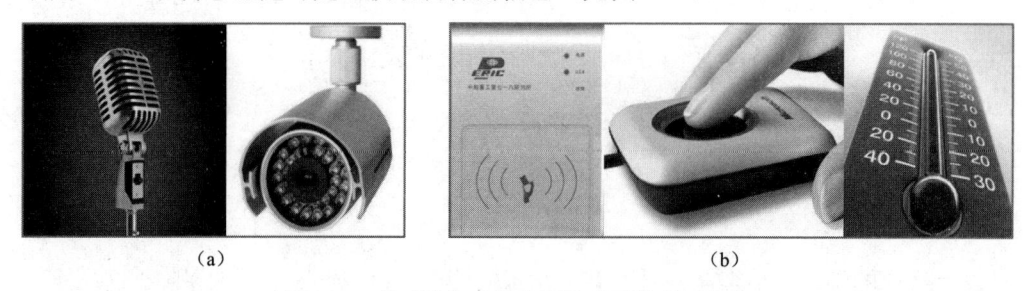

图 4.38 传感器技术是物联网重要的感知方式

2) 感知信息

语音、图像、温度、湿度、射频信号、二维码等都是重要的感知信息。

2. 可靠传输

物联网通过前端感知层收集各类信息，还需要通过可靠的传输网络将感知的各种信息进行实时传输。要求可靠传输能够满足：

➢ 信息可靠传输，全面及时而不失真。

➢ 信息双向传递。

➢ 信息传输安全，具有防干扰及防病毒能力，防攻击能力强，具有高可靠的防火墙功能。

常用传输方式举例：

1) 数据网

数据网为用于传输数据业务的通信网，它是以数据交换机（分组交换、帧中继交换、ATM 交换、高级路由器、IP 交换机等）为转接点而组成世界、国家及地区性的网络。它是以计算机硬件、软件技术为基础与现代传输技术综合应用的产物（见图 4.39）。

数据通信网发展很快。而且正逐步过渡到各种综合数据业务，宽带数据业务的通信网络。它以数据交换节点机为基础，可分为分组交换网、ATM 网、Internet、IP 网、局域网、城域网、广域网等。

2)移动网络

移动网络指的是使用移动设备,如手机、掌上电脑或其他便携式工具连接到公共网络,实现互联网访问的方式。移动网络不需要固定的设备进行访问。移动网络主要指的是基于浏览器的 Web 服务,如万维网、WAP 和 i-mode(日本)(见图 4.40)。

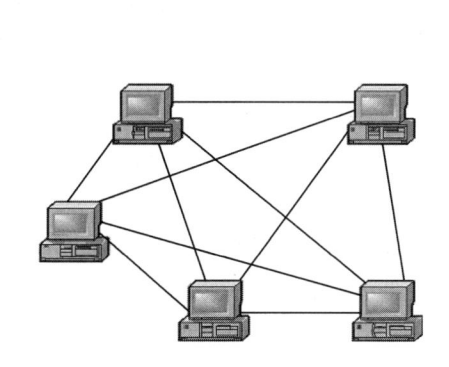

图 4.39　数据网络

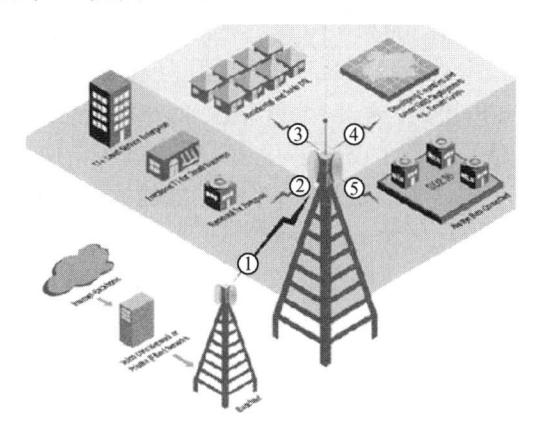

图 4.40　移动网络(3G、4G、5G)

3)传输设备

传输设备是连接交换机与交换机之间的通信线路。常用的传输媒介包括架空明线、电缆、光缆和无线电波等(见图 4.41)。

4)ZigBee 技术

ZigBee,也称紫蜂,是一种低速短距离传输的无线网上协议,底层是采用 IEEE 802.15.4 标准规范的媒体访问层与物理层。主要特色有低速、低耗电、低成本、支持大量网上节点、支持多种网上拓扑、低复杂度、快速、可靠、安全(见图 4.42)。

图 4.41　传输设备

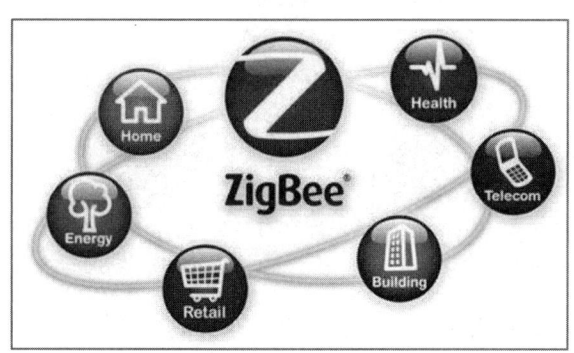

图 4.42　ZigBee 技术

5)Wi-Fi

Wi-Fi,在中文里又称作"行动热点",是 Wi-Fi 联盟制造商的商标作为产品的品牌认证,是一个创建于 IEEE 802.11 标准的无线局域网技术。基于两套系统的密切相关,也常有人把 Wi-Fi 当作 IEEE 802.11 标准的同义术语。"Wi-Fi"常被写成"WiFi"或"Wifi",但是它们并没有被 Wi-Fi 联盟认可。

并不是每样匹配 IEEE 802.11 的产品都申请 Wi-Fi 联盟的认证,相对地缺少 Wi-Fi 认证的产品并不一定意味着不兼容 Wi-Fi 设备。

IEEE 802.11 的设备已安装在市面上的许多产品，例如，个人计算机、游戏机、MP3 播放器、智能手机、平板电脑、打印机、笔记本电脑和其他可以无线上网的周边设备。

Wi-Fi 联盟成立于 1999 年，当时的名称叫作 Wireless Ethernet Compatibility Alliance（WECA）。在 2002 年 10 月，正式改名为 Wi-Fi Alliance。

无线网络上网可以简单地理解为无线上网，几乎所有智能手机、平板电脑和笔记本电脑都支持 Wi-Fi 上网，是当今使用最广的一种无线网络传输技术。实际上就是把有线网络信号转换成无线信号，就如在开头为大家介绍的一样，使用无线路由器供支持其技术的相关电脑、手机、平板等接收。手机如果有 Wi-Fi 功能的话，在有 Wi-Fi 无线信号的时候就可以不通过移动联通的网络上网，省掉了流量费。

无线上网在大城市比较常用，虽然由 Wi-Fi 技术传输的无线通信质量不是很好，数据安全性能比蓝牙差一些，传输质量也有待改进，但传输速度非常快，可以达到 54Mbps，符合个人和社会信息化的需求。Wi-Fi 最主要的优势在于不需要布线，可以不受布线条件的限制，因此非常适合移动办公用户的需要，并且由于发射信号功率低于 100mW，低于手机发射功率，所以 Wi-Fi 上网相对也是最安全健康的。

但是 Wi-Fi 信号也是由有线网提供的，比如家里的 ADSL，小区宽带等，只要接一个无线路由器，就可以把有线信号转换成 Wi-Fi 信号。国外很多发达国家城市里到处覆盖着由政府或大公司提供的 Wi-Fi 信号供居民使用（见图 4.43），我国也有许多地方实施"无线城市"工程使这项技术得到推广。

6）蓝牙

蓝牙，是一种支持设备短距离通信（一般 10m 内）的无线电技术，能在包括移动电话、PDA、无线耳机、笔记本电脑、相关外设等众多设备之间进行无线信息交换。利用"蓝牙"技术，能够有效地简化移动通信终端设备之间的通信，也能够成功地简化设备与 Internet 之间的通信，从而数据传输变得更加迅速高效，为无线通信拓宽道路（见图 4.44）。

图 4.43　Wi-Fi 技术　　　　图 4.44　蓝牙技术

蓝牙作为一种小范围无线连接技术，能在设备间实现方便快捷、灵活安全、低成本、低功耗的数据通信和语音通信，因此它是目前实现无线个域网通信的主流技术之一。与其他网络相连接可以带来更广泛的应用。是一种尖端的开放式无线通信，能够让各种数码设备无线沟通，是无线网络传输技术的一种，原本用来取代红外。

蓝牙技术是一种无线数据与语音通信的开放性全球规范，它以低成本的近距离无线连接为基础，为固定与移动设备通信环境建立一个特别连接。其实质内容是为固定设备或移动设备之间的通信环境建立通用的无线电空中接口（Radio Air Interface），将通信技术与计算机技术进一步结合起来，使各种 3C 设备在没有电线或电缆相互连接的情况下，能在近距离范围内实现相互通信或操作。简单地说，蓝牙技术是一种利用低功率无线电在各种 3C 设备间彼此传输数据的技术。蓝牙工作在全球通用的 2.4GHz ISM（即工业、科学、医学）频段，使用 IEEE 802.11 协议。作为一种新兴的短距离无线通信技术，正有力地推动着低速率无线个人区域网络的发展。

3. 智能处理

通过物联网中各种传感设备可以实现信息远程获取，对物流信息实行实时监控，通过对流通中的物体内置芯片，系统就能够随时监控物体运行的状态，且在智能处理的全过程中，可实现各环节信息共享。

各种类型的服务器与机房中的服务器（见图 4.45）。

图 4.45　各类服务器

典型的机架式服务器（见图 4.46）。

图 4.46　机架式服务器

刀片服务器（见图 4.47）。

图 4.47　刀片服务器

4.4.2 物联网体系图

物联网是在互联网和移动通信网等网络通信基础上,针对不同领域的需求,利用具有感知、通信和计算的智能物体自动获取现实世界的信息,将这些对象互联,实现全面感知、可靠传输、智能处理,构建人与物、物与物互联的智能信息服务系统(见图4.48)。

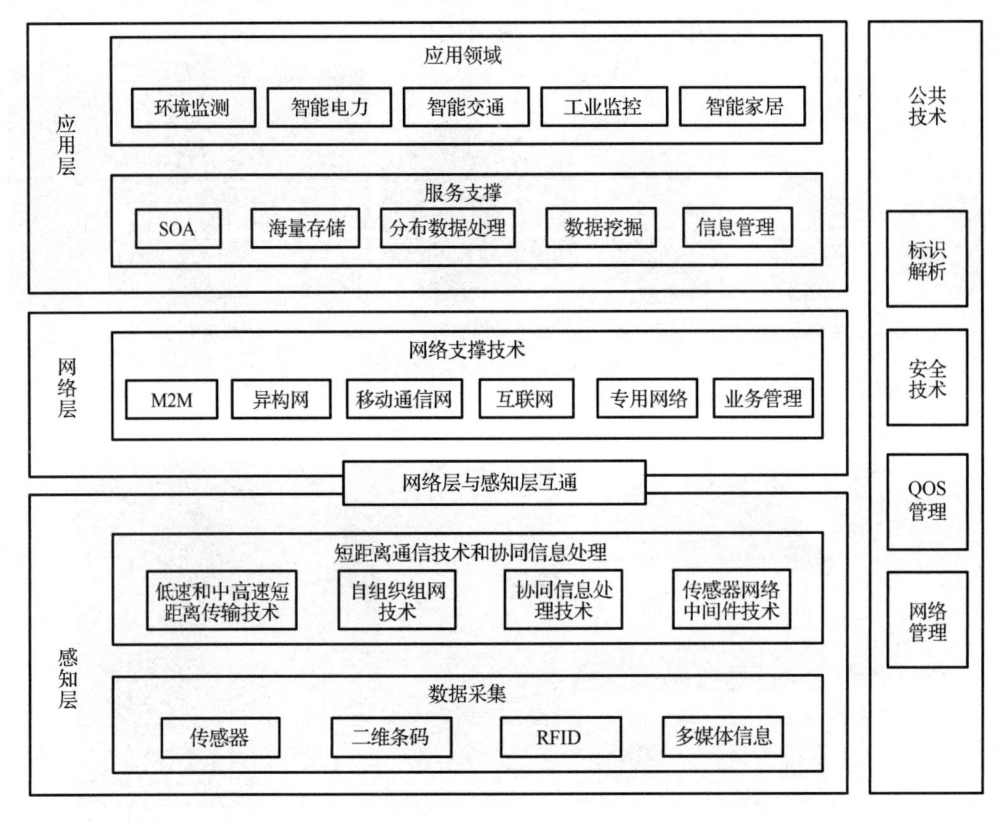

图 4.48 物联网体系结构

物联网体系结构主要由三个层次组成:感知层、网络层和应用层组成。

① 感知层实现对物理世界的智能感知识别、信息采集处理和自动控制,并通过通信模块将物理实体连接到网络层和应用层。

② 网络层主要实现信息的传递、路由和控制,包括延伸网、接入网和核心网,网络层可依托公众电信网和互联网,也可以依托行业专用通信网络。

③ 应用层类似于人类社会的"分工",包括应用基础设施/中间件和各种物联网应用,应用基础设施/中间件为物联网应用提供信息处理、计算等通用基础服务设施、能力及资源调用接口,以此为基础实现物联网在众多领域的各种应用(见图4.49)。

4.4.3 物联网发展趋势

未来10年,物联网将持续带动数字企业创新的商机,国际研究暨顾问机构 Gartner 最新公布2018年至2023年引领数字企业创新的十大物联网策略技术趋势。

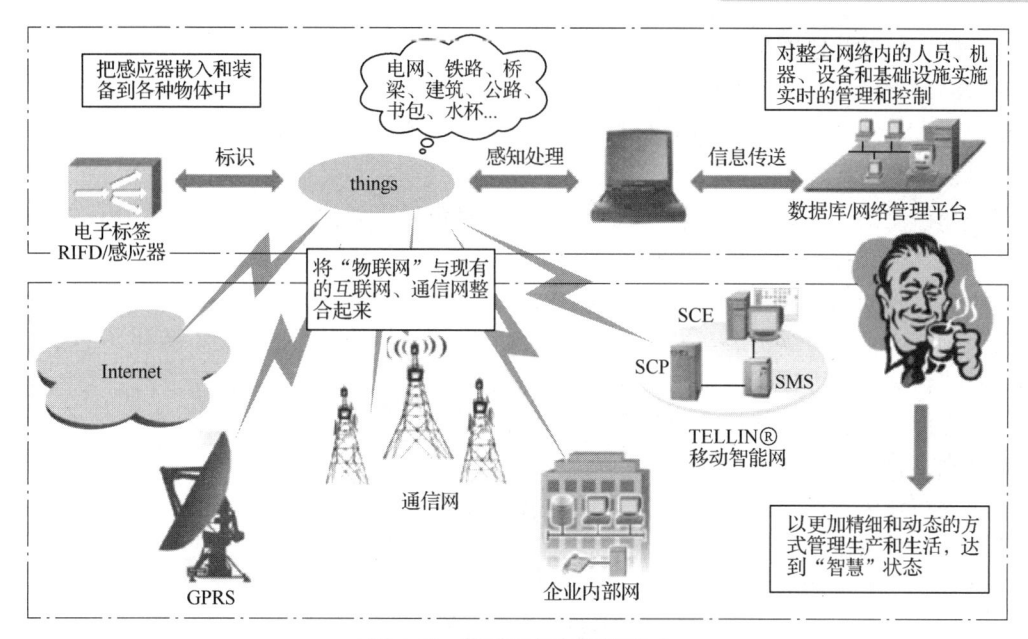

图 4.49 物联网外在架构形式

趋势一：人工智能（AI）

2019 年全球联网对象数量达 142 亿，并在 2021 年达到 250 亿，因此将产生极大量的数据。

Gartner 进一步预估，2023 年前人工智能的技术分野仍相当复杂，主要是因为许多 IT 厂商正重金投资人工智能技术，除各种人工智能技术并存外，新的服务及相关投资也不断产生（见图 4.50）。

图 4.50 首家京东"X 未来餐厅"在中新天津生态城正式开业

趋势二：物联网的社会、法律与道德面向

随着物联网普及，各种社会、法律与道德层面的相关问题越来越重要，包括欧盟《通用数据保护条例》（GDPR）的法规遵循、数据及演绎数据的拥有权、算法偏差、隐私权等。

趋势三：信息经济学与数据中介（Data Broking）

Gartner 在 2017 年的物联网项目调查显示，35%的受访者正在销售或打算销售其产品与服务所搜集的数据，信息经济学理论将这种数据变现的做法，进一步视为应纳入公司账簿的策略性商业资产。

至 2023 年，买卖物联网数据将成为许多物联网系统必要的一环。

趋势四：从智能边缘转变为智能网格

物联网领域发展趋势，正从中央及云端转变为边缘运算架构；然而物联网技术的发展并不会就此中断，因为层次分明的边缘架构将逐渐演变为一种较无系统的架构，由各式各样的对象与服务以动态网格形式所组成。

这些网格虽然会使整体技术复杂性提升，但也将带来更弹性、更智能、更灵敏的物联网系统，并对 IT 基础架构、技能与来源带来影响。

趋势五：物联网管理

随着物联网范围持续扩展，大众对能确保物联网项目相关信息的创造、储存、使用及删除等行为皆符合标准的管理架构需求日渐提升。管理的范围不只包括装置稽核或固件更新等单纯的技术性工作，也涵盖装置控管及其产生信息的相关使用等较复杂的问题。

趋势六：传感器创新

传感器市场将持续蓬勃发展至 2023 年，届时新的传感器将可侦测范围更广泛的状况与事件，而目前的传感器价格将变得更为亲民，或被重新包装以支持新应用。

此外，新运算法的问世，也会从现有的传感器技术上演绎出更多信息（见图 4.51）。

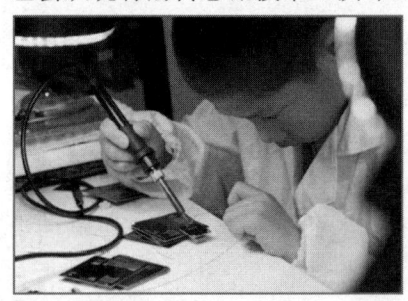

图 4.51　一位小朋友在 2018 年世界机器人大会上制作传感器模块

趋势七：值得信赖的硬件与操作系统

资安是企业在部署物联网系统最重要且必须考察的技术。这是因为物联网计划中使用的软件与硬件，其来源和性质通常不是企业所能掌控。

趋势八：全新物联网使用者体验

物联网使用者体验（UX）广泛涵盖了各种技术与设计技巧。其影响因素有四项：新的传感器、新的运算法、新的体验设计架构及情境，以及社交感知的体验。

由于大众与不具备屏幕及键盘的对象互动越趋频繁，若企业的使用者体验设计师希望创造能降低阻碍、提升黏着度，并且鼓励持续使用的绝佳使用者体验，就必须运用新的技术、接纳新的观点（见图 4.52）。

图 4.52　参观者在首届中国国际进口博览会上的美国波音公司展台体验"驾驶"波音客机

趋势九：硅芯片创新

Gartner 预测到了 2023 年，新的特殊用途芯片将降低运行 DNN（深层神经网络）的电力消耗；具备最新边缘架构与嵌入式 DNN 功能的低功耗物联网终端装置也将诞生，以支持新的应用，例如将数据分析的技术整合在传感器内，或者在低成本的电池供电装置当中加入语音识别技术（见图 4.53）。

图 4.53　华为技术有限公司代表在第五届世界互联网大会上介绍华为昇腾 310 芯片

任务 5　了解物联网人才培养方案

任务描述

了解物联网专业课程体系和当前工作岗位对物联网方面的需求，这样更有利于物联网方面知识的学习。

任务分析

通过本节的学习，知道物联网专业的培养目标、课程体系、岗位需求。

知识准备

4.5.1　培养目标

本专业培养理想信念坚定，德、智、体、美、劳全面发展，具有一定的科学文化水平，良好的人文素养、职业道德和创新意识，精益求精的工匠精神，较强的就业能力和可持续发展的能力；掌握本专业知识和技术技能，面向软件和信息技术服务业、计算机通信和其他电子设备制造业等行业的信息与通信工程技术人员、信息通信网络运行管理人员、软件与信息技术服务人员等职业群，能够从事物联网系统设备安装与调试、物联网系统运行管理与维护、物联网系统应用软件开发、物联网项目的规划和管理工作的高素质技术技能人才。

4.5.2　专业课程体系

物联网应用技术专业是物联网在高职高专（大专）层次的唯一专业。本专业培养掌握射频、嵌入式、传感器、无线传输、信息处理等物联网技术，掌握物联网系统的传感层、传输层和应用层关键设计等专门知识和技能，具有从事 WSN、RFID 系统、局域网、安防监控系统等工程设计、施工、安装、调试、维护等工作的业务能力，具有良好服务意识与职业道德的高端技能型人才（见图4.54）。

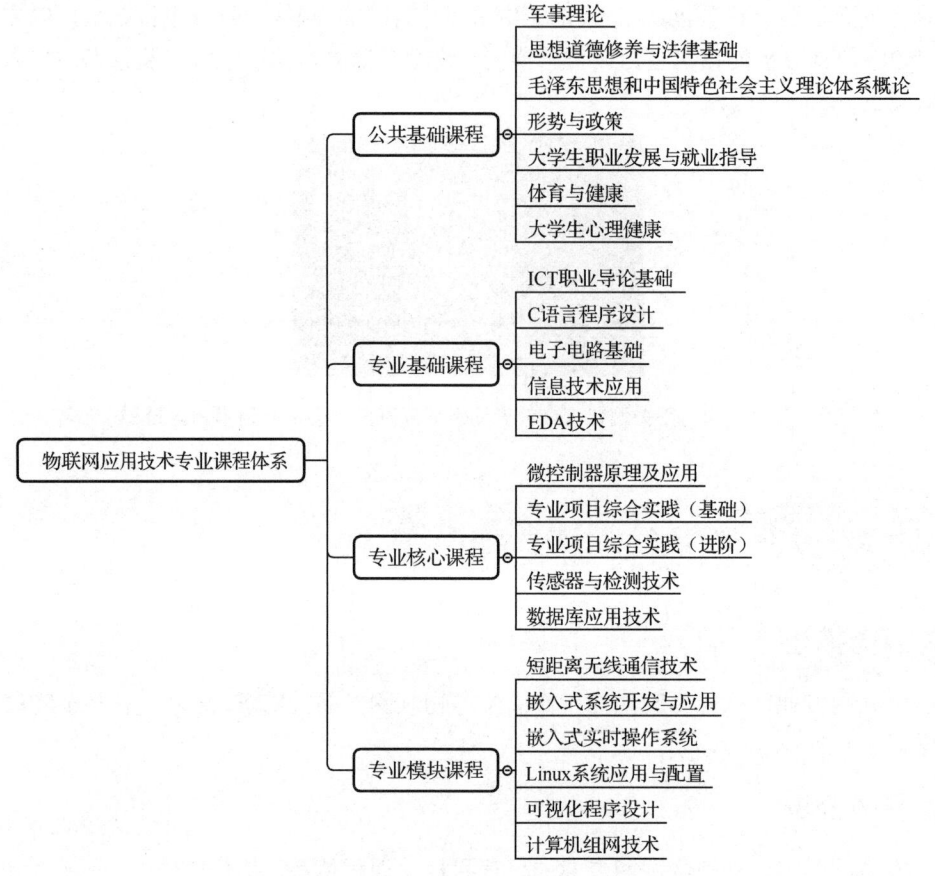

```
物联网应用技术专业课程体系
├── 公共基础课程
│   ├── 军事理论
│   ├── 思想道德修养与法律基础
│   ├── 毛泽东思想和中国特色社会主义理论体系概论
│   ├── 形势与政策
│   ├── 大学生职业发展与就业指导
│   ├── 体育与健康
│   └── 大学生心理健康
├── 专业基础课程
│   ├── ICT职业导论基础
│   ├── C语言程序设计
│   ├── 电子电路基础
│   ├── 信息技术应用
│   └── EDA技术
├── 专业核心课程
│   ├── 微控制器原理及应用
│   ├── 专业项目综合实践（基础）
│   ├── 专业项目综合实践（进阶）
│   ├── 传感器与检测技术
│   └── 数据库应用技术
└── 专业模块课程
    ├── 短距离无线通信技术
    ├── 嵌入式系统开发与应用
    ├── 嵌入式实时操作系统
    ├── Linux系统应用与配置
    ├── 可视化程序设计
    └── 计算机组网技术
```

图4.54 物联网应用技术专业课程体系

课程体系介绍如下：

公共基础课程：该系列课程主要对学生进行素质类及通识类知识能力进行培养。

专业基础课程：该系列课程是整个专业的基础课程，是专业的基石，是学习其他专业课程的基础，重要程度高。

专业核心课程：是专业的核心课程，课程充分体现专业特点及核心的知识技能，是在专业基础课的层面上的进一步深化。

专业模块课程：是专业的方向类课程，是专业知识技能的具体应用。专业方向类课程面向就业岗位的具体技能要求和真实项目，是专业知识技能的升华。

4.5.3 就业岗位简介

物联网工程专业毕业生能在政府管理部门、科学研究机构、设计院、咨询公司、建筑工程公司、物业及能源管理、建筑节能设备及产品制造生产企业等单位从事建筑节能的研究、设计、施工、运行、监测与管理工作。

1．从事行业

毕业后主要在新能源、互联网、计算机软件等行业工作，大致如下：

- 新能源。
- 互联网、电子商务。
- 计算机软件。
- 电子技术、半导体、集成电路。
- 通信、电信、网络设备。

2. 从事岗位

1）嵌入式软件工程师

嵌入式技术是将"无感知物体"转变为"智能物体"的关键技术，该特性使物体具备根据外部环境变化进行反应的能力。嵌入式智能技术的特点是将硬件和软件相结合，利用了嵌入式微处理器的低功耗、体积小、集成度高，以及嵌入式软件的高效率、高可靠性等优点，综合人工智能技术，推动物联网中智能环境的实现。

嵌入式系统涵盖嵌入式硬件和软件两大部分，硬件由嵌入式处理器、存储器与外围设备、现场总线组成，软件包括操作系统、文件系统、图形用户接口等。伴随着物联网时代的到来，也极大地推动嵌入式技术的发展和应用。

事实上，所有带有数字接口的设备，如手表、微波炉、录像机、汽车等，都使用嵌入式系统，有些嵌入式系统还包含操作系统，但大多数嵌入式系统都是由单个程序实现整个控制逻辑，笼统地说，嵌入式系统是以应用为中心，以计算机技术为基础，软硬件可裁剪，适应应用系统对功能、可靠性、成本、体积、功耗等严格要求的专用计算机系统。

工作内容一般为：从事数据产品嵌入式（底层）软件开发和设计工作；负责数据产品相关软件子系统的方案设计；负责数据产品相关的技术交流、标准及专利相关工作；负责嵌入式软件系统的需求分析和模块设计；负责对客户的软件技术支持。

2）硬件工程师

硬件工程师（Hardware Engineer）职位要求熟悉计算机市场行情；制定计算机组装计划；能够选购组装需要的硬件设备，并能合理配置、安装计算机和外围设备；安装和配置计算机软件系统；保养硬件和外围设备；清晰描述出现的计算机软硬件故障。

工作内容一般包括：计算机产品硬件设计；按照计划完成符合功能性能要求和质量标准的硬件产品；根据产品详细设计报告，完成符合功能和性能要求的逻辑设计；根据逻辑设计说明书，设计详细的原理图和PCB图；编写调试程序，测试或协助测试开发的硬件设备，确保其按设计要求正常运行；编写项目文档、质量记录及其他有关文档；维护管理或协助管理所开发的硬件。

工作的要求有：

① 熟悉电路设计、PCB布板、电路调试，能熟练使用Protel等电路设计软件。
② 熟练应用常用电子元器件，熟练检索各种元器件材料。
③ 掌握常用的硬件设计工具，调试仪器仪表的使用方法。
④ 熟悉嵌入式系统的硬件及软件开发。
⑤ 工作态度积极，责任心强，良好的沟通与团队配合。
⑥ 独立设计过完整的电子产品，能读懂英文产品规格书。

3）机器人协调员

半智能、智能，甚至人形机器人开始进入工厂或写字楼。随着机器人的应用越来越普及，机器人协调员的岗位需求也会越来越大，机器人协调员的工作职责是监督和处理车间的机器人故障。日常工作是对机器人进行常规的维护，若有紧急情况则需配合其他专家一起解决问题。

而在机器人的维修期间，协调员需要代替机器人进行工作以保持工厂的正常运营，减少生产停机时间。制造商可对现有的机器操作人员进行培训，使他们达到机器协调员的技能标准，以减少对新员工的需求。

4）IT/IoT 解决方案架构师

制造企业的 IT 系统将变得更为复杂和重要。为了管理越来越多的机器或其他的实时连接产品，需要解决方案架构师设计一个稳定可靠的整体智能系统。解决方案架构师需要参与到研发、生产、销售等整体的业务映射中去，IT/IoT 解决方案架构师将与其他架构师一起努力，集成不同的技术、平台和人，以便使整体解决方案更加完善。IT/IoT 解决方案架构师还需要负责端到端应用程序设计，比如远程操作系统、预测性维护系统、增强现实等辅助操作系统。

IT/IoT 解决方案架构师拥有广泛的技能，包括业务知识和相关经验与数据管理、应用程序和技术技能。

5）工业用户界面（UI）/用户体验设计师（UX）

随着物联网的发展，工业用户界面和用户体验设计师的工作岗位需求正在扩大。从平板电脑与手机的制造仪器板，到机器接口与机器人互动、增强现实应用程序的操作和维护、售后服务、工业产品的设计、这些众多的应用场景都会增加产业工业用户界面设计师的需求。

用户体验设计师的主要职责是确保产品生产设计的逻辑与流程畅通，更符合消费者的需求。UI 设计人员还需要负责设计人机交互界面，并确保该人机交互界面是由 UX 根据用户体验所定制出来的。这两个工作职能在工业环境中变得越来越重要。而工业软件架构设计的基本知识和最新的编程方式是任何一个工业 UI/UX 的设计师所必须掌握的技能。

6）销售工程师

销售工程师，是指能够独立管理和策划商品的区域销售，营销业务的高级销售人才。其应具有极高的市场经验和敏感的市场观察力、分析力，要求能够独立管理商品的销售业务。

一般工作内容包括：

① 根据部门整体工作任务，制订阶段目标（包括销售计划、销售进度和销售预算等），并组织实施开展，保障销售业绩达成。

② 负责市场信息收集、分析、反馈，把握市场的发展趋势，分析各区域的发展潜力，有效地开发市场及客户。

③ 负责维护和管理项目客户，推动项目的开展、商务谈判、合同签订等。

④ 协助部门业务规范及流程建立，并对制度有效执行。

⑤ 本部门的其他工作任务安排。

4.5.4　学习建议

① 注重基础，紧跟课程体系，扎实的基础是后续学习的必要条件。

② 多动手，技术类学科不能只学理论，手脑结合，才能掌握好专业技能。

③ 合理的时间安排计划，大学期间时间有限，合理的安排好时间是保证学好学科的提前。

④ 保持对科学技术的兴趣，兴趣是最好的老师，多关注科技动态，如果能自己做一些创新性应用，不仅能帮助专业的学习，也能学以致用，学有所得。

⑤ 多交流，多反思，良好的学习氛围有助于技术和学业的进步。

项目 5

大数据技术导论

项目介绍

随着互联网的发展，计算机网络用户数量呈指数增长，每天都会产生上万亿比特的数据。对于越来越多的海量数据，用以往的方法很难对这些数据进行有效处理，人们开始关注和研究海量数据的处理方法。大数据时代已经到来，这是过去几十年计算机领域没有预见的，这将给计算机信息处理技术带来新的挑战，必须利用新的思路和理念来处理与日俱增的数据。所以，掌握和使用大数据技术进行分析已经成为人们工作和生活中一门必不可少的技能。

任务安排

任务1　大数据概述
任务2　大数据的技术基础
任务3　大数据的应用场景
任务4　大数据人才培养

学习目标

◇ 了解大数据技术的发展过程
◇ 了解大数据技术的特点、应用及分类等方面的知识
◇ 了解大数据技术所应用的场景
◇ 了解和掌握大数据人才培养及专业课程体系

任务 1 大数据概述

任务描述

小李觉得对物联网技术已经有些认知了,但是不知道物联网收集回来的数据该如何处理,就找到老师问道,我们应该如何去处理收集回来的数据?老师对小李笑着说,这一项目我们就要了解大数据技术的发展过程,掌握大数据技术的特点、应用场景及人才培养的课程体系等内容。

任务分析

2010 年前后兴起的"大数据技术",是继 1980 年 PC 普及、1995 年互联网普及之后的第三次信息化浪潮,任何一名大数据初学者都需要了解大数据的定义、概念、价值等。

知识准备

5.1.1 大数据引言

2012 年淘宝双十一当天销售额高达 191 亿元,之后阿里巴巴董事局主席马云说,这是中国经济转型的一个重要标志。2013 年,淘宝双十一销售记录更是高达 350.19 亿元。自 2009 年,淘宝在 11 月 11 日当天实行"品牌高品五折优惠"以来,这一天的交易额数据由 2009 年的 1 亿元、2010 年的 9.36 亿元、2011 年的 52 亿元、2012 年的 191 亿元,一直狂飙到 2013 年的 350.19 亿元,正式超越美国的"网络星期一",成为世界上最大的狂欢购物节(见图 5.1)。这背后惊人的创举是什么?是大数据!

图 5.1 天猫 2020 年双 11 交易额

随着互联网的不断发展,计算机网络用户数量呈指数增长,对于越来越多的海量数据,用以往的方法很难对这些数据进行有效处理,人们开始关注和研究海量数据的处理方法。大数据时代已经到来,这是过去几十年来计算机领域没有预见到的,这将给计算机信息处理技术带来新的挑战,必须利用新的思路和理念来处理与日俱增的数据。

2011 年 6 月,全球知名咨询公司麦肯锡(McKinsey & Company)发布了《大数据:创新、竞争和生产力的下一个前沿领域》的报告,标志着大数据时代的到来。2012 年 1 月,在瑞士达沃斯召开的世界经济论坛,发布了《大数据:大影响》的报告,报告宣称,数据已经成为一种新的经济资产类别,就像黄金或者货币一样,会议还从金融服务、健康、教育、农业、医疗等多个领域阐述了大数据给经济社会发展带来的机遇。

2012 年 3 月,奥巴马宣布美国政府将投资 2 亿美元启动"大数据研究和发展计划",用于研究开发科学探索、环境和生物医学、教育和国家安全等重大领域与行业急需的大数据处理技术和工具。这是继 1993 年美国宣布"信息高速公路"计划后的又一次重大科技发展部署。美国政府认为，大数据是"未来的新石油"，并将对大数据的研究上升为国家意志，这必将对未来的科技与经济发展产生深远影响。在这些事件推动下，大数据逐渐成为全球关注的热门概念，人们甚至将 2012 年称为"大数据元年"。

整个世界已经迎来了大数据时代。根据最新调查结果显示，2019 年将会有超过 200 亿个设备连接到互联网上，这些设备不仅有电脑，更有汽车、工厂设备、数字标牌等之前不可想象的设备。越来越多的智能终端设备给产业发展带来了巨大的机遇。到 2020 年，全球产生的数据总量达到 40ZB，全球范围内服务器的数量增加 10 倍，由企业数据中心直接管理的数据量增加 14 倍，IT 专业人员的数量增加 1.5 倍，许多权威人士认为这一数据大爆炸堪比新型石油，甚至是一种全新的资产类别。

尽管各国政府都对大数据技术高度重视，都不遗余力地大力推动大数据的研究。但事实上，大数据技术研究和应用的主要战场，仍然在企业界，特别是在和信息产业密切相关的互联网产业界。如果对大数据的技术版图进行划分，则主要呈现以下三大板块：Google 提出并引领的大数据技术、开源的 Hadoop 技术基础和各大企业推动的大数据应用，各自有不同的特点，大数据技术框架如图 5.2 所示。

图 5.2　大数据技术框架

5.1.2　数据的定义与属性

数据是信息的表现形式和载体，可以是符号、文字、数字、图片、语音、视频等。数据和信息是不可分离的，数据是信息的表达，信息是数据的内涵。数据本身没有意义，数据只有对实体行为产生影响时才成为信息。总的来说，数据是事实或者观察的结果，是对客观事物的逻辑归纳，是用于表示客观事物的未经加工的原始素材。数据可以是连续的值，如声音、图像等称为模拟数据；也可以是离散的值，如符号、文字等称为数字数据。

在计算机系统中，各种字母、数字符号的组合、语音、图形、图像等统称为数据，数据经过加工后就成为信息。在计算机科学中，数据是指所有能输入计算机并被计算机程序处理的符号等介质的总称，是用于输入电子计算机进行处理，具有一定意义的数字、字母、符号和模拟量的统称。

5.1.3 大数据的概念与特征

互联网、移动互联网、物联网、云计算的快速兴起，以及移动智能终端的快速发展，造成当前数据增长的速度比人类社会以往任何时候都要快。数据规模变得越来越大，内容越来越复杂，更新速度越来越快，数据特征的演化和发展催生出了一个新的概念——大数据。

最早引用所谓"大数据"的概念，是在 Apache 公司的开源项目 Nutch 中。当时，把大数据描述为用来更新网络搜索索引及需要同时进行批量处理和分析的大量数据集。其实，早在 1980 年，著名的未来学家阿尔文·托夫勒便在《第三次浪潮》这本书中，极力赞扬大数据为"第三次浪潮的华彩乐章"。但是，大约从 2009 年开始，"大数据"才成为 IT 行业的流行词汇。

根据美国互联网数据中心的数据，互联网上的数据每年将呈现 50%的增长，即每两年将会翻一番。而实际上，世界上 90%的数据都是近几年才产生的，除此之外，数据又并非单纯指人们在互联网上发布的信息，全世界的工业设备、交通工具、生活电器、移动终端上有着无数的数码传感器，随时测量和传递着有关位置、运动、震动、温度、湿度乃至空气中化学物质的变化情况，这也产生了海量的数据信息。

1. 大数据概念

何谓大数据，目前业界还没有公认的说法，就其定义而言，大数据是一个抽象的概念，至今没有确切、统一的定义，比较典型的有以下几种。

研究机构 Gartner 认为：大数据是指需要借助新的处理模式才能拥有更强大的决策力、洞察发现力和流程优化能力的海量、高增长率和多样化的信息资产。

麦肯锡全球研究所给出的定义是：大数据是指一种规模大到在获取、存储、管理、分析方面大大超出了传统数据库软件工具能力范围的数据集合，具有海量的数据规模、快速的数据流转、多样的数据类型和价值密度低四大特征。麦肯锡还认为，数据已经渗透到当今每一个行业和业务职能领域，成为重要的生产因素。

维基百科的定义是：大数据指的是需要处理的资料量规模巨大，无法在合理时间内，通过当前主流的软件工具撷取、管理、处理并整理的资料，它成为帮助企业经营决策的资讯。

IDC（互联网数据中心）给出的定义为：大数据一般会涉及两种或两种以上的数据形式。它要收集的数据超过 100TB，并且是高速、实时的数据流，或者是从小数据开始，但数据量每年会增长 60%以上。

Gartner 给出的是一个较宏观的定义。首先对数据进行了描述，并在此基础上加入了处理此类型数据的一些特征，用这些特征来描述大数据；而维基百科中的定义缺乏精确性，常用软件工具的范畴难以界定；麦肯锡和 IDC 又只强调数据本身的量、种类和增长速度，属于狭义定义。

狭义的大数据，主要是指大数据的相关关键技术及其在各个领域中的应用，是指从各种各样类型的数据中，快速地获得有价值的信息的能力。一方面，狭义的大数据反映的是数据规模非常大，大到无法在一定时间内用一般性的常规软件工具对其内容进行抓取、管理和处理的数据集合；另一方面，狭义的大数据主要是指海量数据的获取、存储、管理、计算分析、挖掘与应用的全新技术体系。

广义上讲，大数据包括大数据技术、大数据工程、大数据科学和大数据应用等大数据相关的领域。即除了狭义的大数据，还包括大数据工程和大数据科学。大数据工程，是指大数据的规划建设运营管理的系统工程；大数据科学，主要关注大数据网络发展和运营过程中发现和验证大数据的规律及其与自然和社会活动之间的关系。对大数据进行广义分类是为了适应信息经济时代发展需要而产生的科学技术发展的趋势。

2. 大数据特征

IBM 公司认为大数据具有 3V 特点，即规模性（Volume）、多样性（Variety）和实时性（Velocity），但这没有体现出大数据的巨大价值。以 IDC 为代表的业界则认为大数据具备 4V 特点，即在 3V 的基础上增加价值性（Value），表示大数据虽然价值总量高但其价值密度低。目前，大家公认的是大数据有四个基本特征：数据规模大、数据种类多、处理速度快及数据价值密度低，即所谓的 4V 特性，如图 5.3 所示。

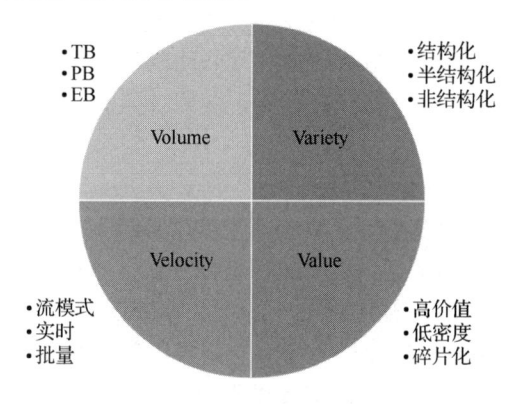

图 5.3 大数据的 4V 特征

1）数据规模大（Volume）

数据量大是大数据的基本属性，随着互联网技术的广泛应用，互联网的用户急剧增多，数据的获取、分享变得相当容易。在以前，也许只有少量的机构会付出大量的人力、财力成本，通过调查、取样的方法获取数据，而现在，普通用户也可以通过网络非常方便地获取数据。此外，用户的分享、点击、浏览都可以快速地产生大量数据，大数据已从 TB 级别跃升到 PB 级别。当然，随着技术的进步，这个数值还会不断变化。也许 5 年以后，只有 EB 级别的数据量才能够称得上是大数据了。

2）数据种类多（Variety）

除了传统的销售、库存等数据，现在企业所采集和分析的数据还包括像网站日志数据、呼叫中心通话记录、Twitter 和 Facebook 等社交媒体中的文本数据，智能手机中内置的 GPS（全球定位系统）所产生的位置信息、时刻生成的传感器数据等。数据类型不仅包括传统的关系数据类型，也包括未加工的、半结构化和非结构化的信息，例如以网页、文档、E-mail、视频、音频等形式存在的数据。

3）处理速度快（Velocity）

数据产生和更新的频率也是衡量大数据的一个重要特征。1 秒定律，这是大数据与传统数据挖掘相区别的最显著特征。例如全国用户每天产生和更新的微博、微信和股票信息等数据，随时都在传输，这就要求处理数据的速度必须要快。

4）数据价值密度低（Value）

数据量在呈现几何级数增长的同时，这些海量数据背后隐藏的有用信息却没有呈现出相应比例的增长，反而是获取有用信息的难度不断加大。例如，现在很多地方安装的监控使得相关部门可以获得连续的监控视频信息，这些视频信息产生了大量数据，但是，有用的数据可能仅有一、两秒钟。因此，大数据的4V特征不仅仅表达了数据量大，而且在对大数据的分析上也将更加复杂，更看重速度与时效。

5.1.4 大数据的产生

大数据的产生是计算机和网络通信技术被广泛运用的必然结果，特别是互联网、移动互联网、物联网、云计算、社交网络等新一代信息技术的发展，起到了促进的作用，它使数据的产生方式发生了四大变化：首先，数据的产生由企业内部向企业外部扩展；其次，数据的产生由Web 1.0向Web 2.0扩展；再次，数据的产生由互联网向移动互联网扩展；最后，数据的产生由计算机或互联网（IT）向物联网（IOT）扩展。这四方面的变化，让数据产生的源头呈几何级数地增长，数据量更是呈现大幅度的快速增加。

1. 数据的产生由企业内部向企业外部扩展

由企业内部的办公自动化（OA）、企业资源计划（ERP）、物料需求计划（MRP）等业务及管理和决策分析系统所产生的数据，主要被存储在关系型数据库中。内部数据是企业内最成熟并且被熟知的数据，这些数据已经通过多年的主数据管理（MDM）、ERP、OA、MRP、数据仓库（DW）、商业智能（BI）和其他相关应用的积累，实现了内部数据的收集、清洗、集成、结构化和标准化处理，可以为企业管理决策提供支持与帮助。对于商业企业而言，信息化的运用环境在发生着变化，其外部数据也迅速扩展。企业应用、互联网应用和移动互联网应用之间的融合越来越快，企业需要通过互联网来联系外部供应商、服务客户，联系上下游的合作伙伴，并在互联网上实现电子商务和电子采购的交易和结算。企业需要开通微博、微信、QQ、博客等社交网络来进行网络营销、品牌建设和客户关怀。把电子标签贴在企业的产品上，在制造、供应链和物流的全过程中进行及时跟踪和反馈，必将有更多来自企业外部的数据产生出来。表5.1所示为企业内外部数据产生的源头、规模及存储情况。

表5.1 企业内外部数据产生的源头、规模及存储情况

	企业内部数据	企业外部数据
企业应用	ERP、CRM、MES、SCADA、OA、专业业务系统、传感器	电子商务、电子采购、知识管理、呼叫中心、企业微博、企业微信、RFID、传感器
数据规模	TB级	PB级
数据存储	关系型数据库、数据仓库	各种格式的文档

2. 数据的产生从Web 1.0向Web 2.0扩展

随着社交网络的迅速发展，互联网进入了Web 2.0时代，个人从数据的使用者，变成了数据的制造者，数据规模不断地扩张，每时每刻都在产生着大量的新数据。例如，从全球统计数据的角度来看，全球每分钟发送290万封电子邮件，电子商务公司亚马逊每秒钟将产生72.9笔商品订单，每分钟会有20小时的视频上传到视频分享网站YouTube，谷歌每天需要处理24PB的数据，Twitter上每天发布5000万条信息，每个家庭每天消费的数据有375MB。

从中国的统计数据来看，数据规模也十分巨大。淘宝网会员超过了 5 亿，在线商品数超过了 8.8 亿，每天产生的交易有数千万笔，产生约 20TB 的数据；目前百度拥有的数据总量接近 1000PB，存储网页的数量接近 1 万亿页，每天大约要处理 60 亿次的搜索请求，产生几十 PB 的数据；新浪微博每天有数十亿外部网页和 API 接口访问需求，服务器群在晚上高峰期每秒要接受 100 万个以上的响应请求。

3. 数据的产生由互联网向移动互联网扩展

移动互联网的发展让更多的使用者成为数据的制造者。据统计，全球每个月移动互联网的使用者发送和接收的数据高达 1.3EB。在中国，仅中国联通用户上网记录条数为 83 万条/秒，即一万亿条/月，对应数据量为 300TB/月，或 3.6PB/年。

4. 数据的产生从计算机或互联网向物联网扩展

随着传感器、视频、RFID 和智能设备等技术的发展，音频、视频、视频对讲机、RFID、人机交互、物联网和传感器等数据大量产生，其数据量更是巨大。根据国际知名市场研究公司 IDC 公布的数据，在 2005 年仅机器对机器产生的数据就占全世界数据总量的 11%，到 2020 年这一数值增加到数据总量的 42%。思科（Cisco）公司预测，仅移动设备的数据总流量在 2015 年就达到每月 6.3EB 的规模。

5.1.5 大数据的单位量级

数据规模的大小是用计算机存储容量的基本单位来计算的，最基本的单位是字节（Byte）。每一级按照千分位递增，最小的基本单位是 Byte，按顺序所有单位依次为：Byte、KB、MB、GB、TB、PB、EB、ZB、YB、BB、NB、DB。它们按照进率 1024（即 2 的 10 次方）来计算。

1KB = 1024 Bytes
1MB = 1024 KB = 1048576 Bytes
1GB = 1024 MB = 1048576 KB
1TB = 1024 GB = 1048576 MB
1PB = 1024 TB = 1048576 GB
1EB = 1024 PB = 1048576 TB
1ZB = 1024 EB = 1048576 PB
1YB = 1024 ZB = 1048576 EB
1BB = 1024 YB = 1048576 ZB
1NB = 1024 BB = 1048576 YB
1DB = 1024 NB = 1048576 BB

巨著《红楼梦》含标点有 87 万字（不含标点有 853509 字），每个汉字占两个字节，则一个汉字占 16 位（一个字节为 8 位），以计算机单位进行换算，1GB 约可存放 671 部《红楼梦》，1TB 约 631903 部，1PB 约 647068911 部。

再以互联网为例，一天当中，互联网上全部内容可以刻满 1.68 亿张 DVD；发出的邮件达 2940 亿封之多；社区发出的帖子约 200 万个，相当于《时代》杂志 770 年的文字量。截至 2012 年，数据量已经从 TB（1TB = 1024GB）级别跃升到 ZB 级别。

国际著名市场研究公司 IDC 的研究结果表明：2008 年全球产生的数据量高达 1.82ZB，相当于全球每人生产 200G 以上的数据。到 2012 年为止，人类生产制造的所有印刷材料的数据量是 200PB，全球人类史上说过的所有话的数据量大约是 5EB。

5.1.6 大数据的数据类型

大数据不仅仅体现在数量巨大，而且也体现在大数据的数据类型之多。

1. 按照数据结构分类

按照数据结构分，数据可分为结构化数据与非结构化数据。非结构化数据又包含半结构化数据和无结构的数据。结构化数据通常存储在数据库中，可以用二维表结构来逻辑表达实现的数据。相对于结构化数据而言，非结构化数据是指不能用二维表结构来表现的数据，包括各种格式的办公文档、图片、图像、文本、HTML 文档、XML 文档，各类报表、音频和视频信息等。

（1）结构化数据

结构化数据的特点是任何一列数据不可再细分，并且任何一列数据都具有相同的数据类型。所有关系型数据库（如 MySQL、Oracle、SQL Server、DB2 等）中的数据全部为结构化数据。关系型数据库存储的结构化数据示例如表 5.2 所示。

表 5.2 关系型数据库存储的结构化数据示例

学　　号	学 生 姓 名	课 程 名 称	成绩/分
20180605138	张三	数据库应用技术	90
20180605139	李四	C 语言程序设计	88

（2）半结构化数据

半结构化数据是处于完全结构化数据和完全无结构的数据之间的数据，这种数据类型的格式一般较为规范，都是纯文本数据，可以通过某种特定的方式解析得到每项数据。最常见的半结构化数据是日志数据、采用 XML 与 JSON 等格式的数据，每条记录可能都会有预先定义的规范，但是每条记录包含的信息可能不尽相同；也可能会有不同的字段数，包含不同的字段名、字段类型或者包含着嵌套的格式等。这类数据一般都是以纯文本的格式输出，管理维护相对而言较为方便。但是，在需要使用这些数据（如采集、查询、分析数据）时，可能需要先对这些数据格式进行相应地转换或解码。

下面是一个半结构化数据示例，即一个 XML 文档的示例。

```
<?xml version = "2.0" >
<Book>
<title>红楼梦</title>
<price>108.88</price>
<author>曹雪芹</author>
</Book>
```

（3）无结构的非结构化数据

无结构化的数据是指那些非纯文本类型的数据，这类数据没有固定的标准格式，无法直接解析出其相应的值。常见的无结构化的数据有网页、文本文档、多媒体（声音、图像与视频等）。这类数据不容易收集与管理，甚至无法直接查询与分析，所以需要对这类数据使用一些不同的处理方式。

2. 按照生产主体方式分类

➢ 最里层，由少数企业应用而产生的数据。

主要指关系型数据库中的数据和数据仓库中的数据。

➢ 次外层，大量个人产生的数据。

如各种社交媒体（微博、QQ、微信、Facebook 等）产生的大量文字、图片、视频、音频等数据，企业应用相关的评论数据，以及电子商务在线交易和供应商交易的日志数据。

➢ 最外层，由巨量机器产生的数据。

如各种应用服务器日志（Web 站点、邮件服务器、游戏等）、传感器数据（天气、水、智能电网）、图像和视频、RFID、二维码或者条形码扫描的数据。

图 5.4 为不同类型的大数据主题示意图。

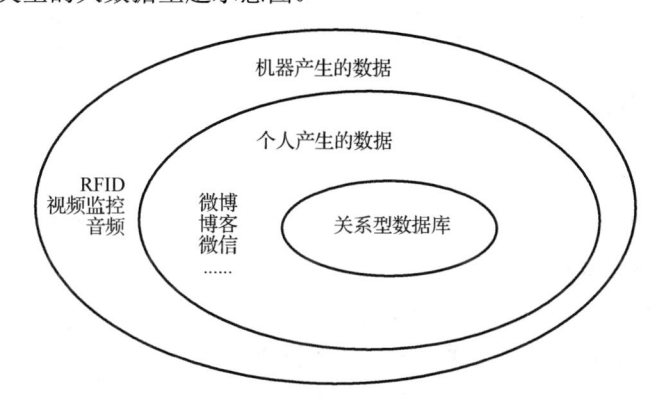

图 5.4　不同类型的大数据主题

3. 按照数据产生作用的方式分类

按照数据产生的作用方式，可分为交易数据和交互数据。

交易数据是指来自电子商务或者企业应用中的数据，包括 ERP、企业对企业（B2B）、企业对个人（B2C）、个人对个人（C2C）、线上线下（O2O）、团购等系统。这些数据存储在关系型数据库和数据仓库中，可执行联机分析处理（OLAP）和联机事物处理（OLTP），这些数据的复杂性和规模一直都在不断地增加。

交互数据是指相互作用的社交网络中的数据，包括机器交互（设备生成交互）和社交媒体交互（人为生成交互）的新型数据。

这两类数据的有效融合将是大势所趋。大数据应有效集成这两类数据，并在此基础上，实现对这些数据的分析与处理。

5.1.7　大数据的潜在价值

大数据的潜在价值可以通过数据结构的复杂性和关联性体现出来。当提到大数据时，我们最先想到的一定是其体量大，但是体量大的数据如果仅是简单的数据堆砌，或者仅是对单一类型数据的记录，那么这种重复性高、结构简单的数据还不能称之为大数据。例如，在一个商场内，商品种类有上千种，每种商品又有来自不同公司的产品，再加上购物、休闲、娱乐、餐饮等信息，则它拥有的数据就能从各个维度反映出顾客的行为特征，从而蕴含更大的数据价值。

大数据潜在价值的另一个体现是其关联性。大数据的重要来源之一是互联网行业。随着移动互联网的发展及互联网普及率的提升，网民上网行为呈现出跨网站、跨终端、跨平台等特点，用户数据不仅包括人与人交流产生的数据，还包括人机交互及机器与机器间通信产生的数据。这些数据之间如果没有较明显的逻辑关系和确定的关联关系，则数据价值的挖掘就会变得相当困难，同时数据价值也相应要低很多。所以数据之间的逻辑性和关联性也是数据潜在价值的蕴藏点。

大数据潜在价值的实现包括三个层次，社会领域、行业领域及企业发展领域。大数据最终需要解决的问题主要集中在这样三个层面上：一是宏观层面，主要是应用于社会领域，如智慧交通、智慧城市和灾难预警等；二是中观层面，主要表现在提升行业生产率水平、促进行业的融合发展及促进行业内商业模式的变革等；三是微观层面，主要表现在促进客户服务水平的提升、企业流程的创新、内部运营成本的降低及供应链的协调和改善等。

5.1.8 大数据面临的挑战

大数据在带来巨大的潜在价值的同时，在业务视角、技术架构、管理策略等方面，由于存在差异性而形成了挑战。

1. 业务视角不同带来的挑战

在大数据未出现之前，企业通过对内部 ERP、客户关系管理（CRM）、供应链管理（SCM）、商业智能（BI）等信息系统的建设，建立了高效的企业内部统计报表、仪表盘等决策分析工具，这些管理系统在企业业务敏捷决策方面发挥了很大作用。但是，这些数据分析只反映了冰山一角，因为报表和仪表盘其实是"残缺"的，是不全面的，更多潜在的有价值的信息往往被企业所忽略。在大数据时代，企业业务部门必须改变他们看数据的视角，要更加重视和利用以往被忽视的数据，如交易日志、客户反馈与社交网络等。这种转变需要一个接受的过程，但已经实现这种转变的企业则从中收获颇丰。据有关统计数据，电子商务企业亚马逊三分之一的收入来源于基于大数据相似度分析的推荐系统的贡献；花旗银行新产品的创意很大程度上来自于从各个渠道收集到的客户反馈数据。因此，在大数据时代，业务部门需要以更新的视角来面对大数据，接受和利用好大数据，以创造出更大的业务价值。

2. 技术架构不同带来的挑战

传统的结构化查询语言（SQL）和关系型数据库（RDBMS）在面对大数据时，已经显得力不从心，刺激性价比更高的数据计算、存储技术和工具不断地涌现。对于已经熟练掌握和使用传统技术的企业信息技术人员来说，接受、学习和掌握这些新的技术与工具需要一个过程，内心认为现在的技术和工具已足够好，对新技术会产生一种排斥心理，怀疑它只是一个新的噱头，同时新技术本身的不成熟性、复杂性和用户不友好性也会加深这种印象。应该看到的是大数据时代的技术变革已经不可逆转，企业必须积极迎接这种挑战，以包容的方式迎接新技术，以集成的方式实现新老系统的整合。

3. 管理策略不同带来的挑战

大容量和多种类的大数据处理将带来企业信息基础设施的重大变革，也在企业信息技术管理、服务、投资和信息安全治理等方面带来了新的挑战。像如何利用私有云、公有云等服务来实现企业内、外部数据的处理和分析，对大数据架构应该采取什么样的管理和投资模式，对大数据可能涉及的数据隐私应当如何保护，这些都是企业应用大数据需要面对的挑战。

任务 2 大数据的技术基础

任务描述

经过一次课的学习,小李对大数据的概念有了初步的认识,也产生了浓厚的兴趣。这一次,老师要求同学们了解大数据技术体系,以及大数据的采集、存储、计算、挖掘、可视化技术。

任务分析

为了掌握大数据基础技术的相关知识,同学们需要了解大数据技术体系;了解大数据的存储、采集、并行计算、分析与挖掘、可视化等技术。

知识准备

5.2.1 大数据技术体系

大数据技术指的是从各种类型的数据中快速获得有价值信息的技术,它对传统的数据处理技术体系提出了挑战。大数据领域已经涌现出了大量新的技术,它们成为大数据采集、存储、处理和呈现的有力武器。从数据在信息处理系统中的生命周期来看,大数据从数据源经过分析挖掘到最终获得有用的价值,一般需要经过五个主要环节:数据采集、数据预处理、数据存储、数据分析和结果展现,每个环节面临不同程度的技术挑战,如图5.5所示为大数据处理的基本流程。

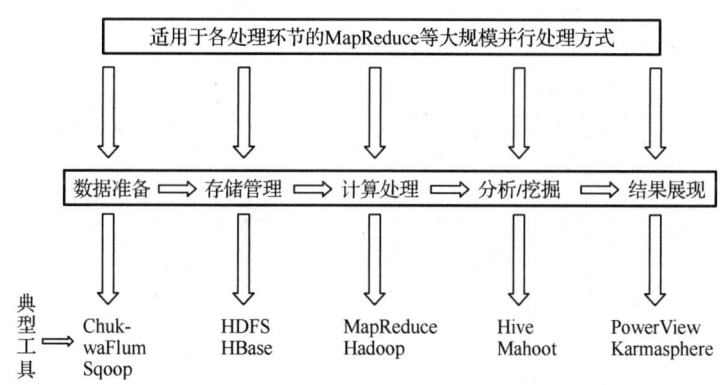

图 5.5 大数据处理基本过程

1. 数据准备环节

与传统数据处理技术思路一样,在进行数据存储与管理之前,需要对数据进行预处理,如采集、清洗、整理,传统技术称为 ETL(Extracting Transforming and Loading 提取、转换和加载)。大数据来源大量且多样化,包含企业内部数据库、互联网数据、物联网数据等,不仅数量巨大,而且格式不一,质量也参差不齐。这就要求在数据准备这一环节上,一方面要规范数据格式,便于后续的存储与管理;另一方面要尽可能地在保留原有语义的情况下,去粗取精,消除冗余和噪声。

2. 数据存储与管理环节

目前全球数据增长惊人，正以每年超过 50%的速度增长，存储技术的成本和性能面临着非常大的挑战。大数据存储系统不仅需要以极低的成本存储海量数据，还要适应多样化的非结构化的数据管理需求，且在数据格式上具备可扩展性。

3. 计算处理环节

根据需要处理的数据类型与分析目标，采用适当的算法模型，快速地进行数据处理。海量数据处理需要消耗大量的计算资源，传统的单机或者并行计算，无论在速度、可扩展性上，还是在成本上都难以满足大数据计算分析的新需求。分而治之的分布式计算成为大数据的主流计算框架，但在一些特定场景下，还需要大幅度提高计算的实时性。

4. 数据分析/挖掘环节

要从大量繁杂的数据中提取有用信息或者新的知识，就需要对数据进行分析，这就是大数据价值挖掘的关键。传统数据挖掘的数据对象其特点是结构化、单一、小数据集，挖掘侧重于根据先验知识建立人工干预模型，然后根据既定模型进行分析。然而，对于非结构化、多源异构的大数据集的分析，往往缺乏先验知识，建立显式的数据模型比较困难，这就需要发展更加智能化的数据挖掘技术。

5. 结果展现环节

在多数大数据服务于决策支撑的场景中，以直观的方式将分析结果展现给用户，是大数据分析的重要环节。如何让纷繁复杂的分析结果以清晰易于理解的方式展现给用户，是大数据技术面临的主要挑战。在嵌入多业务中的闭环大数据应用中，一般是由机器根据算法直接分析结果而无须人工干预，在这种场景下，结果展现环节是必不可少的。

基于以上五个环节的大数据技术体系如图 5.6 所示。

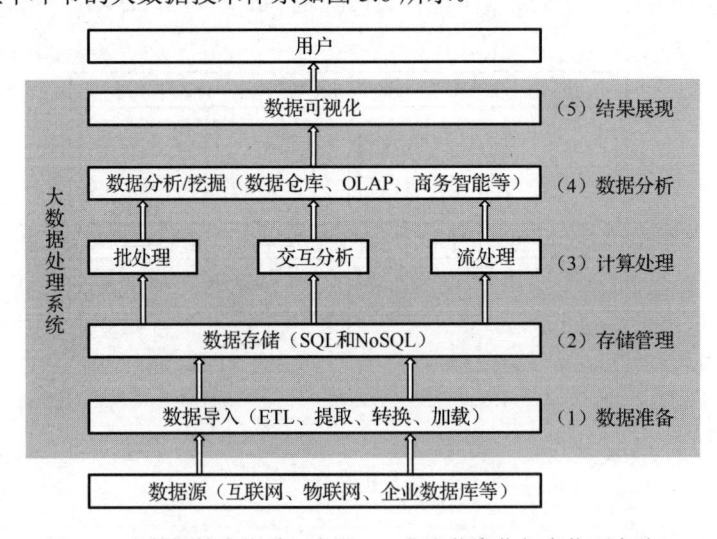

图 5.6 大数据技术体系（来源：工业和信息化部电信研究院）

总的来说，大数据对数据准备阶段和结果展现阶段来说只是量的变化，并不需要根本性变革。但大数据对数据分析、计算和存储三个环节影响较大，需要对技术架构和算法进行重构，是当前和未来一段时间内大数据技术创新的焦点。根据大数据技术框架，可将大数据关键技术分为：大数据采集与存储技术、大数据并行计算技术、大数据分析与挖掘技术、大数据可视化技术。

5.2.2 大数据采集与存储技术

1. 数据采集

传统采集数据采用 RFID 射频、传感器等关键技术进行采集,而大数据技术引入新的数据采集方法:系统日志采集、网络数据采集及其他数据采集。

系统日志用于记录系统中硬件、软件和系统的信息,除此之外,还可监控系统中发生的事情。用户可以通过系统日志来检查错误发生的原因、寻找攻击者在攻击时留下的痕迹。在大数据时代,系统日志产生速度非常快,许多海量数据采集工具应运而生,如 Hadoop 的 Chukwa、Cloudera 的 Flume、Facebook 的 Scribe 等,这些工具采用分布式架构,能满足每秒数百兆字节的日志数据采集和传输需求。

网络数据采集是指通过网络爬虫或者网站 API 等方式从网站上获取数据信息,该方法可以将非结构化数据从网页中抽取出来,将其存储为统一的本地数据文件,并以结构化方式存储,支持图片、音频、视频等文件或附件的采集,附件可与正文自动关联。另外,除了网络中包含的内容,对于网络流量的采集还可采用 DPI 或者 DFI 等宽带管理技术进行处理。

对于企业、政府或者研究院等对数据保密性要求较高的机构,可以通过与企业或者研究机构合作,使用特定系统接口等方式进行数据采集。

2. 数据存储

数据的有效存储是大数据技术基础,数据存储技术的发展主要经历了关系型数据库、数据仓库及非关系型数据库和分布式文件系统。

传统的数据处理技术以关系型数据库作为基本的存储方式。在关系型数据库中,通常要把待分析的数据处理成表的形式,表的每行称为一个实例、对象或样本;表的每列称为属性、特征或变量。关系型数据库强调的是密集的数据更新处理性能和系统的可靠性,而不同系统产生的业务数据存放于分散、异构的环境中,不易统一查询访问,因而在针对支持决策而进行的数据分析处理上难以满足多样化的需求。

为了将大量的业务数据用于分析和统计,人们提出了数据仓库的概念。一个完整的数据仓库主要由四部分构成:数据源、数据仓库和数据集市、OLAP 服务器,以及前台分析工具。数据仓库中的数据源包括联机事务处理系统、外部数据源、业务数据集等,前台分析工具主要包括各种报表工具、查询工具、数据分析工具、数据挖掘工具,以及各种基于数据仓库和数据集市的应用开发工具等。

在 Web 2.0 时代,互联网更加注重用户交互,网站信息的提供者由传统网站管理员变成了普通用户。用户提供的信息是海量的,从航班预定、股票交易到通信、购物、娱乐、社交,数据量从 TB 级升至 PB 级,并仍在持续爆炸性地增长。为了应对大数据时代海量互联网数据的存储和管理,非关系型数据库和分布式文件系统应运而生,非关系型数据库和分布式文件系统使得数据的存储可以扩展到数以千计的节点上,具有更高的可用性和可扩展性。

海量的数据和快速增长的特征使大数据对存储技术提出了更高的要求。首先,底层硬件架构和文件系统在性价比上要远远高于传统技术,并且能够弹性扩展存储容量。但以往网络附着存储系统(NAS)和存储区域网络(SAN)等体系,是存储与计算的物理设备分离,二者之间要通过网络接口连接,这就导致在进行数据密集型计算(Data Intensive Computing)时,I/O 容易成为瓶颈。与此同时,传统的单机文件系统(如 NTFS)和网络文件系统(NFS)要求一个文件系统的数据必须存储在一台物理机器上，且不提供数据冗余性、可扩展性、容错能力和并发读写能力，难以满足大数据需求。

谷歌文件系统（GFS）和 Hadoop 的分布式文件系统 HDFS（Hadoop Distributed File System）奠定了大数据存储技术的基础。与传统系统相比，GFS/HDFS 将计算和存储节点在物理上结合在一起，从而避免在数据密集计算中易形成的 I/O 吞吐量的制约，同时这类分布式存储系统的文件系统也采用了分布式架构，能达到较高的并发访问能力。大数据存储架构的变化如图 5.7 所示。

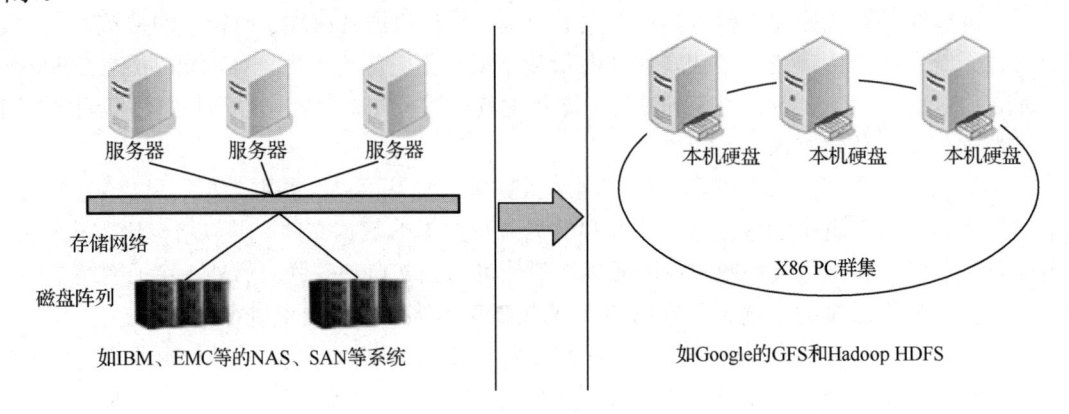

图 5.7　大数据存储架构的变化（来源：工业和信息化部电信研究院）

随着当前应用范围的不断扩展，GFS 和 HDFS 目前面临瓶颈。虽然 GFS 和 HDFS 在大文件的追加（Append）写入和读取时，具有很高的性能，但是随机访问（random access）、海量小文件的高频率写入的性能较低，因此适用范围受限。目前业界主要将研究重点放在硬件上基于 SSD 等新型存储介质的存储体系架构，同时对现有分布式存储的文件系统进行改进，以提高随机访问、海量小文件存取等性能。

另外，大数据对存储提出的另一个要求就是多种数据格式的适应能力。格式多样化是大数据主要特征之一，这就要求大数据存储管理系统能够对各种非结构化数据进行高效管理。数据库的一致性、可用性及分区容错能力不可能都达到最佳。在设计存储系统时，需要在这三者之间做出权衡。传统关系型数据库管理系统，主要支持事物处理能力，数据存储采用结构化数据表的管理方式，为满足一致性而牺牲了可用性。

为大数据设计新型的数据库管理技术，如谷歌 BigTable 和 Hadoop HBase 等非关系型数据库（NoSQL，Not only SQL），通过使用键值对（Key-value）、文件等非二维表结构，具有很好的包容性，适应了非结构化数据多样化的特点。这类数据库主要面向分析型业务，一致性要求可降低，只需要保证最终一致性即可，给并发性能的提供让出了空间。谷歌公司在 2012 年披露的 Spanner 数据库，通过原子钟实现全局精确时钟同步，可在全球任意位置布置，系统规模可达 100 万到 1000 万台机器。Spanner 还可提供较强的数据一致性，支持 SQL 接口，代表了数据库管理技术发展的新方向。整体来看，未来大数据的存储管理技术将会把关系型数据库的操作便捷性特点与非关系型数据库灵活性特点结合起来，研发新的融合型存储管理技术。

5.2.3　大数据并行计算技术

大数据的分析挖掘是数据密集型计算，需要巨大的计算能力。与传统"数据简单、算法复杂"的高性能计算不同，大数据的计算是数据密集型计算，对计算单元和存储单元间的数据吞吐率要求极高，对性价比和扩展性的要求也非常高。传统依赖大型机和小型机的并行计算系统不仅成本高，数据吞吐量也难以满足大数据要求，同时靠提升单机 CPU 性能、增加内存、扩展磁盘等实现性能提升的纵向扩展（Scale Up）的方式也难以支撑平滑扩容（见图 5.8）。

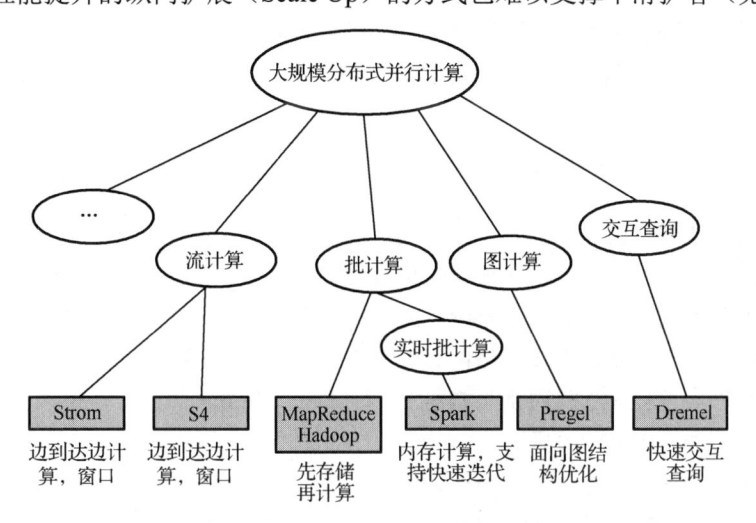

图 5.8 针对不同计算场景发展出特定分布式计算框架

谷歌在 2004 年公开的 MapReduce 分布式并行计算技术，是新型分布式计算技术的代表。一个 MapReduce 系统由廉价的通用服务器构成，通过添加服务器节点可线性扩展系统的总处理能力（Scale Out），在成本和可扩展性上都有巨大的优势。MapReduce 源于谷歌的一篇论文，它借鉴了分而治之的思想，将断处理过程拆分为 Map（映射）和 Reduce（简化）两步，这样即使用户不懂分布式计算框架的内部运行机制，只要能用 Map 和 Reduce 描述清楚要处理的问题，就能轻松地在 Hadoop 上实现。MapReduce 操作数据的最小单位是一个键值对，用户使用 MapReduce 编程模型时，需要将数据抽象为键值对形式，map 函数以键值对作为输入进行处理，产生新的键值对，并作为中间结果输出到本地。MapReduce 计算框架会自动对这些中间结果进行聚合，并将键值相同的数据按用户设定的规则分发给 Reduce 函数处理，经过 Reduce 函数处理后，产生了另外一系列键值对作为输出。谷歌的 MapReduce 是其内部网页索引、广告等核心系统的基础。之后出现的开源实现 Apache Hadoop MapReduce 是谷歌 MapReduce 的开源实现，已经成为目前应用最广泛的大数据计算软件平台。

MapReduce 架构能够满足"先存储后处理"的离线批量计算（batch：processing）需求，但也存在局限性，最大的问题是时延大，难以适用于机器学习迭代、流处理等实时计算任务，也不适合针对大规模图数据等特定数据结构的快速运算。

为此，业界在 MapReduce 基础上，提出了多种不同的并行计算技术路线，如 Yahoo! 提出的 S4 系统、Twitter 的 Storm 系统是针对"边到达边计算"的实时流计算（Real time streaming process）框架，可在一个时间窗口上对数据流进行在线实时分析，已经在实时广告、微博等系统中得到应用。谷歌 2010 年公布的 Dremel 系统，是一种交互分析（Interactive Analysis）引擎，几秒钟就可完成 PB（1PB=1015B）级数据查询操作。此外，还出现了将 MapReduce 内存化以提高实时性的 Spark 框架、针对大规模图数据进行了优化的 Pregel 系统等。

针对不同计算场景建立和维护不同计算平台的做法，硬件资源难以复用，管理运维也很不方便，研发适合多种计算模型的通用架构成为业界的普遍诉求。为此，Apache Hadoop 社区在 2013 年 10 月发布的 Hadoop 2.0 中推出了新一代的 MapReduce 架构。新架构的主要变化是将旧版本 MapReduce 中的任务调度和资源管理功能分离，形成一层与任务无关的资源管理层（YARN）。YARN 对下负责物理资源的统一管理，对上可支持批处理、流处理、图计算等不同模型，为统一大数据平台的建立提供了新平台。基于新的统一资源管理层开发适应特定应用的计算模型，仍将是未来大数据计算技术发展的重点。

5.2.4 大数据分析与挖掘技术

1. 信息挖掘与数据挖掘

从商业角度来看，信息挖掘是一种新型商业处理技术，即按照企业既定业务目标，对数据进行微观、中观甚至是宏观的统计、分析、综合和推理，以此来发现数据间的关联性、未来趋势、一般性概括知识等，用这些知识性的信息来指导高级商务活动。

从技术角度来看，信息挖掘通常与数据挖掘（Data Mining，DM）、知识发现（Knowledge Discovery in DataBase，KDD）关联在一起。关于二者关系，因人而异。有权威人士认为 KDD 是数据挖掘的一个特例，因为早期观点认为，数据挖掘就是从数据库、数据仓库及其他数据存储方式中挖掘有用知识的过程，强调数据挖掘在源数据形式上的多样性；也有专家认为，数据挖掘是 KDD 过程的一个步骤。

1996 年出版的权威论文集《知识发现与数据进展》中，给出了 KDD 和数据挖掘的最新定义，且这种定义得到大多数学者认同：KDD 是从数据中辨别有效的、新颖的、潜在有用的、最终可理解的模式过程；数据挖掘是 KDD 中通过特定算法在可接受的计算效率限制内生成特定模式的一个步骤。此外还有人认为，KDD 与数据挖掘含义相同，事实上在现今许多文献中，如各种技术综述中，仍然将这两个定义等同，不加区分地使用着。

总之，数据挖掘是从大量的、不完全的、有噪声的、模糊的、随机的数据中提取隐含在其中的、人们事先不知道的、但又是潜在有用的信息和知识的过程。根据信息存储格式，用于挖掘的对象有关系数据库、面向对象数据库、数据仓库、文本数据源、多媒体数据库、空间数据库、时态数据库、异质数据库和 Internet 等；数据挖掘流程包含定义问题即清晰地定义出业务问题，确定数据挖掘的目的；数据准备即选择数据——在大型数据库和数据仓库目标中提取数据挖掘的目标数据集；数据预处理——进行数据再加工，包括检查数据的完整性及数据的一致性、去噪声，填补丢失的域，删除无效数据等；数据挖掘即根据数据功能的类型和数据的特点选择相应的算法，在净化和转换过的数据集上进行数据挖掘；结果分析即对数据挖掘的结果进行解释和评价，转换成为能够最终被用户理解的知识。数据挖掘算法主要有：神经网络方法、遗传算法、决策树法、粗集方法、覆盖正例排斥反例方法、统计分析方法、模糊集方法等。

大数据分析的理论核心就是数据挖掘算法，数据挖掘的算法多种多样，不同的算法基于不同的数据类型和格式会呈现出数据所具备的不同特点。各类统计方法都能深入数据内部，挖掘出数据的价值。为特定的分析任务选择最佳算法极具挑战性，使用不同的算法执行同样的任务，会生成不同的结果，而某些算法还会对同一个问题生成多种类型的结果。

2. 数据分析

在人类全部数字化数据中，仅有非常小的一部分（约占总数据量的 1%）数值型数据得到了深入分析和挖掘（如回归、分类、聚类），大型互联网企业对网页索引、社交数据等半结构化数据进行了浅层分析（如排序）。占总量近 60%的语音、图片、视频等非结构化数据还难以进行有效的分析。大数据分析技术的发展需要在两方面取得突破，一是对体量庞大的结构化和半结构化数据进行高效率的深度分析，挖掘隐性知识，如从自然语言构成的文本网页中理解和识别语义、情感、意图等；二是对非结构化数据进行分析，将海量复杂多源的语音、图像和视频数据转化为机器可识别的、具有明确语义的信息，进而从中提取有用的知识。

目前的大数据分析主要有两条技术路线：一是凭借先验知识人工建立数学模型来分析数据；二是通过建立人工智能系统，使用大量样本数据进行训练，让机器代替人工获得从数据中提取知识的能力。由于占大数据主要部分的非结构化数据，往往模式不明且多变，因此难以靠人工建立数学模型去挖掘深藏其中的知识。

通过人工智能和机器学习技术分析大数据，被业界认为具有很好的前景。2006 年谷歌等公司的科学家根据人脑认知过程的分层特性，提出增加人工神经网络层数和神经元节点数量，加大机器学习的规模，构建深度神经网络，可提高训练效果，并在后续试验中得到证实。这一事件引起工业界和学术界的高度关注，使得神经网络技术重新成为数据分析技术的热点。目前，基于深度神经网络的机器学习技术已经在语音识别和图像识别方面取得了很好的效果。但未来深度学习要在大数据分析上广泛应用，还有大量理论和工程问题需要解决，主要包括模型的迁移适应能力，以及超大规模神经网络的工程实现等。

5.2.5 大数据可视化技术

1. 信息可视化与数据可视化

数据可视化和信息可视化是两个相近的术语。狭义上的数据可视化指的是将数据用统计表的方式进行呈现，而信息可视化则是将非数字的信息进行图形化，前者用于传递信息，后者用于表现抽象或者复杂概念、技术和信息；而广义上的数据可视化则是数据可视化、信息可视化等多个领域的统称。

数据可视化的基础和常见应用包括：饼图、直方图、散点图、柱状图等，它们是最原始的统计图表，作为一种统计学工具，用于创建一条快速认识数据集的捷径，并成为一种令人信服的沟通手段，传达存在于数据中的基本信息。

信息可视化的主要目的是通过图形化手段进行清晰、有效的信息传递，常见的表现形式有地图、时间轴、网络图、树状图、矩阵图、热力图、标签云、散点图、气泡图、流程图、拆线图、平行坐标轴、数据表、雷达图、插画、解剖图、说明图等。数据可视化就是将数据、程序、复杂系统结构及动态行为用图形、图像、动画等直观的形式表示，其本质是从抽象数据到可视结构映射。待可视化的数据通常有以下几种类型。

1）一维数据

一维数据通常有一个维度，典型的一维数据是时序数据，它在每一个时间点有一个或者多个数据值。

2）二维数据

二维数据有两个不同的维度，一个典型的例子就是地理数据，它包含经度和纬度两个不同的维度。X-Y 坐标是显示二维数据的典型方式。

3）多维数据

许多数据集包含超过三个维度的属性，就不能简单地用一维或者二维来表示。一个典型的例子就是关系型数据库中的表,表的每一列都是一个属性。典型的对多维数据进行描述的方式有平行坐标、密集像素显示技术、散点图矩阵、星形坐标等。

4)文本与超文本

不是所有的数据都可用维度来表示,非结构化的文本与超文本就不能被轻易地描述为数字。在这种情况下,首先需要将这样的数据转换为向量描述,然后应用可视化技术。

5)其他数据类型

这些数据类型包含图形、层次数据、算法和软件等。图形可以表示一般数据之间的内部依赖关系,而大量的信息集合都有严格的层次结构,如企业的部门机构组织等。层次数据可视化的一种常见方法是将相关数据转换为一棵树。

算法和软件可视化的目的是帮助对算法和程序的理解,以此来支持软件的开发,如流程图、代码结构图等。

2. 常用的可视化技术

1)标准的 2D/3D 技术

这类技术包含 X-Y(X-Y-Z)坐标、条形图、折线图等,这也是最常用的可视化表达方式。

2)几何转化技术

主要有用矩阵方式排列的散点图矩阵、把截面和投影组合起来的解剖视图、把 n 维数据属性映射到 n 条等距离平行轴的平行坐标法、把 n 维数据属性映射到二维平面上共点射线的星形坐标法等。

3)图标显示技术

基本思想是把每个多维数据项画成一个图标,图标可以被任意定义。

4)密集像素显示技术

其基本思想是把每一维数据映射到一个彩色的像素上,并把属于每一维的像素归入邻近区域。该技术可以可视化大量数据,如果每个数据都能用一个像素表示,那么主要问题是如何在屏幕上安排这些像素。密集像素技术根据不同的目的采取不同的安排方式,显示的结果可以是局部关系、依赖性和热点提供详细的信息。著名的例子有递归模式技术(Recursive Pattern Technique)和圆周分段技术(Circle Segments Technique)。递归模式技术基于普通的递归不断地安排像素,其目标是按照一个属性以自然的顺序表示数据集,用户可以为每个递归层指定参数,以控制像素的安排,形成在语义上有意义的子结构。圆周分段技术将圆周分成若干部分,每部分对应一个属性,在每个部分中,属性值由一个颜色的像素表示。

5)层叠式显示技术

该技术以分层的方式将数据分开表示在子空间中,将 n 维属性划分成二维平面上的子区域,各子区域彼此嵌套,对这些子区域仍以层次结构的方式组织并以图形的方式显示。层叠式显示技术的基本思想是将一个坐标系嵌入另外的坐标系中,属性被划分为几个类。结果视图的有效性在很大程度上依赖于外层坐标上数据的分布,因此用来定义外层坐标系统的维数必须仔细选择。

在处理大数据可视化技术过程中,为有效地研究数据,还需要一些交互和变形技术。交互和变形技术可以使数据分析人员直接和视图交互,并且按照研究对象动态地改变视图。根据领域知识和主观判断,用户利用交互变形技术可以使视图以不同的效果呈现出来,从不同的角度对数据进行分析观察,从而达到良好的数据分析效果。不同的数据可视化方法,对应的视图交互和变形技术也有所不同,如以上介绍的各个数据可视化方法,都有各自的交互和变形技术供用户在与数据视图进行交互时使用。

5.2.6 大数据服务于信息安全

由于大数据具有数据量大、增长快速等特点，对大数据技术在存储与管理、分析与处理等方面提出重大挑战，同时也衍生了大数据服务与信息安全这一全新的技术方向，主要体现在基于大数据的威胁发现技术和基于大数据的认证技术这两方面。

1. 基于大数据的威胁发现技术

由于大数据分析技术的出现，企业可以超越以往的"保护→检测→响应→恢复"模式，更加主动地发现潜在的安全威胁。例如，IBM 推出了名为 IBM 大数据安全智能的新型安全工具，可以利用大数据来侦测来自企业内外部的安全威胁，包括扫描电子邮件和社交网络，标识出明显心存不满的员工，提醒企业注意，预防其泄露企业机密。"棱镜"计划也可以理解为应用大数据方法进行安全分析的成功案例，通过收集各个国家不同类型的数据，利用案例威胁数据和案例分析形成系统方法来发现潜在危险局势，在攻击发生之前识别威胁。

相比于传统的技术方案，基于大数据的威胁发现技术具有以下优点。

分析内容的范围更大。传统的威胁发现主要针对的内容为种类安全事件，而一个企业的信息资产则包括数据资产、软件资产、实物资产、人员资产、服务资产和其他为业务提供支持的无形资产。由于传统威胁发现技术的局限性，它并不能覆盖上述六类信息资产，因此所能发现的威胁也是有限的。而通过在威胁发现方面引入大数据分析技术，可以更全面地发现针对这些信息资产的攻击。例如，通过分析企业人员的即时通信数据、电子邮件数据等，可以及时发现人员资产是否面临其他企业"挖墙角"的攻击威胁；再如通过对企业的客户部订单数据分析，能够发现一些异常操作行为，进行判断是否危害公司利益。因此，可以看出，分析内容范围的扩大使得基于大数据的威胁发现更加全面。

分析内容的跨度更长。现有的许多威胁发现技术都是内存关联性的，也就是说实时收集数据，采用分析技术发现攻击。分析窗口通常受限于内存大小，无法应对持续性和潜伏性的攻击。而引入大数据分析技术后，威胁分析窗口可以横跨若干年的数据，因此发现威胁的能力更强。

攻击威胁的可预测性。传统的安全防护技术或者工具大多是在攻击发生后对攻击行为进行分析与归类，并做出响应。而基于大数据威胁发现，可进行超前预测，能够寻找潜在的安全威胁，对未发生的攻击行为进行预防。

对未知威胁的检测。传统的威胁发现通常是由经验丰富的专业人员根据企业需求和实际情况进行的，但这种威胁分析结果在很大程度上依赖于个人经验，同时分析所发现的威胁也是已知的。而大数据分析的特点是侧重于普通的关联分析，并不侧重于因果分析，因此通过采用恰当的分析模型，可发现未知威胁。

虽然基于大数据的威胁发现技术具有上述优点，但是该技术目前也存在一些问题和挑战，主要集中在分析结果的准确度上。一方面大数据的收集很难做到全面，而数据又是分析的基础，它的片面性往往会给分析结果带来一定的偏差。为了分析企业信息资产面临的威胁，不但要全面收集企业内部数据，还要对一些企业外的数据进行收集，这在某种程度上是一个大问题；另外一方面，大数据分析能力的不足会影响分析的准确性。例如，纽约投资银行每秒会有 5000 次网络事件，每天会从中捕获 25TB 数据，如果没有足够的分析能力，要从如此庞大的数据中准确地发现极少数预示潜在攻击的事件，进而分析威胁几乎是不可能完成的任务。

2. 基于大数据的认证技术

身份认证是信息系统或者网络中确认操作者身份的过程，传统的认证技术主要是通过用户所知的秘密（密码）或者持有的凭证（如数字证书）来鉴别用户的。这些技术面临如下两个问题：第一，攻击者总能找到方法来骗取用户所知的秘密，或者窃取用户持有的凭证，从而通过认证机制的认证，例如，攻击者利用钓鱼网站窃取用户密码，或者通过社会工程学的方式接近用户，直接骗取用户所知秘密或持有凭证；第二，传统认证技术中的认证方式越安全往往意味着用户的负担越重，例如，为了加强认证安全而采用的多因素认证，用户往往需要同时记住复杂的密码，还要随身携带硬件（USBkey），一旦忘记密码或者丢失 USBkey，就不能完成身份认证。

为了减轻用户负担，出现了一些生物认证方式，利用用户具有的生物特征，如指纹等来确认身份。然而这些认证技术要求设备必须具有生物特征识别功能，如指纹识别，因此很大程度上限制了这些认证技术的广泛应用。在认证技术中引入大数据分析则能够有效解决这两个问题。基于大数据的认证技术指的是收集用户行为和设备行为数据，并对这些数据进行分析，获取用户行为和设备行为的特征，进而通过鉴别操作者行为及其设备行为来确认身份。这与传统认证技术中利用用户所知秘密、所持有凭证或者具有的生物特征来确认其身份大有不同。具体地说，这种技术具有如下优点。

首先，攻击者很难模拟用户行为特征来通过认证，因此更加安全。利用大数据技术所能收集到的用户行为和设备行为数据是多种多样的，可以包含用户使用系统时间、经常使用的设备、设备所处物理位置、甚至是用户操作习惯数据等。通过这些数据的分析能够为用户勾画出一个行为特征轮廓，而攻击者很难在方方面面都模仿用户行为，因此与真正用户的行为特征轮廓必然存在一个较大偏差，致使认证无法通过。

其次，减小了用户负担。用户行为和设备行为的特征数据采集、存储、分析都是由认证系统完成的，相比于传统的认证技术，极大地减轻了用户负担。

最后，可以更好地支持各系统认证机制统一。基于大数据的认证技术可以让用户在整个网络空间采用相同的行为特征进行身份认证，而避免因不同系统采用不同认证方式，且用户所知秘密或者所持有凭证也各不相同而带来诸多不便。

虽然基于大数据的认证技术具有上述优点，但也存在一些问题和挑战亟待解决。

首先是初始阶段的认证问题。基于大数据的认证技术是建立在大量行为与设备行为数据分析的基础上的，而初始阶段不具备大量数据，因此在初始阶段无法分析出用户行为特征或者分析出的结果不够准确。

其次是用户隐私问题。基于大数据的认证技术为了获取用户行为习惯，必然要长期、持续地收集大量用户的数据。那么如何在收集和分析这些数据的同时，保证用户隐私也是亟待解决的问题，这也是影响这种新认证技术是否能够推广应用的主要因素。

任务3 大数据的应用场景

➔ 任务描述

老师已经给同学们讲解了大数据的技术，那这些技术能应用到哪些场景呢？老师接下来就要给同学们讲解一下大数据技术运用到的数据挖掘系统、关键词自动识别系统、教学分析系统等。

任务分析

为了掌握大数据的应用场景，本章会让同学们了解大数据如何应用到遥感大数据自动分析与数据挖掘系统、语音大数据关键词自动识别系统、MOOC 大数据教学分析系统、社交网络大数据关系推荐系统。

知识准备

5.3.1 遥感大数据自动分析与数据挖掘系统

近年来，随着信息科技和网络通信技术的高速发展及信息基础设施的完善，全球数据呈爆发式的增长，大数据应运而生。在遥感和地球观测领域，随着对观测技术的发展，人类对地球的综合观测能力达到空前的水平。不同的成像方式、波段及分辨率的数据并存，遥感数据日益多元化；遥感影像数据量显著增加，呈指数级增长；数据获取速度加快，更新周期缩短，时效性越来越强，遥感数据呈现出明显的大数据特征。

传统遥感服务模式还处在比较"原始"的阶段，对遥感数据的利用主要包含花费巨资来买不同时间分辨率和不同空间分辨率的遥感数据、购买遥感数据处理与应用软件（如 ENVI、Erades、PCI、ArcGIS 等）、将遥感软件部署到计算机系统中，同时还要使用存储系统（如磁盘阵列）进行数据存储。总而言之，传统遥感服务模式获取遥感数据获得成本高、技术处理难度大、数据应用时效差和数据质量无法保证等。为了解决传统遥感服务模式中的问题、普及遥感应用和产业协同发展，中科遥感集团与中国资源卫星应用中心等联合发布了全球遥感行业首个"一站式"遥感平台——遥感集市，如图 5.9 所示。此遥感集市结合云计算技术和遥感产业的需求特点，实现遥感数据云、遥感信息云、遥感云终端等实际应用，并在此基础上构建了遥感产业生态圈。

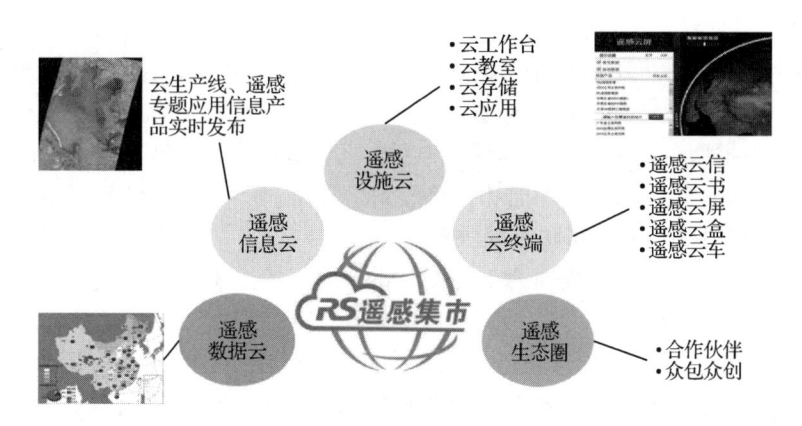

图 5.9 "一站式"遥感平台——遥感集市

遥感集市构建了"数据、软件、设施、开发一体化协同服务"遥感产业生态圈，如图 5.10 所示，并通过自营及包括中国资源卫星应用中心、中国科学院云计算中心、美国 Planet Labs

卫星公司和德国 CloudEO 公司等在内的第三方平台，搭建遥感行业的生态体系，进行大数据积累和挖掘分析，整合遥感上、中、下游全行业产业链。

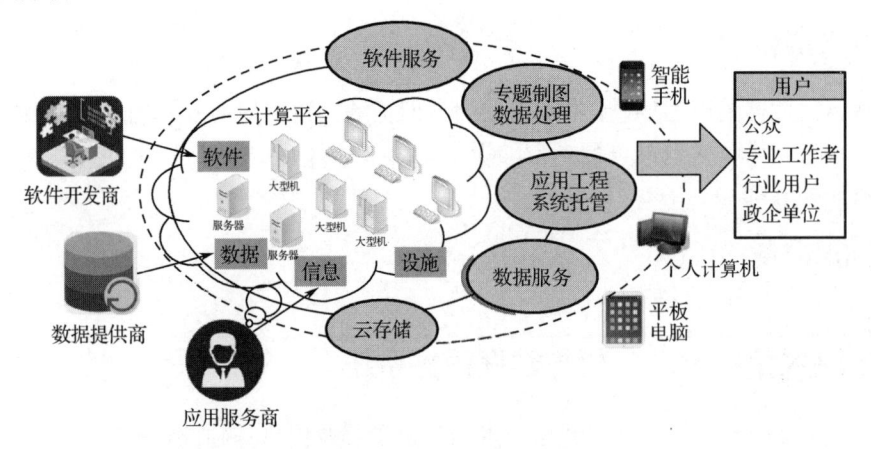

图 5.10 遥感集市的生态图

1. 遥感集市的组成

遥感集市主要由数据中心、信息产品、云工作台、应用汇集、定制服务和遥感社区这六个部分组成。

数据中心可提供海量遥感影像数据资源的在线预览、在线加工处理和下载服务。这些数据包括每日最新数据、标准数据、免费数据等，除此之外，还提供定制数据服务，这些数据提供商包括美国的 Planet Labs 公司、中国资源卫星应用中心等。

信息产品主要是基于数据中心海量遥感影像的数据资源，提供包括农业、林业、国土、水利、环境等在内的全行业专题监测，以及综合信息服务报告等标准服务产品和解决方案。

云工作台基于"虚拟机→软件→数据"的服务模式，为用户提供在线数据处理加工、存储、应用开发等服务，提供针对个人的云工作台和针对团队的云工作室，以及各种专业云工作台，如 eCognition 云工作台、PCI 云工作台和 ENVI 云工作台等。

应用汇集主要提供影像数据、API 接口、专业软件、运行搭载、快速推广、创业孵化等全方位支撑。

定制服务是遥感集市为影像数据、信息产品、API 接口提供的服务。遥感社区可定期发布最新业界资讯，提供行业技术支持，打造"遥感人"的分享交流平台和讨论平台。

遥感集市的数据服务和云工作台等基于中科院云计算中心，凭借其强大的计算、存储及网络资源，可以保障 PB 级海量数据存储和计算能力。

2. 遥感集市提供的数据分析和挖掘服务

遥感集市是集数据采集、数据处理、数据分析与数据挖掘于一体，并在此基础上进行产品生产、软件研制、应用开发、系统集成、设备制造、技术支持等在内的"集市"。

遥感集市所提供的数据分析与挖掘服务除了在云工作台提供的如 PCI Geomatica、ENVI，以及 eCognition 的遥感数据在线分析处理工具和应用，以及对全行业提出的一系列数据分析服务等，还有第三方平台提供的服务。

云工作台提供的遥感数据在线分析处理工具解决了用户在计算机上部署遥感数据处理软件所带来的大量时间消耗问题。另外，基于虚拟机的处理软件也给用户提供高性能的数据分析。例如，eCognition 是世界上第一个遥感信息分类与提取的专业软件，是智能化影像分析的地理空间信息分析平台，是首个模拟人类大脑认知原理与计算机超级处理能力有机结合的产物，在将对地观测遥感影像数据转化为空间地理信息时表现得更智能、更精确、更高效。

遥感集市提供的行业服务囊括农业、林业、国土、水利、环境等多个领域，提供的解决方案包括国土资源监测、林业遥感监测、农业遥感精细监测、三维自动建模技术、生态环境监测、水环境监测。例如，针对2013—2015年东莞市土地利用变化情况，基于东莞市2013年和2015年"高分一号"16米遥感影像数据，遥感集市以并行计算的计算机集群为硬件基础，以行业依靠的面向对象信息提取技术为基本支撑，以变化信息提取算法为核心，采用并行计算方式，使用自动化变化检测方法，快速识别不同土地利用类型的变化情况，如图5.11所示。

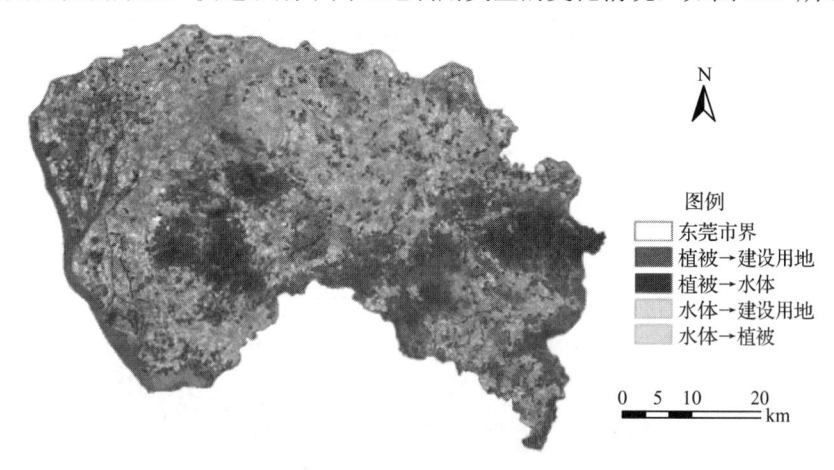

图5.11　2013—2015年东莞市土地利用变化情况

遥感集市也云集了国内外一系列先进的遥感技术研究与应用课题组及高新企业，包括中国科学院遥感与数字地球研究所的水体光学遥感课题组、德国CloudEO公司、北京析云科技有限公司和北京天目创新科技有限公司等。这些第三方机构可以为客户提供更为专业的定制服务，包括更深层次的数据分析与挖掘。比如，北京析云科技有限公司是以遥感影像增值服务为核心的高新技术企业。该公司的业务包括智能化图像信息提取服务、海量影像分析技术服务、遥感图像应用解决方案、大数据在线分析定制开发、工程化遥感影像解译与分析及大数据分析解决方案等。针对遥感大数据分析，该公司提出了Spectrum空间信息分析解决方案、大数据在线分析解决方案等。其中，大数据在线分析解决方案又包含溢油监测、土地利用方案、作物监测方案、历史变化监测、目标识别方案和损毁统计方案等。

早期遥感集市的重心在数据服务的基础建设和云平台的布局上，近来和未来会更加注重遥感大数据的挖掘与分析，把大数据预测与决策服务搬到平台服务上，洞察地表的实时变化，让企业和人们在决策前得到更加客观的变化信息。正是凭借其优质服务和强大技术支持，遥感集市被称为中国版的"Google地球"。目前，遥感集市的用户除了科研人员、3S从业者、行业用户等，还包括政府单位、普通民众。从专业到大众，再到遥感数据的采集、分析、处理，遥感集市为用户提供了全方位的服务。

5.3.2　语音大数据关键词自动识别系统

语音是人类沟通与获取信息最自然、最便捷的手段，以现代化信息技术为支撑的智能语音技术为人机交互带来根本性的改变,在诸如呼叫中心、电话营销中心这类应用中,语音数据大多是非结构化的数据。这些数据包含用户的身份信息、喜爱偏好、服务投诉、业务咨询等重要信息,是金融、保险等行业优化服务质量、提高运营效率、进行营销决策及产品服务设计的重要参考。在大数据时代,语音数据正在变为一种重要的业务资产。

目前我国呼叫中心服务仍存在很多问题,如人工质检能力有限、效率低下、成本昂贵等,无法支撑现有的服务体系,严重制约着企业发展。普强信息技术有限公司立足语音识别和语音分析技术,自主研发了"千寻"360度语音分析系统,如图5.12所示。该系统可对呼叫中心庞大的客户对话录音内容进行全面的质检和挖掘分析,感知客户的情感倾向,建立客户满意度评测模型和外呼实践知识应用管理体系。

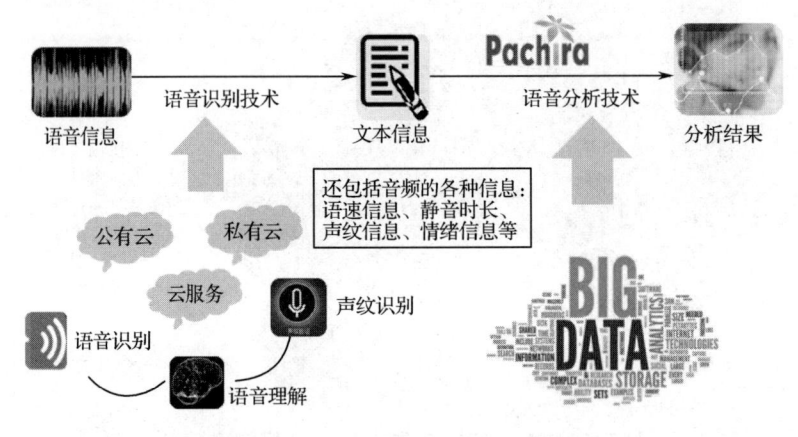

图 5.12 "千寻"360 度语音分析系统

"千寻"360 度语音分析系统支持数据挖掘,如对话信息分割、语速信息、静音时长、识别可信度、声纹信息、音素信息、时间边界、情绪分析等功能,将呼叫中心座席与客户的对话实时接入"千寻"系统的算法和模型,不仅能将不同地域口音的来电转换成方案,还能标注出关键用语。该系统全文识别率可达 75%以上,关键词识别率可达 90%以上。

1. 语音分析系统语音识别和文本挖掘技术

"千寻"360 度语音分析系统的语音识别采用主要特征提取、模型训练、解码匹配等。其中,模型训练包括声学模型和语言模型,其具体技术实现如表 5.3 所示。

表 5.3 "千寻"360 度语音分析系统语音识别技术的实现与特点

主要技术		早期技术	最新技术	技术提升点
特征提取		MFCC	Filter Banks	DNN 模型不需要特征分布独立的假设,Filter Banks 使 DNN 能够更好地捕捉语音特性
模型训练	声学模型	HMM+GMM	HMM+DNN	GMM 假设语言是短时平稳随机过程,不符合发音特征;DNN 抛弃该假设,更能体现出语音非平稳的特点,相对准确性提高 30%
	语言模型	基于语法模型	统计语言模型(NGram)	大规模的文本语料和模型更好地描述了语言上下文特征,与语言的自然映射更精准
解码匹配		基于词树的解码	维特比解码+统一解码网络	统一解码网络使得解码结构更简洁、速度更快

"千寻"360 度语音分析系统文本挖掘的实现思路和采用的关键技术如图 5.13 所示。

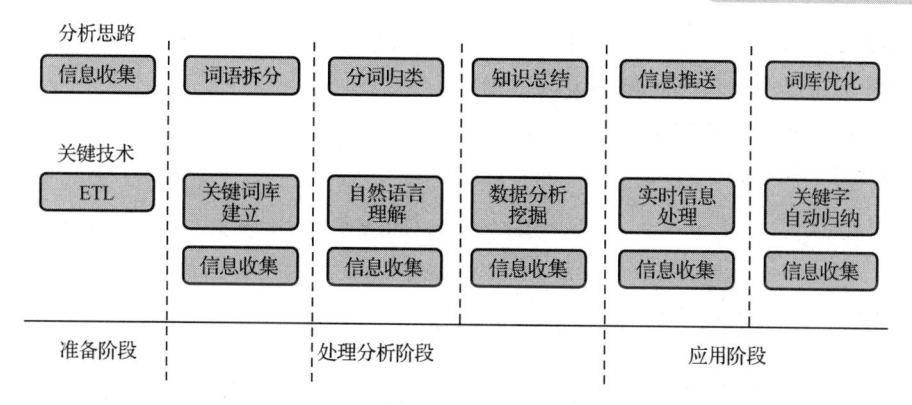

分析思路						
	信息收集	词语拆分	分词归类	知识总结	信息推送	词库优化
关键技术	ETL	关键词库建立	自然语言理解	数据分析挖掘	实时信息处理	关键字自动归纳
		信息收集	信息收集	信息收集	信息收集	信息收集
	准备阶段	处理分析阶段			应用阶段	

图 5.13 "千寻" 360 度语音分析系统文本挖掘的实现思路和采用的关键技术

2. 语音分析系统支持功能

"千寻" 360 度语音分析系统支持的功能可以分语音转写、文本挖掘和系统设置三大类别，如表 5.4 和图 5.14 所示。

表 5.4 "千寻" 360 度语音分析系统的功能

功 能 分 类	功　　能
语音转写	全文转写、话者分离、静音识别、时间边界、音素识别、情绪侦测、语速检测、声纹识别
文本挖掘	分类趋势、交叉分析、原因挖掘、领域词库、热点趋势、建模管理、专题分析、文法搜索
系统设置	API 开发、报表制定、系统设置、录音测听

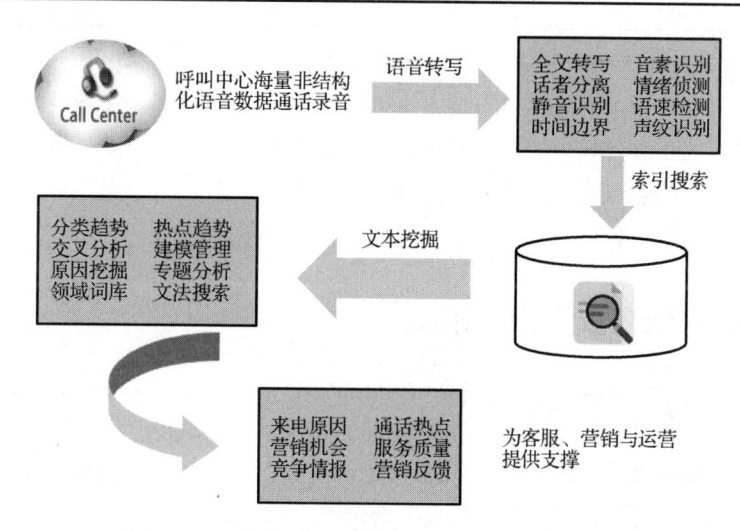

图 5.14 "千寻" 360 度语音分析系统的功能分析

基于以上功能，借助"千寻" 360 度语音分析系统对呼叫中心庞大的对话录音进行全面的质检与挖掘分析，可以实现如下功能。

质量管理：对呼叫中心进行全面检查，提高客服质量管理的效果与覆盖面。

策略支持：可以进行趋势分析、多维度交叉分析、数据对比分析、定位发生问题的原因。

风险分析：对销售失败和竞争对手的信息进行捕获，及时调整话术、流程及策略，提升营销能力。

数据全景：基于客户进行全面分析，与大数据系统结合打造呼叫中心360度全景视图。

3. 语音分析系统支持的应用场景

"千寻"360度语音分析系统可以运用在销售行为分析、服务质检分析与运营类语音分析等场景，如表5.5所示。

表5.5 "千寻"360度语音分析系统的应用场景

应用场景	具体应用	内容
销售行为分析	销售类分析项	通过分析有意购买者的录音，并结合最终的购买结果，主要关注座席，对座席的营销能力进行训导
	客户类监控项	通过关键词组合来进行匹配，主要关注客户，对客户特征、客户行为、营销阶段、产品推荐进行分析
	培训类监控项	通过对座席产能进行分析，主要关注高产座席和低产座席的区别，分析其技巧、技能、话术的不同，可以对高产销售录音进行推广
服务质检分析	服务禁忌语	通过关键词组合来进行匹配，分析这类录音，主要关注座席，对座席的服务能力进行训导
	分析制定标准话术	通过关键词组合进行匹配，分析这类的录音，主要关注座席，对座席的标准话术进行规范
运营类语音分析	原因挖掘	通过交叉分析来发现问题集，再通过原因挖掘功能和少部分录音回话来定位产生问题的根本原因
	重复来电	统计重复来电业务类下其他业务类别的排行榜
	静音时长	通过对录音的静音时长进行剖析，了解每个录音静音时长、静音占比
	通话时长	通过通话同座席工号、业务类型分别交叉分析

据悉，某一专注于中小学生个性教育、学员遍布全国的课外辅导机构，曾经电话营销效率低下，存在诸多问题，比如呼入电话为网络电话、不显示来电号码、电话营销成单率低等。该机构采用了"千寻"360度语音分析系统以后，通过关键词提取、分类分析、对比分析及情境分析等方法，针对问题得出了分析结果，再根据得出的结果设计了一套规范化的沟通方式，使得该机构的电话营销成单率在三个月内由8.2%提升到了14.1%。

5.3.3 MOOC大数据教学分析系统

自2012年以来，大规模在线开放课程（Massive Open Online Courses，MOOC）在全球迅速兴起，这无疑给传统的高等教育带来巨大震动，也引发了全球高等教育的重大变革。仅2012年，美国的顶尖大学就陆续建立了网络学习平台，提供在线课程，并形成了Coursera、Udacity、edX三大MOOC平台。此外，互联网、人工智能、多媒体信息处理、云计算等信息技术的快速发展，给在线教育的发展提供了坚实的支撑。基于社交网络的师生间、学生间的互动技术，以及基于大数据分析的学习效果测评技术的应用，特别是教育数据挖掘和学习分析技术受到教育界和学术界等领域研究者的日益关注。

清华大学于2016年5月加盟edX，6月组建团队并启动基于edX开放源代码的中文平台研发工作，在多视频源、关键词检索、可视化编辑、课程作业自动评分、用户行为分析等方面进行了改造。同年10月，学堂在线正式对外发布，同时开放了第一批的五门课程。2014年4月，教育部在清华大学设立了在线教育研究中心。学堂在线目前运行了包括清华大学、北京大学、麻省理工学院、斯坦福大学等国内外顶尖高校的 400 余门优质课程。在 2015 年发布的"全球慕课排行榜"中,学堂在线成为拥有最多精品好课的三甲平台。学堂在线与 edX、斯坦福大学、法国国家慕课平台、育网、我国台湾地区新竹"清华大学"慕课等平台互换课程,以开放的姿态,加速教育资源的全球共享,如图 5.15 所示。

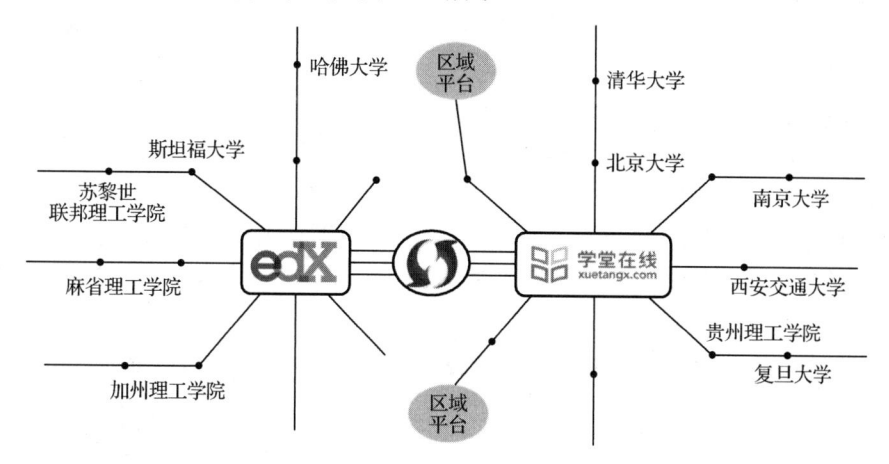

图 5.15 学堂在线的教育资源共享

1. 学堂在线的组成

（1）系列课

学堂在线是国际 MOOC 平台 edX 在我国唯一授权运营的合作伙伴,同时与国内几十所重点高校达成战略合作,目前已经形成通识课系列、创业课系列、思政课系列、计算机课系列、大学选修课系列、外语课系列、真题课系列等多个系列,涵盖了计算机、经济管理、创业、电子、工程、环境、医学、生命科学、数学、物理、化学、社科、法律、文学、历史、哲学、艺术、外语、教育等专业。

（2）学位课

2015 年春,国内首批混合式教育学位课程项目以学堂在线平台为依托正式启动。清华大学基于学堂在线平台的"数据科学与工程"专业硕士项目成为国内首个混合式教育学位项目,由清华大学五道口金融学院和复旦湖滨经济学院合办的"金融学"辅修专业依托学堂在线平台开设金融课程,互认 MOOC 学分。如今,全国工程专业学位研究生教育指导委员与学堂在线成为在线教育合作伙伴,旨在搭建"全国工程硕士专业学位研究生在线课程公共平台",课程将覆盖 40 个学科领域。

（3）学堂云平台

为促进学校及各类机构更好地开展基于 MOOC 的混合式教学实践,实现优质教学资源共享,学堂在线为学校和各类机构提供了定制的个性化专属学堂云平台。学堂云平台基于 OpenEdX 代码和云技术,为学校及各类机构提供建课、用课、管课等一站式服务。

（4）学堂在线广场

学堂在线广场是一个讨论社区,该广场为广大学习者提供了一个相互交流的平台,也是一个社交平台,可以促使学习者之间相互督促、相互鼓励。

2. 学堂在线的教学分析

数据科学的发展推动教育研究者采用大数据进行决策与预判,通过将数据在深度和广度上的不断延伸，帮助教育研究者了解、预测学习行为，掌握学习者的学习态度和现有状态，为学习者提供与之相适应的教育内容、支持服务和行为干预，提高 MOOC 教学质量。

MOOC 课程的学习者在规模上超过了很多传统的课堂形式，能产生大量有实际意义的数据，如观看视频的长度、在观看视频之后参与学习讨论和其他活动的记录、课堂考核的准确率和参与程度、哪类教学活动容易吸引学习者等。这些数据对分析什么是好的资源、怎么建设资源、资源建成之后的修改方向等具有极大意义。

早期学堂在线的工作重点在课程的提供上，后来越来越重视教育大数据的重要性。2015年，学堂在线的数据团队也为教师和学生的效率提升提供了保障，主要改进了三方面的工作，包括教学数据分析、搜索系统、推荐系统。在教学数据分析方面，学堂在线于 2015 年初自主研发了教育大数据分析平台，提供实时的教学数据分析混合云模式，教师可直观地了解课程的各项"健康指数"，摸清学生的学习行为，指导课程运营，提高教学效率，改善教学效果（见图 5.16）。

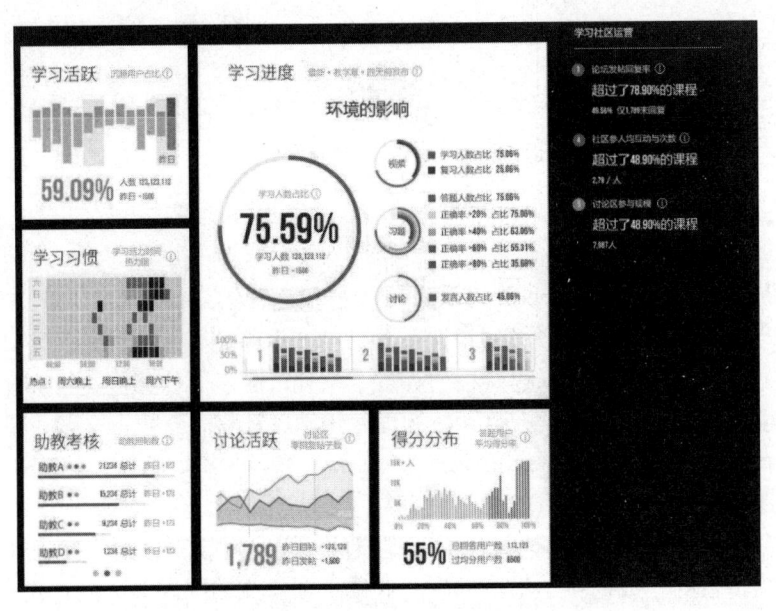

图 5.16 学堂在线数据实时分析的主要内容

自上线以来，教育大数据分析平台已经分析了上亿数据，同时还为 MOOC 教学和校内翻转课堂教学搭建了个性化的数据解读方案。该平台自动采集在教学过程中产生的数据，向授课教师提供课程学习活跃度、学习习惯、学习进度、讨论区活跃度、得分分布情况、助教考核、学习者规模、学习社会运营状况等多种维度的细粒度大数据分析，帮助教学团队与管理人员更好地进行教学决策，提高教学质量。这些大数据服务大致可分为学生发展、教师教学、教学研究和教务管理四类，如表 5.6 所示。

表 5.6 学堂在线大数据分析平台的服务分类

功能分类	主 要 内 容	举　　　例
学生发展	根据学生个人兴趣、知识水平和行为规律，推荐个性化的学习模块	针对即将在审计单位实习的计算机系学生，推荐会计和财务相关课程

续表

功能分类	主 要 内 容	举 例
教师教学	根据教学理念和教学目标；在设置教学目标和方法前，掌握学生情况；在课程运营阶段，监控教学进度；在教学评估时，分析教学难点	为教师提供在课程学习中学生遇到的主要难点
教学研究	为教学方法和激励机制的研究提供灵活的分组研究方式、丰富的数据和标准获取方式	结合调查问卷和学习行为数据，分析学习激励的因素
教务管理	单门课程或者某个专业的教学情况；针对学生的兴趣和流行趋势，规划课程和专业	根据英语专业学生的兴趣和选课及实习情况，推出跨境贸易方向英语课程

目前，学堂在线主要为教师进行数据分析，方便教师了解在课程解读过程中的模糊点及在学生学习过程中的难点。今后，学堂在线将把数据分析重点转向学生，为学生推荐合适的学习方式，进而提升学生的学习效率和学习效果。

5.3.4 社交网络大数据关系推荐系统

新浪微博是新浪网于2009年8月推出的一个基于用户关系的信息分享、传播及获取的平台。

新浪微博记录着整个中国社会，小到购买了一杯咖啡、一次购物体验，大到救援。新浪平台积累了海量数据，研究这些大数据，可以更加精准地为每个用户服务。新浪微博推荐正是其中的一个应用方向。严格地说，推荐系统其实诞生得很早，但是真正被大家所重视，是缘于Facebook为代表的社交网络的兴起和以淘宝为代表的电商的繁荣。推荐是为了解决用户与Item之间的关系，将用户感兴趣的Item推荐给用户。一个Item被推出来会经历候选、排序、策略、展示、反馈和评估，然后再改变候选，从而形成一个完整的链路，如图5.17所示。

图 5.17 推荐的链路

微博用户通过关注来订阅内容，在这种场景下，推荐系统可很好地与订阅分发体系进行融合，相互促进。微博有两个核心基础点：一是用户关系构建；二是内容传播。微博推荐可以更好地促进微博发展。

1. 新浪微博推荐架构的演进

自微博成立以来，微博推荐架构在如图5.17所示的推荐链路基础上，经历了独立式、分层式和平台式三个架构，如图5.18所示。

（1）独立式的微博推荐1.0

微博推荐1.0存在于2011年7月到2013年2月，由于当时微博推荐的团队成员缺乏推荐领域的整体性经验，以及微博发展迅速、时间紧迫等原因，导致该团队的每一个业务项目都是一套完整的架构流程，架构与架构之间相互独立。

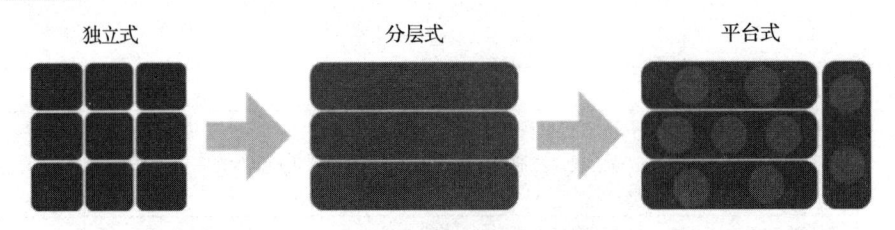

图 5.18 微博推荐演进的三个阶段

以业务实现为主要目标的微博推荐 1.0 没有建立起完整的反馈和评估体系，同时排序也被策略取代，图 5.19 为微博推荐 1.0 架构。每一个项目在使用 Apache+mod_python 作为服务架构的同时，使用 redis 作为存储选型；在一些特定的项目中，还引入了复杂运算，从而诞生了 C/C++ 的服务框架 woo；同时在对数据存储有特殊要求的项目中又研发了一系列数据库，如早期存储静态数据的 mapdb、存储 key-list 的 keylistdb 等。

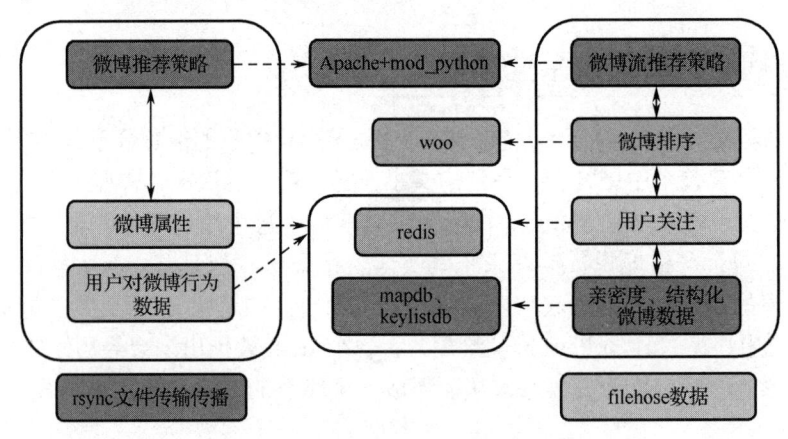

图 5.19 微博推荐 1.0 的架构简图

独立式的微博推荐 1.0 的架构简单、易于实现，有助于业务功能的快速实现和多业务并行开展。但是其推荐流程并不完整，缺乏反馈、评估等重要机制；在数据方面也缺乏统一的处理方式，没有给算法提供相关的支撑……这导致微博推荐 1.0 几乎不能进行专业运维，推荐也做得不够深入。尽管如此，其采用的 C/C++服务框架 woo 和 mapdb 静态存储都是后面微博推荐进一步发展的基础。

（2）分层式的微博推荐 2.0

微博推荐 2.0 存在的时间是 2013 年 3 月到 2014 年年底。在这个时间段内，微博对提高关系促成率及内容传播效率有了新的要求，而微博推荐 2.0 实现了整个完整的推荐流程，并提炼出数据架构，实现了数据对比与数据通道，为算法提供了介入方式。微博推荐 2.0 的架构包括应用层、计算层、数据层和基础服务模块，如图 5.20 所示。

应用层主要承担推荐策略及展现方面的工作，并充分发挥了脚本语言的特点以响应迭代需求。计算层主要承担推荐的排序算法，并为算法提供介入方法，支持算法的模型迭代。数据层主要承担推荐的数据流和存储工作，主要解决数据的 IN、OUT、STORE 等相关问题（IN 表示数据如何进入系统；OUT 表示数据如何访问；STORE 表示数据如何存储）。基础服务模块则主要包括监控、报警和评测系统。

微博推荐 2.0 对微博推荐 1.0 做出了很大改进，推荐效果得以不断提升，但是它与推荐核心仍有一定距离，也未涉及算法的训练，还不足以构成完整的推荐体系。

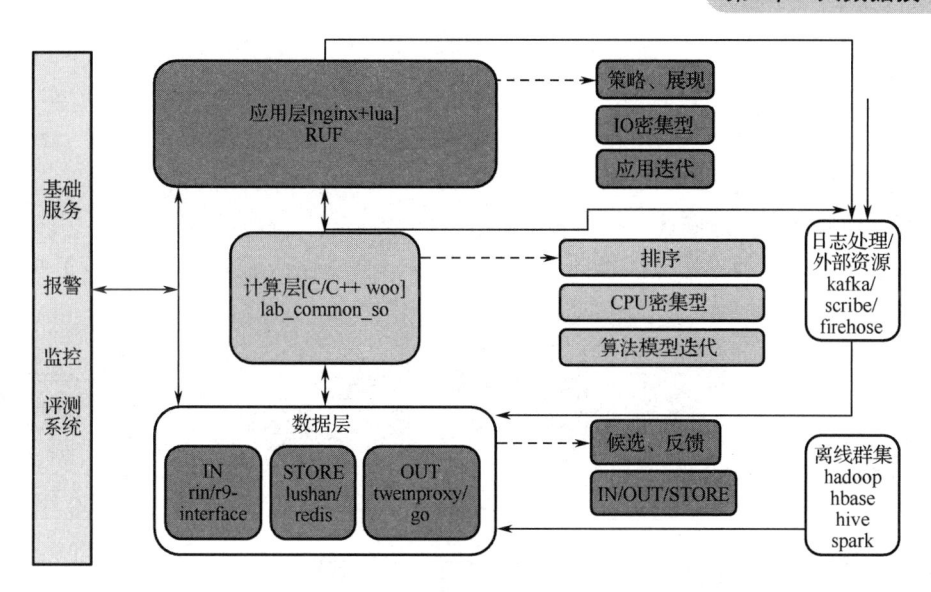

图 5.20 微博推荐 2.0 的架构

(3) 平台式微博推荐 3.0

自 2014 年年底以来，微博从业务扩展转变为效率为先，致力于提升用户体验和内容质量，微博推荐 3.0 应运而生。微博推荐 3.0 致力于推荐流程，从推荐流程中抽象出候选、排序、训练、反馈的通用方法，并以算法角度来构建推荐系统。微博推荐 3.0 的架构如图 5.21 所示。

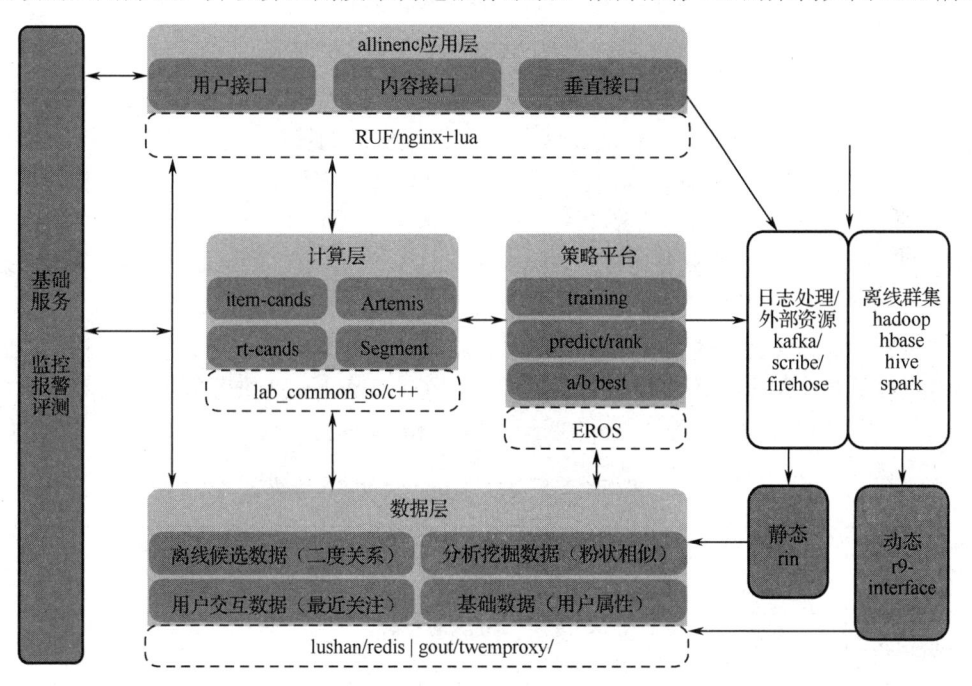

图 5.21 微博推荐 3.0 的架构

该架构保留了微博推荐 2.0 中使用的分层体系与工具框架，但仍有所改动，在计算层增加了候选的标准生成方法，如 Artemis 内容候选模块和 item-cands 用户候选模块；在策略平台增加了 EROS，主要用于解决算法模型问题，EROS 的主要功能是训练模型、特征选取和上线对比测试；数据层中的 rin/r9-interface 增加了对于候选的生成方法。

微博推荐 3.0 对推荐的理解更为深入，结构更为紧密，解决了推荐候选、排序与训练的算法中最为重要的问题。目前，微博推荐的核心业务会逐步迁移到该体系下，用算法数据作为驱动来提升推荐效果。

2. 新浪微博推荐算法简述

图 5.22 所示为微博推荐算法用到的方法和技术，主要包括基础算法、推荐算法和混合技术三大部分。

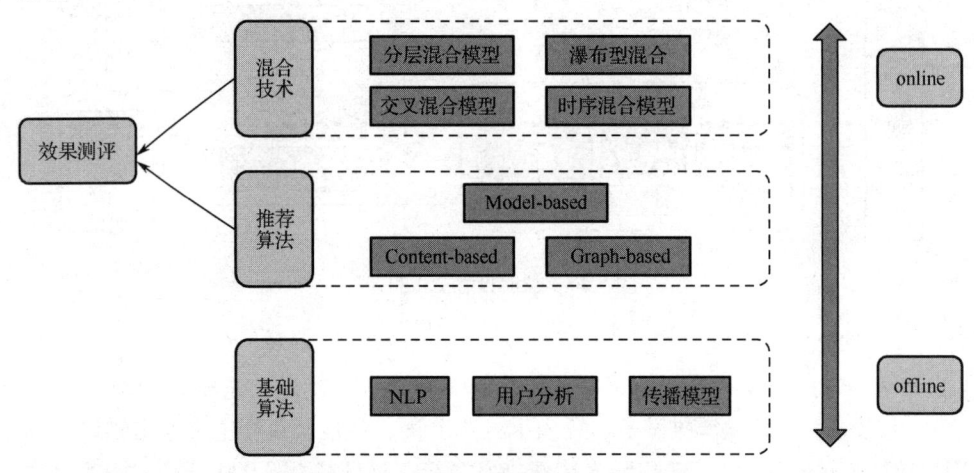

图 5.22 微博推荐算法用到的方法与技术

基础算法主要是为微博推荐挖掘必要的基础资源、解决推荐时的通用技术问题、完成必要的数据分析。离线数据挖掘虽然擅长处理大量的数据，但运算周期长、实时推荐能力差，而在线系统由于要迅速计算出推荐结果，无法承担过于消耗资源的算法，因此这就构成了一个矛盾。为解决这一矛盾，可以对不同算法取长补短，微博推荐算法中引入了混合技术思想，包括时序混合、分层混合模型、瀑布型混合及交叉混合等技术。

微博推荐采用的主要算法包括 Graph-based 推荐算法、Content-based 推荐算法和 Model-based 推荐算法。从宏观角度来讲，微博是为了建立一个具有更高价值的用户关系网络，促进优质信息的快速传播，提升反馈流质量。而微博推荐的重要工作是关键节点挖掘、面向关键节点的内容推荐、用户推荐，因此微博推荐采用了 Graph-based 推荐算法，而不是业界通用的 Memory-based 算法，其采用的 Graph-based 推荐算法如表 5.7 所示。

表 5.7 微博推荐采用的 Graph-based 推荐算法

算　　法	说　　明	应用举例
User-based CF	依据相似用户的群体喜好产生推荐结果	用户推荐、赞过的微博、正文页相关推荐
KeyUser-based CF	依据相似专家用户的协同过滤推荐，利用少数人的智慧，推荐的信任来自好友和社会认同	用户推荐（兴趣维度）、热点话题
Item-based CF	依据用户的历史 Item 消费行为推荐	实时推荐、用户推荐
Edgerank	依据群体动态行为的快速计算	智能排序、错过的微博
Min-Hash/LSH	用于海量用户关系的简化计算	用户关注相似度、粉丝相似度计算
归一化算法	Weight 归一运算、如类 IDF 计算、分布熵、量化节点与边的价值	面向关键节点的内容推荐、用户推荐

基于以上算法，产生如表 5.8 所示的数据。

表 5.8　Graph-based 推荐算法产生的数据

数　　据	说　　明
用户亲密度	衡量 User A 对其 follow user B 的喜爱程度，是单向分数，根据 A 与 B 的互动行为，以及 A 对 B 的主动行为来计算，随着时间会逐步衰减
用户影响力	用户在微博信息传播过程中的社会化影响力，可分为广度影响力、深度影响力、领域影响力
关注相似度	为用户计算与其关注口味相似的用户列表，是 User-based CF 的基础资源
粉丝相似度	为用户计算与其具有粉丝相似的用户列表，应用于用户推荐的实时反馈
关键节点	影响信息传播的关键用户，以及具有连续优质内容生产能力的用户，可通过节点信息的传播效率来计算
兴趣协同用户	采用 LDA 模型对用户关系网络进行聚类分析，挖掘得到相同兴趣能力的用户

Content-based 算法是微博推荐中最常用、最基础的推荐算法。其主要技术环节为候选集的内容结构优化分析和相关性运算，而正文页相关推荐是其应用最广的地方，该算法主要流程如图 5.23 所示。

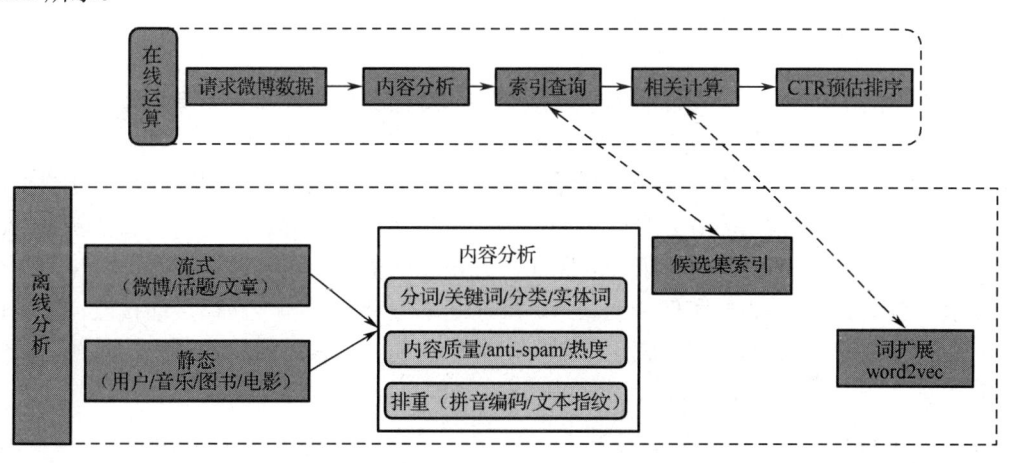

图 5.23　Content-based 算法的主要流程

Model-based 推荐算法主要是为了解决微博中来源融合与排序、内容动态分类和语义相关的问题，并引入了机器学习模型，包括 CTR/RPM（每千次推荐关系达成率）预估模型和潜在因子模型等。

新浪微博从创立之初的蹒跚学步到青春懵懂，再到如今正值壮年，这一路经历起起伏伏、披荆斩棘，最终登上微博界巅峰，服务用户数以亿计。

任务 4　大数据人才培养

➡ 任务描述

老师给同学们已经讲了很多关于大数据的知识点，那同学们怎么去学习呢？老师要求同学们按照以下专业的培养目标和课程体系来学习。

➡ 任务分析

为了找到正确的方法去学习，本任务将让同学们了解培养目标、专业课程体系、就业岗位介绍和大数据相关的学习建议。

➡ 知识准备

5.4.1 培养目标和规格

1. 培养目标

本专业培养理想信念坚定，德、智、体、美、劳全面发展，具有一定的科学文化水平，良好的人文素养、职业道德和创新意识，精益求精的工匠精神，较强的就业能力和可持续发展的能力；掌握本专业知识和技术技能，面向大数据技术应用等职业群，能够从事大数据系统的设计、应用、开发和维护等工作的高素质实用技术型专门人才。

2. 培养规格

（1）素质规格

坚定拥护中国共产党领导和我国社会主义制度，在习近平新时代中国特色社会主义思想指引下，践行社会主义核心价值观，具有深厚的爱国情感和中华民族自豪感；尊崇宪法、遵法守纪、崇德向善、诚实守信、尊重生命、热爱劳动，履行道德准则和行为规范，具有社会责任感和社会参与意识；具有质量意识、环保意识、安全意识、信息素养、工匠精神、创新思维；勇于奋斗、乐观向上，具有自我管理能力、职业生涯规划的意识，有较强的集体意识和团队合作精神；具有健康的体魄、心理和健全的人格，掌握基本运动知识和一两项运动技能，养成良好的健身与卫生习惯，良好的行为习惯；具有一定的审美和人文素养，能够形成一两项艺术特长或爱好。

（2）知识规格

掌握必备的思想政治理论、科学文化基础知识和中华优秀传统文化知识；熟悉与本专业相关的法律法规及环境保护、安全消防等相关知识；掌握大数据的基本知识、基本理论和技术发展趋势；掌握大数据平台搭建和配置工作的基本知识；掌握数据挖掘的基本方法知识；掌握数据可视化的实现方法；使用相关工具、编程语言和框架实现大数据系统设计的基本知识和技能；熟悉针对大数据产品开展市场营销的基本知识；掌握大数据软件平台常见问题的基本处理方法和应对策略。

（3）能力规格

具有探究学习、终身学习、分析和解决问题的能力；具有良好的语言、文字表达能力和沟通能力（含英语读说听写能力）；能够制订出切实可行的工作计划，提出解决实际问题的方法能力；能够以大数据开源框架为基础，具备熟练搭建大数据软件平台的能力；具备对海量数据进行可视化展现的能力；具备应用大数据软件平台，对海量数据进行汇聚与集成的能力；具备利用大数据软件平台，对常用组件进行管理与持续优化的能力；具备应用 Python 语言对海量数据进行简单分析的能力；能够进行有效的人际沟通，实施人文关怀；具备专业文档写作能力，整理工程进度能力，汇报工作能力，能够较好地与相关技术人员进行技术沟通和信息交流的能力。

5.4.2 专业课程体系

课程体系介绍如下（见图 5.24）。

① 公共基础课程：该系列课程主要对学生进行素质类及通识类知识能力进行培养。

② 专业基础课程：该系列课程是整个专业的基础课程，是专业的基石，是学习其他专业课程的基础，重要程度高。

③ 专业核心课程：课程充分体现专业特点及核心的知识技能，是在专业基础课的层面上的进一步深化。

④ 专业模块课程：是专业的方向类课程，是专业知识技能的具体应用。专业模块课程面向就业岗位的具体技能要求和真实项目，是专业知识技能的升华。

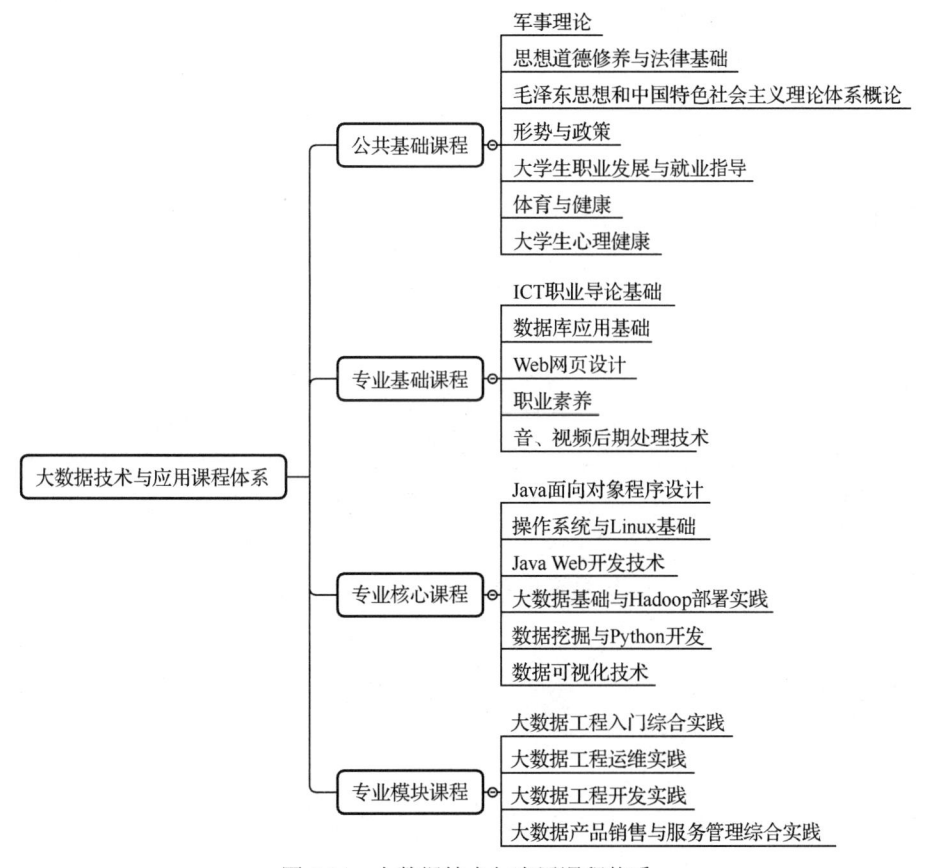

```
大数据技术与应用课程体系
├── 公共基础课程
│   ├── 军事理论
│   ├── 思想道德修养与法律基础
│   ├── 毛泽东思想和中国特色社会主义理论体系概论
│   ├── 形势与政策
│   ├── 大学生职业发展与就业指导
│   ├── 体育与健康
│   └── 大学生心理健康
├── 专业基础课程
│   ├── ICT职业导论基础
│   ├── 数据库应用基础
│   ├── Web网页设计
│   ├── 职业素养
│   └── 音、视频后期处理技术
├── 专业核心课程
│   ├── Java面向对象程序设计
│   ├── 操作系统与Linux基础
│   ├── Java Web开发技术
│   ├── 大数据基础与Hadoop部署实践
│   ├── 数据挖掘与Python开发
│   └── 数据可视化技术
└── 专业模块课程
    ├── 大数据工程入门综合实践
    ├── 大数据工程运维实践
    ├── 大数据工程开发实践
    └── 大数据产品销售与服务管理综合实践
```

图 5.24 大数据技术与应用课程体系

5.4.3 就业岗位介绍

2017 年，大数据已经从概念走向落地；2018 年，中低端 IT 工程师紧随浪潮加速向大数据转型，企业对大数据人才争夺直接进入白热化阶段。因此，对于零基础想学 IT 技术的人而言，直接选择学习大数据技术是符合潮流和就业需求的选择。当下，大数据方面的就业主要有三大方向：一是数据分析类大数据人才，二是系统研发类大数据人才，三是应用开发类大数据人才。他们的基础岗位分别是大数据分析师、大数据系统研发工程师、大数据应用开发工程师。

本专业毕业生就业岗位主要有大数据运维、大数据开发、大数据售前和大数据售后，具体如表 5.9 所示。

表 5.9 大数据技术与应用专业面向的职业岗位群及职业资格

职业领域	主要从事岗位（群） 所需技能	职业资格
运维岗位	初次就业岗：软件工程师 提升就业岗：数据仓库分析师、大数据运维工程师 拓展岗：大数据架构师、大数据观察员、自主创业	获取与行业相关的资格证书（国家高新技术考试；Hortonworks、Cloudera 等国际知名企业的大数据管理员认证等）
开发岗位	初次就业岗：软件工程师 提升就业岗：ETL 工程师、大数据开发工程师 拓展岗：大数据项目经理、自主创业	获取与行业相关的资格证书（国家高新技术考试；Hortonworks、Cloudera 等国际知名企业的大数据开发者认证等）
技术支持 售前岗位	初次就业岗：售前工程师 提升就业岗：产品经理 拓展岗：软件实施工程师、自主创业	计算机信息高新技术考试：计算机安装调试与维护；全国服务外包职业能力考试：系统运维工程师
技术支持 售后岗位	初次就业岗：售后工程师 提升就业岗：交付经理 拓展岗：技术支持经理、自主创业	

5.4.4 学习建议

① 注重基础，紧跟课程体系，扎实的基础是后续学习的必要条件。
② 多动手，技术类学科不能只学理论，手脑结合，才能掌握好专业技能。
③ 合理的时间安排计划，大学期间时间有限，合理地安排好时间是保证学好学科的前提。
④ 保持对科学技术的兴趣，兴趣是最好的老师，多关注科技动态，如果能自己做一些创新，不仅能帮助专业的学习，也能学以致用，学有所得。
⑤ 多交流，多反思，良好的学习氛围有助于技术和学业的进步。

项目考核

一、选择题

1. 下列选项中，最早提出"大数据"这一概念的是（　　）。
   A．贝恩　　　　B．麦肯锡　　　　C．吉拉德　　　　D．杰弗逊
2. 下列选项中，大数据的特征包含（　　）。
   A．Volume（大量）　　　　　　　B．Variety（多样）
   C．Velocity（高速）　　　　　　　D．Value（价值）

二、思考题

1. 简述大数据研究的意义。
2. 简述 Hadoop 的发行版本。

项目 6

电子信息工程技术导论

项目介绍

我国科学技术不断发展,信息产业也随之日益兴起。在国家的发展中,电子信息工程技术的作用将越来越重要,信息将成为经济社会中重要的竞争因素,电子信息工程技术在我国有很大的发展前景。本项目将通过对电子信息工程技术的发展及应用进行探究,从而为电子信息工程技术的全面发展提供借鉴。本项目作为后续学习电子信息工程技术的基础,需要全面地了解与掌握。

任务安排

任务 1　电子信息产业各学科之间的关系
任务 2　什么是电子信息工程技术
任务 3　了解电子信息工程技术——从手机说起
任务 4　电子信息专业体系
任务 5　怎么学它

学习目标

◇ 了解电子信息产业的相关知识
◇ 了解电子信息技术在各领域各主要学科涉及的技术与相关领域
◇ 了解专业的培养目标与主要课程
◇ 了解电子信息专业体系

任务 1　电子信息产业各学科之间的关系

➡ 任务描述

本课程是进入电子信息世界的敲门砖。学习这门课程首先需要了解其产业分类，并知晓电子信息大类中各学科与产业之间的关系。

➡ 任务分析

电子信息相关的产业已经涵盖了社会的诸多方面，任何一名初学者首先需要了解电子信息产业的分类，知道电子信息工程大类各专业与产业之间的主要关联性。

➡ 知识准备

6.1.1　产业分类

电子信息产业是信息技术产业的权威管理部门，电子信息产业具体细分为投资类产品、消费类产品和元器件产品三大类。出于部门隶属渊源的原因，电子信息产业有时也用电子工业一词代替。早在 2009 年，电子信息产业就已经成为中国国民经济最重要的支柱产业。

依据《电子信息产业行业分类注释（2005—2006）》，电子信息产业包括雷达工业行业、通信设备工业行业、互联网产品行业、光电子产业、电子计算机硬件工业行业、软件产业、数码家电设备工业行业、微电子工业行业、电子工业专用设备工业行业、电子元器件工业行业、电子信息机电产品工业行业、电子信息产品专用材料工业行业等 12 个行业、产业，共 46 个门类，如图 6.1 所示。

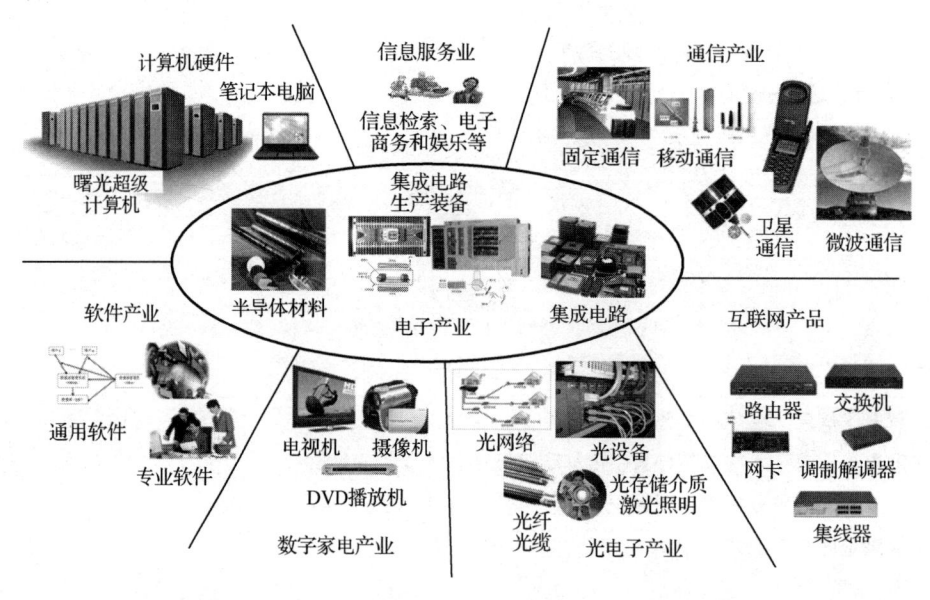

图 6.1　产业分类图

中国电子信息行业联合会在工业和信息化部的指导下，根据 2018 年电子信息产业统计年报数据，通过主营业务收入、市场占有率、研发创新能力、品牌影响力、企业社会责任等综合指标评选中国电子信息百强企业，在 2019 年发布的电子信息百强企业名单中，华为、小米、京东方、比亚迪、联想、海尔等知名企业入围。截至 2018 年年底，中国电子信息百强企业主营业务收入合计 4.3 万亿元，比上届增长 22.9%；总资产合计 5.5 万亿元，比上届增长 25%。新一届百强中前三名企业主营业务收入均超过 2500 亿元；百强企业中主营收入超过 1000 亿元的有 12 家，比上届增加 2 家；超过 100 亿元的有 74 家，比上届增加 8 家；入围企业最低主营业务收入接近 70 亿元，比上届提高近 17 亿元；实现利润总额 2236 亿元，平均利润率为 5.2%，超过行业平均水平 0.7 个百分点；研发投入合计 2552 亿元，比上届增长 16.3%，平均研发投入强度达到 6.0%。

6.1.2 产业与各学科之间的关系

当前，电子信息产业可以细分很多领域。在本书中，依据工信部的划分，划分为以下产业，如图 6.2 所示。根据产业的人才需求很多高校都开设了相关专业，在图中可以看到部分专业与产业的主要关联性。

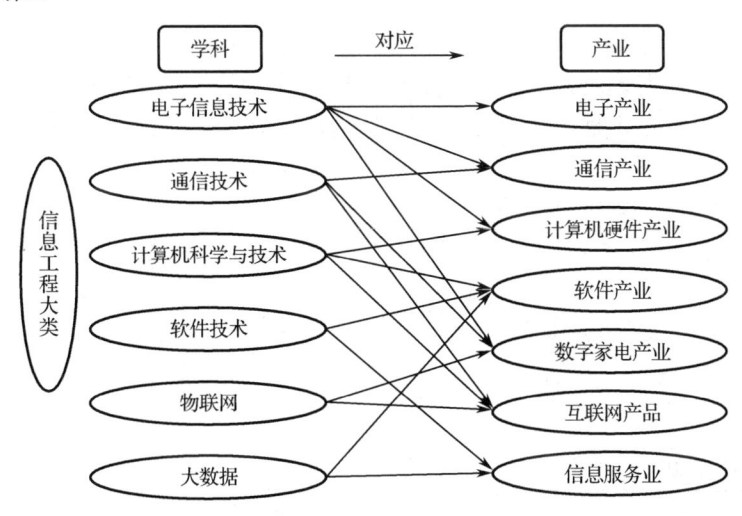

图 6.2 电子信息产业与各学科之间的对应关系

任务 2　什么是电子信息工程技术

▶ 任务描述

经过任务 1 的学习，相信你对电子信息工程技术有了初步的认识，也产生了浓厚的兴趣。接下来我们需要了解什么是电子信息工程技术。

▶ 任务分析

为了搞清楚什么是电子信息工程技术，同学们需要了解信息科学与电子信息；学会从技术角度划分信息科学,了解电子信息工程技术的定位。

> 知识准备

6.2.1 信息科学与电子信息

从古至今,人类为了传递信息想尽了各种办法,有烽火、旗语、飞鸽传书等,如图 6.3 所示。

图6.3 人类传递信息的一些方法

可以这么说,沟通信息、交换情报的社会需求,是人类信息技术进步的原动力!

总的来说,信息科学是人类了解自然、感知自然、了解社会、沟通情报的一门综合性科学;信息科学由信息论、通信工程、控制论、计算机科学、仿生学、系统工程与人工智能等学科互相渗透、相互结合而形成。

如果从技术角度看,则可以认为:信息科学是系统研究信息获取、传输、处理、显示、存储、检索与应用的科学,它涉及语言、文字、数据(包含物理参数)、生物信息、图像等信息形式。

电子信息工程技术是借助电子科学技术手段,实现信息科学技术目标的理论、技术和方法,是信息科学技术中应用最广、影响最深的一个领域。

6.2.2 信息科学研究领域

从技术来说,信息科学可以分为信息获取、信息传输、信息处理、信息存储、信息利用等部分,如图 6.4 所示。

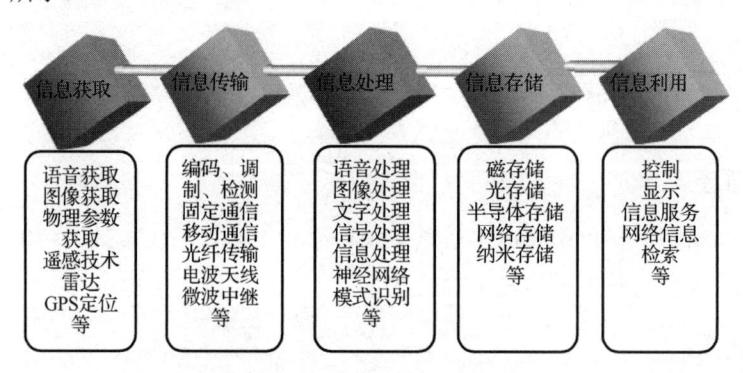

信息获取	信息传输	信息处理	信息存储	信息利用
语音获取 图像获取 物理参数获取 遥感技术 雷达 GPS定位 等	编码、调制、检测 固定通信 移动通信 光纤传输 电波天线 微波中继 等	语音处理 图像处理 文字处理 信号处理 信息处理 神经网络 模式识别 等	磁存储 光存储 半导体存储 网络存储 纳米存储 等	控制 显示 信息服务 网络信息 检索 等

图6.4 从技术角度划分信息科学

在信息科学领域的这几个部分中,电子信息技术在每个部分都起着无可替代的作用,我们将在任务 3 中以智能手机为例帮助大家了解电子信息工程技术。

6.2.3 电子信息工程技术定位

电子信息工程技术是一门应用计算机等现代化技术进行电子信息控制和信息处理的学科,主要研究信息的获取与处理,电子设备与信息系统的设计、开发、应用和集成。它涵盖了社会的诸多方面(信息交换、处理、网络),甚至信息化时代军队的信息传递中如何保密等都要涉及电子信息工程的应用技术。电子信息工程技术专业是集现代电子技术、信息技术、通信技术于一体的专业。

电子信息技术属于"技术科学"和"应用科学"范畴,它是"工学"大类各学科中涵盖面最广、渗透力最强的学科。它和强电结合,产生了"电力电子",它同机械结合,产生了"机械电子"。

任务 3 了解电子信息工程技术——从手机说起

● 任务描述

上一个任务我们了解了电子信息工程技术的概念,接下来使用手机的实例深入剖析电子信息工程技术。

● 任务分析

电子信息工程技术是一个庞大的学科系统,要全部理清所有内容是相当困难的。接下来我们以生活中常用的手机为例,去深度剖析电子信息工程技术,实现以点破面的效果。

● 知识准备

6.3.1 引子——智能手机改变生活

当今社会,智能手机已经成为人们生活中的重要组成部分,任何时候、任何地方与任何人的通信,随时随地打开手机拍照、录音与录像,捕获精彩的瞬间,通过社交软件及时与朋友分享,随时通过网络进行娱乐并获取信息等。了解电子信息工程技术,就从大家最熟悉的智能手机入手,我们将打开智能手机的外壳,揭开智能手机背后的故事和其内部强大的电子信息技术。

iPhone 是美国苹果公司推出的手机产品,也是电子信息技术的综合实力体现。其在操作系统、拍照、苹果产品契合度方面都有优越的表现。2007 年苹果公司推出的第一款 iPhone 手机是真正意义上的第一款智能手机。它的出现,带动了智能手机的迅猛发展,也造就了苹果公司的辉煌。智能手机掀起的巨大浪潮,也对整个电子信息产业带来了改变。

图 6.5 是苹果公司出产的某款 iPhone 手机的拆机图。通过图片,可以看到,智能手机内部包含有处理器、基带芯片、射频芯片、存储器、显示屏、摄像头、电池等在内的各种各样的电子元器件,它们让小小的智能手机拥有了丰富多样的功能。因此我们将从电子信息发展概述、

核心——计算机体系、支撑——外围模块、手机制造四方面认识智能手机,从而了解电子信息工程技术。

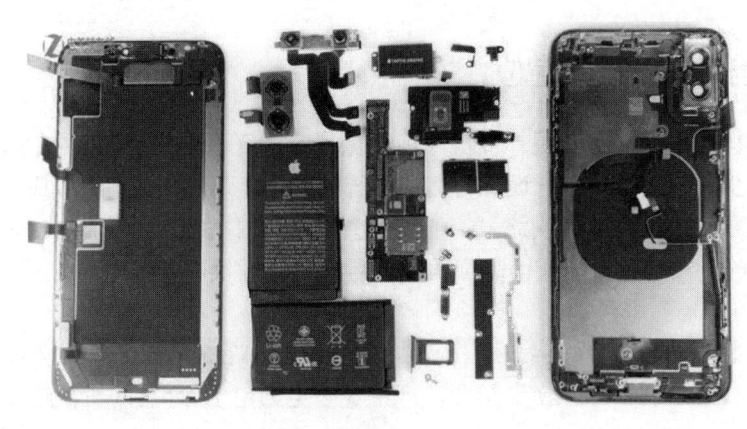

图 6.5　iPhone X 手机拆机图

> **扩展阅读**
>
> 　　史蒂芬·乔布斯(1955—2011):苹果公司联合创始人、董事长、苹果教父。
> 　　乔布斯 1955 年生于美国旧金山。命运弄人,刚出生就被遗弃,可幸的是被保罗·乔布斯一家收养。自小聪明顽皮、肆无忌惮,常做些别出心裁的事情。
> 　　从小在硅谷附近长大,让他有更多的机会接触电子信息和更多在这方面深造的机会。1976 年创立苹果电脑公司。推出了 Apple II,这是一种可以摆放在桌面上的电脑。之后乔布斯由于自身的棱角被董事会剥夺了权杖,赶出了苹果。1986 年他成立了 Pixar(皮克斯)动画工作室,推出了《玩具总动员》,颠覆了动漫产业。正值苹果江河日下,乔布斯不忍自己一手创办的公司萎靡,1997 年重返苹果。2001 年,推出了 iPod,让音乐重新流行起来;2007 年"重新"发明了手机 iPhone;2010 年,推出了 iPad,改变了数字出版与阅读方式。2010 年苹果市值全球第一,乔布斯也被《财富》评为十年来全球最佳 CE。
> 　　年轻的乔布斯在大学里就很喜欢读《禅者的初心》,推崇"空杯心态",不被过去的失败和成就所牵制,引领 IT 产业的新发展。他始终关注人性的需求,追求简约,将科技与艺术融为一体,设计的产品往往简洁、实用、富含艺术美感。

6.3.2　发展概述

1. 电子器件首秀

　　1888 年,赫兹实验证实了电磁波的存在,科学界立刻轰动起来,麦克斯韦的电磁场理论终于获得承认,场的概念获得了确认,同时也为无线通信带来了希望。1894 年,年仅 20 岁的意大利青年马可尼受到赫兹实验的启发,开始研究无线电通信。
　　马可尼的短距无线电通信实验取得了成功,但为了解决信号接收灵敏度的问题,必须对接收机的信号检测设备进行改进,马可尼采用的是金属屑检波器(一种在装有细铁屑的玻璃管两头都接上导线和电池的设备)。这种信号接收装置提高了检测电磁波的灵敏度,也是用这种装置,马可尼进行了第一次横跨大西洋的无线电报通信。

虽然金属屑检波器已经可以胜任越洋通信,但是使用这种检波装置的无线电报接收机的可靠性依然不高,对微弱信号的检测能力依然不尽人意。这时,德国物理学家布劳恩(K.F.Braun)利用其早在1874年就发现的金属——半导体点接触式整流性质,研制了晶体检波器,很快这种灵敏可靠的晶体检波器就取代了金属屑检波器,成为接收机的主流检波装置。这是世界上第一个半导体的电子器件,毋庸置疑具有划时代的意义,不过半导体器件的流行却是在电子管器件之后。

2. 电子管——开启电子时代

1883年爱迪生在实验电灯灯丝的材料时,他无意中发现了这样一个现象:在碳丝灯泡内装入一块电极板并给电极加上正电压,灯丝与电极之间有电流流过;若给电极加上负电压,则没有电流。爱迪生那时正潜心研究电灯泡灯丝的材料,并没有重视这个现象,不过他还是为这个发现申请了专利,并将其命名为"爱迪生效应"。

爱迪生效应真正显示出价值是在20多年以后。1904年,爱迪生曾经的助手——英国物理学家约翰·阿布罗斯·弗莱明(John Ambrose Fleming,1849—1945年),在研究无线电接收机时,发明了真空二极管。1906年,美国发明家李·德·福雷斯特(Lee De Forest,1873—1961年)通过在二极管的灯丝和板极之间巧妙地添加一个栅板,发明了真空三极管(简称三极管)。虽然都被称作电子管,但与二极管相比较,三极管的性能发生了质的飞跃。三极管可以工作在高频段上,这意味着它变得更灵敏;三极管集检波、信号放大、振荡三种功能于一身,为无线电发射机、接收机的设计奠定了坚实的基础,是第一个大规模应用的电子元器件。在此后的几十年中,各种各样的电子设备中都能找到电子管的身影,因此也有人把电子管的发明看作是电子工业的起点。

三极管可以对输入电压进行功率放大,可以实现用小电压控制大电压,把小信号放大为大信号。很快,根据三极管的特性制造的放大器开始应用于工程实践,人们第一次感受到,电路和电子管的结合就像一个神奇的魔法,将要完全改变电子世界的面貌,明确地预示着一个新时代的来临。此后,电子管器件成为电子工业的核心,电子工业与电子器件也成为通信、广播、雷达、电视、控制系统和电子信息系统的核心。

世界上第一台计算机ENIAC(见图6.6)就是由电子管组成的。

图6.6 ENIAC电子计算机

第二次世界大战中，敌对双方绞尽脑汁地想要提高炮弹打击的精确度，从而更有效地对敌对军事目标进行打击。要想预知炮弹的落点，必须经过精密的计算并绘制出"射击图表"。由于制约因素多，制约因素间相关性强，制表的计算量非常之大，表中一个数据往往要经过数千次四则运算才能被计算得出，十几个人用手摇式机械计算机要算上好几个月，才能得到一张"图表"。针对这种情况，人们开始研究终于制成了世界上第一台电子计算机，起名为"ENIAC"（埃尼阿克）。

这台叫作"埃尼阿克"的计算机占地面积 170 平方米，总质量 30 吨，使用了 18800 只电子管、6000 个开关、7000 只电阻、10000 只电容、50 万条连线，耗电量 150 千瓦，可进行每秒 5000 次加法运算，这比当时最快的继电器计算机的运算速度要快 1000 多倍。这个庞然大物于 1946 年 2 月 15 日在美国举行了揭幕典礼，用于计算炮弹的弹道轨迹。以我们今天的计算能力来看，这是微不足道的，但这在当时可是很了不起的成就！原来需要 20 多分钟时间才能计算出来的一条弹道，现在只要短短的 30 秒！这一下大大缓解了当时极为严重的计算速度落后于实际需求的问题。这台计算机的问世，标志着计算机时代的来临，具有划时代的意义。

ENIAC 是电子管在电子时代最后一次辉煌的亮相，由于电子管体积大、能耗高、寿命短、噪声大、制造工艺复杂、工作前还需要预热，ENIAC 使用起来相当复杂。ENIAC 的出现使得发明新的电子器件更加迫切。

其实，在第二次世界大战时，电子管的缺点已经暴露无遗。威廉·肖克利（William Shockley）在太平洋战争爆发后，与贝尔实验室的许多专家一样被征去当兵。作为雷达军官，他整天与大而笨拙的真空电子管雷达设备打交道，从此更加坚定了研发半导体器件的决心。

3. 晶体管发明的故事

20 世纪 30 年代，一类新的物质——半导体进入了科学家的视野。这些材料不像绝大多数金属那样是导电体，也不像诸如玻璃、橡胶之类的绝缘体。半导体介于导体和绝缘体之间，拥有非常特殊的性质。比如在某些特定点上，温度升高，其电阻下降，这与金属的电阻随温度的升高而升高是截然不同的。

这里要指出的是，常见的半导体电子器件基本上都是以掺杂的半导体作为材料，上面所描述的特性是本征半导体（不含杂质的半导体）的特征。掺杂的半导体材料是在本征半导体中掺入杂质原子，比如掺入+5、+3 价的元素。这些外来原子可以提供额外的电子和空穴（电子脱离共价键后留下的空位，被看作携带正电荷的载流子），使得掺杂后的半导体拥有更好的导电性能。晶体管的三位发明者：肖克利、布拉顿和巴丁都是固体物理科学家。布拉顿，实验物理学家，心灵手巧，1929 年以来一直在贝尔实验室工作。巴丁则是位年轻的理论物理学家，历史上只有他两次获得诺贝尔物理学奖，此时还是个 30 岁出头的青年学者。而肖克利则是 1936 年从 MIT 来到贝尔实验室，以其非凡眼光和远见卓识，认识到半导体材料的光辉未来。早在 1939 年，他就提出"利用半导体而不用真空管的放大器在原则上是可行的"，并积极筹备这方面的研究，如图 6.7 所示。

从 1945 年开始，在肖克利的领导下，研发一种新的固体器件。认识到在半导体内移动的既有电子又有空穴后，肖克利在脑海中产生一个类似"场效应"的想法：与真空三极管那样，如果也能在半导体内插入两个电极板的话，就有可能通过控制这两个电极板的电压，来影响半导体内电子与空穴的分布，从而改变电流，达到放大的目的。靠着布拉顿一双灵巧的手，确实将两片平行的金属插进了半导体内，但却非常令人失望，他们没有观察到任何电流被放大的现象。

图 6.7　从左到右，巴丁、肖克利和布拉顿

1945 年 10 月，巴丁加入肖克利小组。巴丁潜心研究了这个问题，并且发现，电场无法穿越半导体，可能是由于受到金属片屏蔽之故。他进而与布拉顿一起朝这个方向去研究。巴丁和布拉顿真可谓珠联璧合，一个是理论天才，一个是实验高手。根据巴丁的理论，不需要像肖克利计划的那样将刀片插进半导体中，而是只需要在晶体的表面下功夫，形成两个位置精确的触点。

1947 年 12 月 16 日，巴丁在他的实验日记上，记下了这个特殊的日子。

根据理论的计算，并结合他们多次试验的体会，锗半导体上两根金属丝的接触点靠得越近，就越有可能引起电流的放大。如何才能在晶体表面安置两个大约相距只有 $5×10^{-3}$cm 的触点呢？他找来一块三角形的厚塑料板，从尖尖的顶角朝三角形的两边贴上了一片金箔，又小心仔细地用锋利的刀片在顶角的金箔上划了一道细痕，然后，将三角塑料板用弹簧压紧在掺杂后的半导体锗的表面上。最后，再将一分为二的金箔两边分别接上导线，作为发射极和集电极，再加上金属基底引出的基极，总共三条线，将它们分别接到了适当的电源和线路上，如图 6.8 所示。

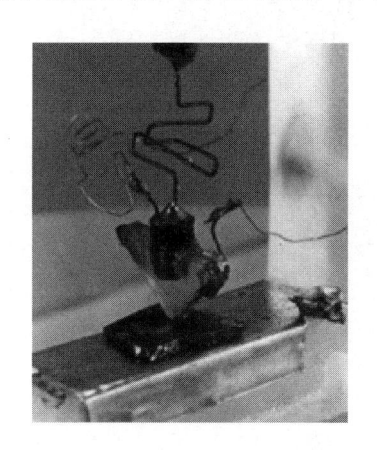

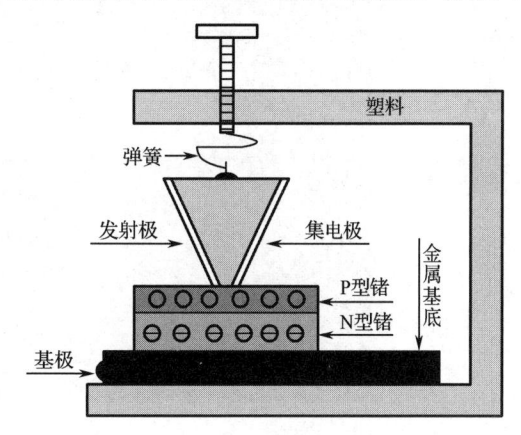

图 6.8　点接触式三极管实物机器模型

终于，经过不懈的努力，布拉顿和巴丁制造出世界上第一根晶体管，在首次试验时，它能把音频信号放大 100 倍。从图中看到，第一个点接触晶体管并不是那么漂亮，甚至显得有些笨拙，但是它标志着电子技术从电子管时代进入晶体管时代迈开了第一步。

1956 年，巴丁、布拉顿和肖克利因为晶体管的发明而获得了诺贝尔物理学奖。

肖克利也是最先认识到晶体管的巨大潜力，称其为信息时代的"神经细胞"。1955年，他回到了家乡圣克拉谷地（就是今天的硅谷），创办了肖克利实验室股份有限公司，这是一家以研发和生产晶体管为主营业务的企业，他希望能推动晶体管的商业化，让晶体管充分发挥其潜能，从而改变整个电子工业的面貌。肖克利在网罗人才上下了不少功夫，选取了8位优秀人才来一起打天下，这8人都是30岁以下的年轻人，充满了激情与干劲，潜力非凡，这其中就包括后来英特尔的创始人——诺伊斯和摩尔。

晶体管可以说是20世纪最重要的发明，到今天已经整整74年了。

4. 从晶体管到集成电路

晶体管的发明让那个时代的工程师和科学家们倍受鼓舞，电子设备的体积可以大大缩小，可靠性也将进一步提升。1954年第一台晶体管线路的计算机TRADIC在贝尔实验室研制成功，取代了电子管计算机。

20世纪50年代以来，航天工业计算机和通信产业的迅速发展，迫切需要各种性能稳定、能实现更加复杂功能的半导体器件，而且还希望这种器件越小巧越好。1957年，苏联第一颗人造地球卫星的发射，促使美国军方加快了实现电子器件微型化的步伐，

电路集成化的最初设想是在晶体管兴起后不久的1952年，由英国科学家达默提出的。他设想，按照电子线路的要求，将一个线路所包含的电阻、电容、晶体管和其他必要的元件统统集合在一块半导体晶片上，从而构成一块具有预定功能的电路。

1958年基尔比来到得克萨斯仪器公司（TexasInstruments，TI）工作，按照国防部的要求，从事电子设备微型化的研究。当时的TI公司有个传统，炎热的夏季员工可以享受2周长假，但是，初来乍到的基尔比无缘长假，只能待在冷清的车间里独自研究。在这期间，他渐渐形成一个天才的想法：电阻器和电容器（无源元件）可以用于晶体管（有源器件）相同的材料制造；另外，既然所有元器件都可以用同一块材料制造，那么这些部件可以先在同一块材料上就地制造，再相互连接，最终形成完整的电路，如图6.9所示。

图6.9 基尔比发明的集成电路

经过近2个月的努力，1958年9月，集成在一块半英寸长、一把折叠刀那么宽的锗晶片上的相移振荡器终于完成。这个振荡器所包含的4个元器件已不需要用金属导线相连。TI公司的首脑们都聚集到实验室来，当基尔比接通电源，紧张地旋动同步调节旋钮，在示波器上终于出现了漂亮的正弦波形的时候，TI公司的经理们意识到这位上岗不到半年的年轻人为公司创造出了一个划时代的产品，集成电路诞生了。

第6章 电子信息工程技术导论

> **扩展阅读**
>
> **集成电路之父：基尔比**
>
> 杰克·基尔比（Jack Kilby）：集成电路之父，诺贝尔物理学奖获得者。
>
> 基尔比，1923年出生于美国密苏里州。受父亲的影响，他从小就对各种电器感兴趣。中学时，组装过收音机，拥有业余无线电报务员执照。第二次世界大战中，担任陆军通信兵，负责无线电收发报工作。
>
> 1945年战争结束后，基尔比重返伊利诺伊大学完成电气工程学士学位。后来在globe-union公司工作，工作期间朦胧地意识到将各种元器件集成在一起使之微型化的价值。工作之余，他在大学旁听了有关晶体管的所有课程，也听过巴丁的报告，阅读了能找到的一切有关晶体管的资料。1952年，基尔比在贝尔实验室参加了一个培训班后，意识到了晶体管的局限性：太多的元件与复杂的连线，将影响它的应用价值。为此，1958年春天，基尔比决定前往TI公司工作。
>
> 正如TI董事会主席汤姆·恩吉布斯所说："我认为，有几个人的工作改变了整个世界，以及我们的生活方式——亨利·福特、托马斯·爱迪生、莱特兄弟，还有杰克·基尔比。如果说有一项发明不仅革新了我们的工业，并且改变了我们生活的世界，那就是基尔比发明的集成电路。"
>
> 2000年，77岁的基尔比终于获得了科学界的最高荣誉：诺贝尔物理学奖。

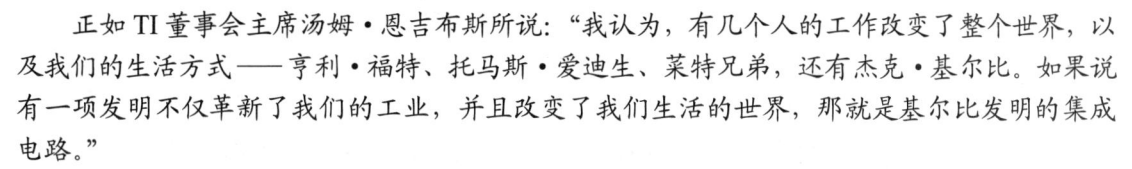

与分立元器件电路相比，集成电路具有突出的优点：首先集成电路体积小、重量轻，是电路小型化的必经之路，在一块半导体上就能集成一个功能相对完整的电子系统。如果不是集成电路的出现，今天的计算机、手机、照相机等电子设备都将只存在于梦想之中。其次，由于可以大量集成元器件，尤其是通过平面工艺，批量生产，电子元器件的成本得以大大降低。不仅如此，因为元器件都集成在一块芯片上，焊接点大大减少，电路可靠性也大大提高。

5. 集成电路快速发展

（1）摩尔定律

作为英特尔的三个创始人之一，戈登·摩尔一直以来被看作是英特尔的"心脏"。摩尔是解决技术问题的天才，在集成电路的扩散工艺改进中做出了重要贡献，然而大家最熟悉的则是摩尔定律。

1965年，摩尔在工作之余一个无意的瞬间发现：集成电路芯片集成度和时间的关系曲线呈现出很有规律的几何级增长。于是时任仙童半导体公司研究开发实验室主任的他应邀为《电子学》杂志35周年专刊写了一篇他一生中最为重要的文章——《让集成电路填满更多元件》。在文中，基于对4个数据点的趋势分析，他指出：集成电路上能被集成的晶体管的数目将以每18个月翻一番的速度稳定增长，并将在数十年内保持这个趋势。

集成电路的发展证实了摩尔的天才预测，被人们称为"摩尔定律"。半个世纪以来，新兴的电子计算机产业把它奉为"第一定律"，企业的发展、规划和战略制定都要遵循它。在摩尔定律的指导下，英特尔不断地克服技术难关，进行技术创新来提高集成电路的集成度和性能，英特尔拖着硅谷一路狂奔，为整个产业带来了繁荣。

摩尔定律描述的速度有多快？18个月翻番，15年就是翻十番，也即1000倍；30年就是100万倍。再来看看计算机的发展速度，1945年，第一台电子计算机ENIAC每秒可以进行5000

次加减运算,而今天 Intel 酷睿系列处理器的速度是每秒 500 亿次浮点运算,是 ENIAC 的 1000 万倍以上,体积和耗电量却不及 ENIAC 万分之一。

摩尔定律主导着电子信息产业的发展,身处其中的科技公司必须全力以赴地投入研发中追赶行业发展的速度。

(2)半导体产业的商业模式

集成器件制造商模式(Integrated Device Manufacturing,IDM)是指集成电路制造商自行设计、自行销售,由自己的生产线加工、封装、测试后的成品芯片。如早期的 TI、英特尔、东芝、三星等公司均采用这种模式。IDM 不需要外包并且利润较高,IDM 模式的劣势在于投资额加大、风险较高,要有优势产品做保证。IDM 技术跨度较大,横跨了三大环节,企业不仅要考虑每个环节技术问题,而且要综合协调三大环节。不过,随着国际半导体产业发展的不断演变,IDM 大厂外包代工趋势逐渐形成,催化了晶圆代工厂商模式,1986 年张忠谋创办台积电,标志着晶圆代工模式的诞生。

晶圆代工厂商模式是指集成电路设计工作与标准工艺加工线相结合的方式。即设计公司将所设计芯片最终的物理版图交给芯片加工企业,也就是委托代工厂加工制造。同样,封装测试也委托专业厂家完成,最后的成品芯片作为集成电路设计公司的产品而自行销售。正是这种模式创造了两个新的行业晶圆代工厂(Foundry)和无生产线集成电路设计公司(Fabless)。由于省去了费用高昂的晶圆制造环节,集成电路行业整体门槛降低,诞生了一大批新生的具有活力的集成电路设计公司,如美国高通、博通、AMD 等,我国的华为海思、上海展讯、大唐联芯科技等,为整个集成电路行业带来了新活力与创意。如今,除了芯片设计公司,原来的 IDM 公司也开始把芯片交给晶圆代工厂来加工,甚至完全放弃自己的晶圆厂,如 IBM、TI 等。

扩展阅读

半导体代工开创者:张忠谋

张忠谋:台湾积体电路制造股份有限公司(台积电)创始人、"半导体教父",一个可以定义产业的人。

张忠谋,1931 年 7 月 10 日,生于浙江宁波,读的是哈佛大学的本科、麻省理工学院的硕士、斯坦福大学的博士。曾任 TI 公司资深副总裁,但当时 TI 总裁更重视消费电子,而张忠谋对半导体制造似乎有某种情结。1985 年,他辞去副总裁的高薪职位,回到中国台湾,1986 年创立台积电,专心做半导体代工,开创了半导体代工的先河,并成为全球最大的专业集成电路制造服务公司。

他是第一个提出集成电路设计与制造分开的人。那时候并没有很多人相信,直到他的台积电真正体现自己纯制造的优势,并衍生了更多纯设计与纯制造公司,人们才意识到他当初的眼光。

6.3.3 核心——计算机体系

回顾了电路发展史,现在让我们回到智能手机,一起来探寻智能手机内部的奥妙。按照冯·诺伊曼计算机体系结构,计算机包含五大组件:运算单元、控制单元、存储单元、输入设备和输出设备。我们将按照这个划分,以智能手机为例,逐一介绍这些神奇的模块。

1. 智能之芯——微处理器（CPU）子系统

毫无疑问，作为运算单元和控制单元，微处理器是现代计算机的核心。如果把计算机比作人的话，那么 CPU 就是"大脑"。CPU 是计算机的核心，在介绍 CPU 之前，有必要先了解一下关于计算机的一些基本知识。

1）计算机概要

现代计算机的思想和架构是建立在图灵机原理和冯·诺伊曼计算机体系结构之上的。图灵于 1936 年发表的论文《论可计算数及其在判定问题中的应用》是计算机原理的奠基之作。文中，图灵阐释了人在纸上的计算过程可以分解成两大类的机械操作（见图 6.10），写或者擦除某一符号，操作位置的转移。通过这两类操作，任何纸上计算都可以分解为很小的机械操作过程来完成。在图灵的理论基础之上，20 世纪 40 年代，冯·诺伊曼在计算机的研制过程中描述了计算机的逻辑结构，如图 6.11 所示，他提出以二进制和程序控制为基础的计算机体系结构，并把计算机分为 5 个部分：①运算单元，②控制单元，③存储单元，④输入单元，⑤输出单元。这就是现代计算机的通用结构，所以现代计算机也被称作"冯·诺伊曼机"。可以说，图灵理论证明了制造通用计算机的可行性，而冯·诺伊曼系统化、逻辑化地描述了电子计算机的系统结构，现代计算机就是把两者结合起来的产物。

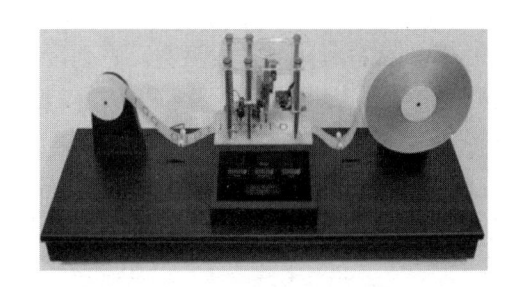

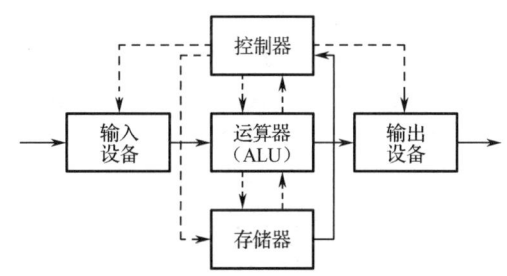

图 6.10 图灵机构想　　　　图 6.11 冯·诺伊曼体系结构

现代计算机可以分为三类：服务器、PC（个人计算机）、嵌入式计算机。这三者主要是从应用层面进行的划分，个人计算机，通常面向个人应用，其功能也是按照个人的需求进行配置，但无论如何配置，它的定位始终是软硬件与人交互的终端。而服务器要应用于计算机网络中，与多台 PC 相连，为 PC 提供服务，这就要求服务器具备高可靠性，可以 7d×24h 地运转。而嵌入式计算机具有低功耗、低成本、小型化的优势，通常应用于特定的场景，比如工业控制、移动通信等，我们每天接触的智能手机就是典型的嵌入式计算机。

通常，服务器、PC 和嵌入式计算机的性能依次降低。但是随着计算机的快速发展，PC 性能完全可以与几年前的服务器性能并驾齐驱，所以未来嵌入式计算机取代 PC 成为个人计算机的主流也未必就是天方夜谭。

2）初识 CPU——一堆沙变成的 CPU

CPU 是现代计算机系统的核心部件，又称为"微处理器"。对于 PC 和手机而言，CPU 的规格与频率常常被用来作为衡量其性能强弱的重要指标。CPU 对我们大多数人的工作、生活影响颇为深远，如图 6.12 所示。

CPU 里面最重要的东西就是晶体管了，提高 CPU 的速度，最重要的一点说白了就是如何在相同的 CPU 体积里放进去更多的晶体管，由于 CPU 实在太小，太精密，里面组成了数目相当多的晶体管，所以人手是绝对不可能完成的，只能通过光刻工艺来进行加工。这就是为什么一块 CPU 里面可以装入数量如此之多的晶体管。晶体管其实就是一个双位的开关：即开和关。如果您回忆起基本计算的时代，那就是一台计算机需要进行工作的全部。两种选择，开和关，对于机器来说即 0 和 1。

图 6.12　一代又一代的 CPU

CPU 具有极高的技术壁垒，无法进行山寨，CPU 的设计生产代表了当今世界电子芯片发展的最高水平。

CPU 的生产大致分为以下过程，选取原料沙子，提纯成硅锭，制作成晶圆，光刻，蚀刻，离子注入，金属沉积，互联，测试，封装，最终检测，包装上市等。从沙子到 CPU，需要经过一条超常的生产线。

3）指令集、微架构

掀开处理器的面纱，我们会看到处理器的两张面孔，外向的指令集，和内向的微架构，如图 6.13 所示。

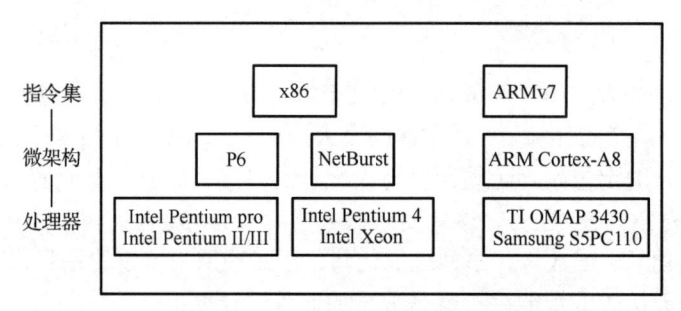

图 6.13　指令集、微架构、处理器的关系

在早期的计算机发展过程中，程序员们必须要面对一个棘手的问题：不同厂商之间由于处理器的设计不同，其控制指令也有着不同的定义方式，同样一个任务，在不同的计算机上需要不同的设计和不同的程序来执行。这种不便极大程度地制约了程序员们的生产力，为了解决这个问题，IBM 在其研制的计算机中引入了 ISA（Instruction Set Architecture，指令集体系结构）的概念，将编程所需要了解的硬件信息从硬件系统中抽象出来，让程序员可以面向 ISA 进行编程。ISA 相当于给计算机制定了一套标准的指令，无论硬件如何变化，只要采用 ISA 架构，那么面向 ISA 开发的程序就可以在硬件平台上运行。指令集的出现，计算机的通用性问题得到了解决。

如果说指令集的作用是告诉处理器怎么做的话，那么微架构就定义了处理器能做什么。微架构包含处理器内部的构成和这些构成起来的部分如何执行指令集架构，通常用图来表示，描述了处理器内部元件的连接关系，每个微架构的元件都被表示成由数个逻辑门组成的工具，我们常常听到的"多核""超线程"都属于处理器微架构的范畴。微架构涉及具体的数字电路的知识，在这里就不展开叙述了。

4）IP 模式——蚂蚁也能绊倒大象

由于指令集和微架构决定了相同制造工艺水平下处理器的性能，而半导体芯片的生产需要很大的资金投入，因此很多小公司专注于处理器的设计，通过知识产权（Intellectual Property），如专利、版权等的授权、版税与转让来获取利润，这就是 IP 模式。

1991 年 ARM（Advanced RISC Machines Limited）公司成立于英国剑桥，主要从事 RISC 架构的微处理器设计。公司成立后，其业务一度很不景气，工程师们人心惶惶担心将要失业。由于缺乏资金，ARM 做出了一个意义深远的决定——自己不制造与销售芯片，只将芯片的设计方案授权给其他公司。正是这个决定开创了集成电路设计一种新的商业模式——IP 模式。

ARM 把芯片设计以 IP 核（即芯片的整体设计，相当于建筑工程的设计图纸。常见 IP 核的种类包括：处理器核、DSP 核等）的形式出售给芯片设计企业，他们根据各自需求在此设计基础上搭配外围电路的设计后，就可以直接生产使用了。ARM 设计的微处理器虽然性能上不及英特尔的产品，但是其低成本、低功耗的优势非常突出。进入 21 世纪后，在移动通信、工业信息化等领域快速发展的推动下，嵌入式计算机的兴起给 ARM 提供了表演的舞台。目前，基于 ARM 架构的微处理器约占据了 32 位 RISC 微处理器 75％以上的市场份额。在智能手机、平板电脑、汽车电子、航空、网络设备等各个领域，ARM 架构的处理器占据了 90％以上，其客户包括高通、苹果、三星、华为、联发科、展讯、联芯等智能手机芯片供应商。

在几年前，英特尔与 ARM 公司在各自领域发展，可以说井水不犯河水。英特尔在 PC 处理器市场占 80％以上，而 ARM 则是嵌入式领域的王者。真正让 ARM 备受关注的是 2005 年 ARM Cortex 的出现，它以全新的产品系列朝着低功耗智能网络、微控制器、高性能移动计算和安全多核计算多方位发展，面对未来云计算、互联网络的移动计算和渗透的各个领域的网络化分布计算发展大趋势，英特尔原来擅长的高性能 PC 桌面计算面临瓶颈，加上金融危机，让 PC 市场急速萎缩。移动互联网使 PC 与手机走向融合，因此两个不同行业芯片主导厂商走上了同一"拳台"。

从财务角度看，ARM 很难称得上是对手——ARM 2012 年收入只有不到 8 亿美元，利润不超过 3 亿美元，而英特尔 2012 年的营收为 530 亿美元，利润 110 亿美元。ARM 与英特尔的竞争，就像蚂蚁与大象打架。但是 ARM 公司的力量却并非销售额所能完全衡量，它的收入仅仅是版税，要了解 ARM 的重要性，只需拿出你的手机：如果它是一部以通话功能为主的普通手机，那么它的芯片有 90％的可能性属于 ARM 架构；如果它是一部智能手机，那么这个概率将是 100％——无论你手里的是苹果、三星、华为，还是诺基亚，甚至手机之外的 iPod 和 iPad。随着 PC 的日渐没落和以智能手机为代表的移动终端成为主流，ARM 这只蚂蚁有可能绊倒英特尔这头大象。

5）概念：嵌入式系统

嵌入式系统是为应用设计的专用计算机系统，包括大型网络设备、家用电器、便携手持终端等电子设备。

嵌入式系统是面向用户、面向产品、面向应用的，它必须与具体应用相结合才会具有生命力、才更具有优势。因此可以这样理解上述三个面向的含义，即嵌入式系统是与应用紧密结合的，它具有很强的专用性，必须结合实际系统需求进行合理的裁剪利用。

嵌入式系统是将先进的计算机技术、半导体技术和电子技术与各个行业的具体应用相结合后的产物，这一点就决定了它必然是一个技术密集、资金密集、高度分散、不断创新的知识集成系统。所以，介入嵌入式系统行业，必须有一个正确的定位。例如 Palm 之所以在 PDA 领域占有 70%以上的市场，就是因为其立足于个人电子消费品，着重发展图形界面和多任务管理；而风河的 Vxworks 之所以在火星车上得以应用，则是因为其高实时性和高可靠性。

嵌入式系统必须根据应用需求对软硬件进行裁剪，满足应用系统的功能、可靠性、成本、体积等要求。所以，如果能建立相对通用的软硬件基础，然后在其上开发出适应各种需要的系统，是一个比较好的发展模式。目前的嵌入式系统的核心往往是一个只有几 KB 到几十 KB 的微内核，需要根据实际的使用进行功能扩展，但是由于微内核的存在，使得这种扩展能够非常顺利地进行。

嵌入式系统设备举例：

① 自动柜员机（ATM）。
② 航空电子，例如惯性导航系统、飞行控制硬件和软件及其他飞机和导弹中的集成系统。
③ 移动电话和电信交换机。
④ 计算机网络设备，包括路由器、时间服务器和防火墙。
⑤ 办公设备，包括打印机、复印机、传真机、多功能打印机（MFPs）。
⑥ 磁盘驱动器（软盘驱动器和硬盘驱动器）。
⑦ 汽车发动机控制器和防锁死刹车系统。
⑧ 家庭自动化产品，如恒温器、冷气机、洒水装置和安全监视系统。
⑨ 手持计算器。
⑩ 家用电器，包括微波炉、洗衣机、电视机、DVD 播放器和录制器。
⑪ 医疗设备，如 X 光机、核磁共振成像仪。
⑫ 测试设备，如数字存储示波器、逻辑分析仪、频谱分析仪。
⑬ 多功能手表。
⑭ 多媒体电器：因特网无线接收机、电视机顶盒、数字卫星接收器。
⑮ 个人数码助理（PDA），也就是带有个人信息管理和其他应用程序的小型手持计算机。
⑯ 带有其他能力的移动电话，如蜂窝电话、个人数码助理（PDA）和 Java 的移动数字助理（MIDP）。
⑰ 用于工业自动化和监测的可编程逻辑控制器（PLCs）。
⑱ 固定游戏机和便携式游戏机。
⑲ 可穿戴计算机。

2. 通信互联——通信子系统

作为智能手机，前面所说的处理器仅仅体现了智能部分，智能虽然重要但不是全部，作为手机，通信也是其核心。通信与互联部分，包括移动通信、无线局域网 Wi-Fi、蓝牙短距离通信。

目前市场上主要有 4 核、8 核 CPU 智能手机。其原理如图 6.14 所示，由主处理器与基带处理器两个部分组成。

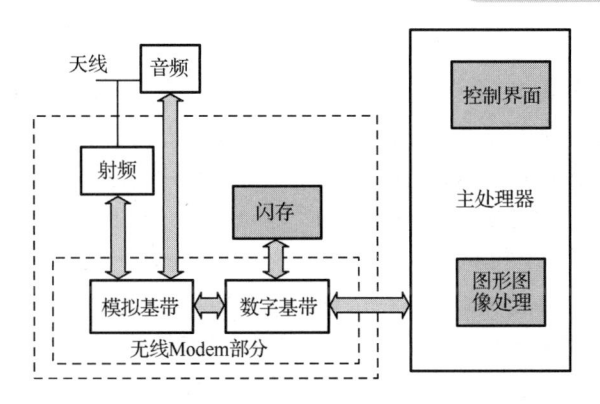

图 6.14 智能手机 CPU 结构

其中主处理器，还可能集成几个图形处理器（GPU），主要负责摄影/摄像的图像处理，控制界面等人机交互和各种应用软件。各种非通信功能的运行速度取决于主处理器。

而基带处理器，包含模拟基带、数字基带，还可能包含射频、电源管理等功能，由辅助处理器负责。射频模块负责射频收发、频率合成、功率放大。模拟基带模块与射频模块、音频模块连接，具备数字与模拟转换等功能。数字基带模块完成业务信息和控制信息的信道编码、加密、调制解调等移动通信标准的物理层、链路层等功能。基带芯片决定了通信质量、数据传输的速度等。从技术层面来看，市场上主流的移动芯片基本上都能支持全网络制式的通信。

在智能手机芯片这个领域，目前高通公司凭借在 2G、3G、4G 方面积累的通信技术优势以及低功耗芯片设计经验，被称为手机领域的英特尔。1995 年 10 月高通才成立 CDMA 专用芯片部门，从一个简单的 ASIC 部门发展成为可谓全球最大通信半导体公司，2007 年开始一直是 Fabless 企业排行之首。这成功的背后值得探究，除了其卓越的技术和精明的经营之道，在商业模式方面的创新真正支撑了这种跨越式的发展。

在智能手机芯片供应商中，美国博通、中国台湾联发科等也紧随高通，获得了快速发展。更为可喜的是上海展讯、华为海思也获得了快速发展。

3. 记忆场所——存储子系统

冯·诺伊曼在计算机的原理描述中提出，要把程序存储在计算机中自动执行。所以存储从计算机诞生那一刻就伴随着计算机的成长。随着今天大数据时代的来临，面对每时每刻不断产生的海量数据，存储的问题再一次被摆到人们面前。

1）存储

从几千年前的结绳记事到现在的大型数据中心，存储，一直是人类文明传承的最重要手段，也是一个古老的问题，过去人们通过把文字或图案刻在石壁上、写在竹简、羊皮和纸上来实现信息的存储。信息论问世后，信息可以被精确量化，科学家通过对 0 和 1 的序列进行编码把信息转换成了一串 0 和 1 的代码存放在存储介质里，软盘、硬盘、光盘等存储介质的相继问世，实现了数据的存储。存储方式和介质在不断进步，但是存储的本质一直没变：记录信息，在需要的时候准确复现。

进入信息时代，信息以数据的形式被保存在各种各样的存储介质中。计算机的构造就好比人的大脑，记忆是大脑重要的功能之一，数据存储在计算机中的作用就相当于大脑的记忆功能，把信息记录下来。我们学习的知识、生活中获得的经验，都是以记忆的方式体现，而大脑就是根据这些信息做出决策和判断。类似地，如果没有数据提供给计算机进行处理，那么计算机将会"无事可做"。

所以存储技术和存储设备一直是计算机领域的重要课题。存储技术的主要目标无外乎有两个：扩大数据存储容量；提高数据存储效率。存储设备则更关注不同的应用场景，比如数据中心采用硬盘阵列来进行大容量的数据存储，而手机等便携电子设备则采用闪存来存储数据。

我们在生活中对数据存储切身的感受来源于身边的电子产品，可能最直观的感受来源于我们的 PC、数码相机、智能手机和平板电脑。这些电子产品越来越大的存储容量，意味着可以装下更多的照片、音乐、电影、游戏和应用程序。存储还制约着电子设备的启动速度与功耗，比如 PC 如果采用了基于闪存的 SSD 固态硬盘，其存取速度比传统硬盘快了不少，因此系统的启动、运行和关机的速度得到了改进。智能手机采用了低功耗的闪存，从而获得更长的待机时间。这些都是我们感受得到的存储技术进步给生活带来的便利，随着人类社会信息的爆炸式增长，未来存储技术会发挥越来越重要的作用。

2）存储技术和存储体系结构

对于存储系统，我们主要关注以下两方面。

首先，是存储技术。计算机产业和嵌入式产业中的大部分进步都是和器件技术的革新紧密联系在一起的。静态随机存储器（SRAM）、动态随机存储器（DRAM）和闪存（Flash）等存储器件的革新推动了存储技术的进步，存储技术是存储系统的基础。

其次，随着存储技术的发展，存储体系结构的出现。实际上，存储系统就是由不同容量、成本和访问时间的存储器所构成的不同存储层次的统一体。我们需要根据系统 CPU 及整体设备架构的需要，来设计存储体系结构，从而选择适当的存储器来构成不同的存储层次。反之，一种新型存储技术的产生，也势必会对存储体系结构的设计产生相应的影响。

在计算机中，包含两种类型的存储器，内存储器（Memory）和外存储器（Storage）。内存储器包括寄存器、高速缓冲寄存器（Cache）和主存储器。内存储器是高速存储器，存取速度相对于外存储器更快，其功能是存放 CPU 中的运算数据，以及与外存储器进行数据交换。所以内存储器可以看作沟通存储数据与计算资源的桥梁。外存储器的功能是存储数据，典型的外存储器有硬盘、闪存等。外存储器存取速度较慢，但是容量巨大，而且最重要的是外存储器掉电后数据不会丢失，因此外存储器是存放数据的不二选择。

现在便携式设备无论是手机还是多媒体播放器或者平板电脑，都配有以闪存为主的存储器，闪存是目前最普及的移动存储器。而且随着闪存技术的进步，闪存容量的不断增大，其具备的抗震、低功耗、存取速度快等优势甚至开始威胁硬盘的地位。目前，基于闪存技术的大容量 SSD 固态硬盘已经占据了 PC、笔记本电脑中原属于硬盘的地位。

6.3.4　外围模块

在上一节中，围绕智能手机，我们介绍了计算机中的核心模块。这一节，我们将继续从智能手机切入，了解以输入/输出设备和电源系统组成的外围模块，看看这些各具神通的外围模块是怎样支撑起现代计算机的丰富功能和应用的。

1. 信息之窗——多媒体子系统

智能手机组合了视频播放、触控游戏、音乐播放和拍照摄影等多媒体功能。过去需要专用的电子设备才能实现这些功能，现在智能手机把他们整合在了一起，究竟这些功能背后都有着什么样的神奇之处呢？

1）显示技术——美丽图像展示出来

显示屏是电子设备和人交互的窗口，经历了从早期的阴极射线管（CRT）到现在的视网膜显示屏、OLED 有机材料显示屏等的演进。在这里，我们主要介绍液晶显示技术和显示技术未来可能的发展方向。

液晶显示器，或称 LCD（Liquid Crystal Display），为平面超薄的显示设备，由一定数量的彩色或黑白像素组成，放置于光源或者反射面前方。液晶显示器功耗很低，因此倍受工程师青睐，被应用于各种需要配备显示屏的电子设备。它的主要原理是以电流刺激液晶分子产生点、线、面配合背部灯管构成画面。

液晶显示器采用液晶为主要材料，而液晶是种介于固态和液态间的有机化合物。受热时液晶是透明液态，冷却后则会变成混浊的固态。在电场作用下，液晶分子的排列发生变化，改变通过液晶分子的光线，经过偏光片表现出光线的明暗变化，从而显示出图像。与传统的 CRT 显示器相比，液晶显示器具有轻薄、功耗低、辐射小、不伤眼等诸多优点，所以现在液晶显示设备占据了电子产品显示屏的主流。

采用不同技术来构造的显示面板具有不同的显示性能，单位面积的显示单元的数量也对显示的效果有决定性的影响。液晶面板决定了液晶屏幕的可视角度大小、信号响应时间（决定了对动态画面显示的清晰程度）、触碰时是否会产生波纹现象等。现在常用的有 TN 面板、IPS 面板、OLED 面板等。

面板技术是显示技术的核心部分，其发展方向决定了显示技术未来的趋势。有源矩阵有机发光二极体面板（Active Matrix/Organic Light Emitting Diode AMOLED）被认为是下一代液晶显示技术，与液晶显示的原理不同，OLED（Organic Light-Emitting Diode，有机发光二极管）采用了有机发光二极管，其发光原理是：利用有机半导体材料和发光材料在电场驱动下，通过载流子注入和复合来发光。与传统的液晶显示技术相比，这种有机发光材料所制成的显示设备具有明显的优势。首先，它可以做得更轻薄，其触摸层可以集成到发光层中，制造超薄显示设备更有优势。其次，由于每个像素的元件都自发光，无须背光，功耗在不是纯白显示的条件下比 LCD 更低。不仅如此，这种材料可以制成柔性显示面板，比采用玻璃基板 LCD 更不易损坏。在最重要的显示性能方面，AMOLED 面板无论是在色彩表现力还是在响应速度等指标上都比 LCD 面板优秀。所以这种技术被寄予厚望，成为有希望替代 LCD 的未来显示技术。

近几年，全面屏风头正劲，在这个"看脸"的时代，对于"小打小闹"外观变革的全面屏，消费者可不会轻易买单，能屈能伸的"柔性屏"却有可能引发新一波的手机革命浪潮。未来，柔性屏或将渗透到电子产品市场的各个领域并将被广泛运用。

通俗易懂点来说，柔性屏就是像纸一样可以折叠、弯曲，甚至卷曲（见图 6.15），很轻薄，携带方便。想象一下，某一天你的手机可以折叠成回忆里 mp3 的大小，还能像拍拍圈一样戴在手腕上。柔性屏幕优势就是不仅在体积上更加轻薄，功耗上也低于原有器件，有助于提升设备的续航能力。手机屏幕的对比度也会更高、显示色彩更加的丰富！同时基于它可弯曲、柔韧性佳的特性，耐用程度也会大大地提高，而且碎屏的概率会降低很多。

除了显示面板技术，显示设备的分辨率也是决定显示效果优劣的重要因素。显示设备单位面积集成的显示单元（也就是像素）的数量越多，那么显示效果就会越自然，平滑边缘的锯齿效果就越不明显。近年来的视网膜屏幕（Retina Display），就是采用了这种思路来提升显示效果。Retina 屏幕是一种具备超高像素密度的液晶屏。这一概念最早是由苹果公司提出的。

图 6.15 柔性显示屏

过去我们看到的影像都是展现在二维平面上的，但是现实世界里的场景都是三维的。能够在平面设备上看到三维立体的影像一直以来是人们关于显示设备的一个梦想，于是，裸眼 3D 技术在这种需求下诞生了。过去实现 3D 显示，通常是通过佩戴 3D 眼镜的方式来实现的。3D 显示的原理有很多，不过这些原理都是类似的，通过让不同的图像分别进入人的左右眼，让图像在大脑中形成立体的视觉。裸眼 3D 强调不佩戴任何设备，通过显示技术来达到这一目的。未来可能的显示技术有裸眼 3D 技术、多层显示技术、柱状透镜、可折叠屏幕等，篇幅有限，在此不展开介绍了。

扩展阅读

液晶之父：德热纳

皮埃尔吉勒·德热纳（Pierre Gilles de Gennes）是液晶之父，诺贝尔物理学奖获得者。

1932 年 5 月德热纳生于浪漫之都法国巴黎，从小兴趣广泛，喜欢绘画、演过电影，还出版过讽刺文集《小点》。1974 年他编著了《液晶物理学》，此书至今仍是液晶领域的经典著作。而后出版了《软物质与硬科学》，这是一本科普著作，诠释了液晶、双亲分子与生物膜等"软物质"的科学内涵。1991 年，他获得了诺贝尔物理学奖，他是推动"软物质"这门跨物理、化学和生物学三大学科的交叉学科发展，并使凝聚态物理学向新世纪转型的第一人，被誉为"世界性人才，当代之牛顿"。

德热纳在中学时期不仅学习数学、物理、化学和生物，还有很多的动手机会锻炼自己。大学期间，德热纳作为学生，为了学好新的课程，课后查阅大量资料、上课高度集中注意力。像德热纳这样有天赋的学生，有时候也会感觉力不从心。渐渐地，德热纳适应了这种充满挑战的生活，走上了科学研究的道路。

2）记录每一个精彩瞬间——摄影与摄像

在智能手机的多媒体系统中，摄像头的引入可谓是一大亮点。手机的便携性搭配简单易用的摄像头，使得人们可以随时随地记录下精彩的瞬间，再加上手机与网络的无缝对接，拍照上传社交网络已经成为很多人的生活习惯。

几十年前需要专业人士才能操作的大块头设备照相机，现在不仅被简化到了人人会用的地步，还被集成到了小巧的手机当中，这给我们的记录生活带来了颠覆性的改变。

20 世纪 70 年代，贝尔实验室的乔治·史密斯和维拉·波义耳发明了成像半导体电路——

电荷耦合器件（Charge Coupled Device，CCD）。这种器件可以把光学影像转化为数字信号，很快就实现了对影像的捕捉。一开始 CCD 的应用并不被看好，毕竟与传统的胶片式照相技术相比，CCD 的成像精度还不高，色彩饱和度也不够满意，从应用的角度来看还达不到用户要求。不过摩尔定律的力量是强大的，随着集成度的逐年提高，到了 20 世纪 90 年代，用 CCD 制造的数码照相设备已经具备了接近于胶片式照相机的成像精度和成像质量，只是成本还略偏高，数码相机的时代已经呼之欲出了。

CMOS 感光元件（见图 6.16）的出现，开启了数码照相的新时代。与 CCD 相比，CMOS 感光元件具有更低的功耗，更高的集成度，更低的成本，更小的体积和更快的光电转化速度，这些特性非常贴近便携式数码相机的需求。进入 21 世纪以后，以 CMOS 感光元件作为核心的数码相机开始全面普及，智能手机的摄像头也是采用了 CMOS 作为感光元件。随着时间的推移，遵循着摩尔定律，CMOS 元件的集成度还在增加。手机摄像头也不例外，2008 年前，主流的手机摄像头为 200 万像素，2013 年，这一指标就已经超过 1000 万像素，当今很多主流手机制造商已经打算在手机上采用过亿像素的摄像头。

图 6.16　CMOS 感光元件

照相技术的数字化，不仅让人们摆脱了胶卷的束缚，更是方便了图像的处理，图像处理技术，在数字化背景下应运而生。在胶片时代，图像处理很不容易，要添加、修改一张照片的难度很大，需要在冲印的过程中进行特殊的处理。进入数字化时代，当图像以数字信号的形式输出，给了我们处理图像的可能。比如拍摄 360° 的全景照片，就可以先拍摄几张不同角度的照片，再通过软件轻松地合成；还可以有全景照相功能，许多智能手机还内置了图像优化算法，可以自动优化拍摄的照片，使照片中的人物、景物等更具表现力。

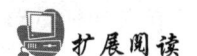

扩展阅读

数字影像大门的开启者：波义耳与史密斯

威勒德·波义耳（左）（Willard Boyle），乔治·史密斯（右）（George Smith）：CCD 发明者，2009 年获诺贝尔物理学奖。

波义耳 1924 年出生于加拿大新斯科舍省安默斯特市，3 岁时北迁至一个小村庄，地处荒远，高中以前波义耳都是在母亲的指导下自学，毕业于麦吉尔大学而后在皇家军事学院工作。1953 年进入贝尔实验室。史密斯 1930 年出生于美国纽约海特普莱恩斯，1955 年毕业于美国宾夕法尼亚大学，并获得博士学位。

同样都是 29 岁进入贝尔实验室，只是相差 6 年，但这并没有阻止他们合作，对科学的热爱让他们走到了一起。1969 年，他们俩都在同一部门工作，本来是要研究一种信息存储技术，无意之间，他们发现光电管矩阵发射电子的数量与入射光强成比例，从而发明了电荷耦合器件 CCD。这是一个全新的发现，颠覆了照相产业。说得残酷点，他们让一个风靡全球的"胶卷"产业没落了，百年老店"柯达"关门了。

2. 感知交互——传感器子系统

人与人，人与环境之间的感知与交互，是借助于我们的五官，而智能手机需要借助传感器实现人机交互、环境感知的。前面介绍的摄影与摄像,就是借助图像传感器,相当于我们的眼睛。图 6.17 为智能手机中的部分传感器。

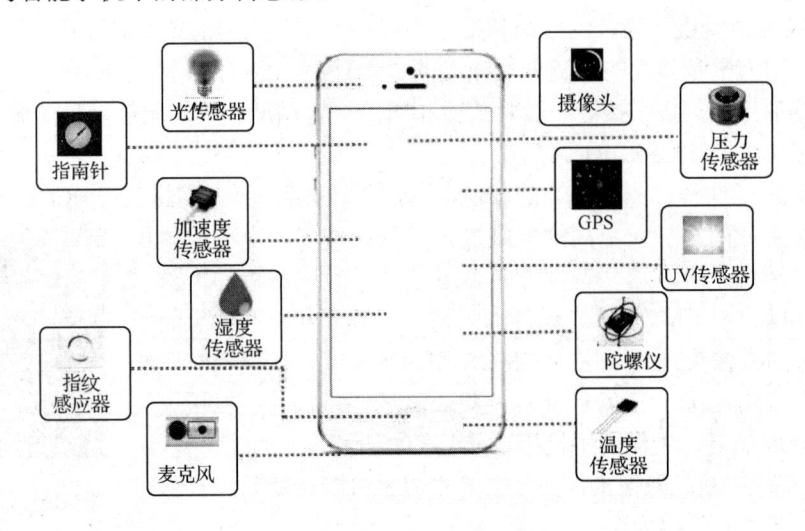

图 6.17　智能手机中的传感器

1) 传感器的原理

传感器是能感受规定的被测量,并按照规定的规律转换成可用信号的器件或装置,通常由敏感元件和转换元件组成。

传感器是传感系统的一个组成部分,它是被测量信号输入的第一道关口。传感器把某种形式的能量转换成另一种形式的能量。传感器有两类:有源的和无源的。有源传感器能将一种能量形式直接转变成另一种,不需要外接的能源或激励源。无源传感器不能直接转换能量形式,但它能控制从另一输入端输入的能量或激励能。

传感器承担将某个对象或过程的特定特性转换成电信号的工作,如 CCD、CMOS 图像传感器,其"对象"可以是固体、液体或气体,而它们的状态可以是静态的,也可以是动态的。对象特性被转换量化后可以通过多种方式检测。对象的特性可以是物理性质的,也可以是化学性质的。按照其工作原理,它将对象特性或状态参数转换成可测定的电学量(如电压、电流等),然后将此电信号分离出来,送入传感器系统加以评测或标示。

2) 交互特性

根据传感器的特点,人机交互和环境感知是传感器主要的应用方向。在移动设备中,传感器的引入,使得操控设备的方式更为简单、自然。常用的例子就是触摸屏,触摸点击,尤其是多点触摸的引入突破了智能手机键盘操控的困境,甚至超越了台式机的键盘、鼠标与游戏操作杆的组合。另外,通过传感器的环境感知能力,使得智能手机更为人性化。例如光传感器能够感知环境的光照情况,来自动调节屏幕亮度,实现最佳的显示效果。

在这里,我们介绍几类常用的传感器和它们的应用,借此可以对传感器的知识有一个粗略的了解。

陀螺仪传感器(重力传感器):陀螺仪传感器由来已久,飞行器的姿态控制都离不开陀螺仪,陀螺仪应用角动量守恒的原理,用以保持飞行器的空中姿态,陀螺仪传感器就是在陀螺仪的基础之上衍生而来的。微机电系统技术(MEMS)的出现,陀螺仪这种传统的大型设备被集成到了电路上,于是陀螺仪传感器出现了。陀螺仪传感器芯片内部包含一块微磁体,当手机姿态发生改变时，通过磁体在 X、Y、Z 三个方向上的位移来测定手机的运动方向。通过倾斜屏幕来控制的赛车游戏和随着横竖姿态自动切换的屏幕就是典型的陀螺仪传感器应用的例子，如图 6.18 所示。

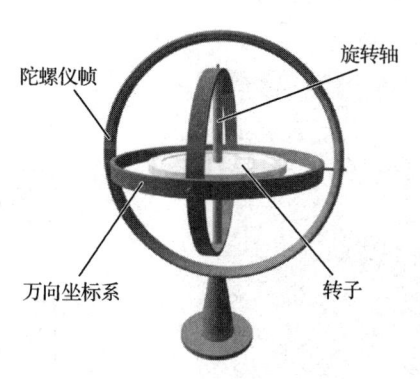

图 6.18　三轴陀螺仪

电容式触摸屏：早期的触摸屏采用的是电阻式触摸屏，这是一种压敏式传感器，它可以对屏面上受压的点进行快速、精确的反应。但是这种采用压敏传感器对手指操控的灵敏度较差，常常需要借助触控笔等一些硬杆类工具来辅助触控操作。电容式触摸屏的原理利用了人体的电场进行工作，其构造是在屏幕表面镀上一层薄膜导体层，在屏幕的四个角上引出电极，再在表面覆盖一层玻璃。当手指触摸玻璃表面时，由于人体电场的存在，会在屏幕表面形成一个耦合电容，手指经触摸的点从屏幕上吸走一个很小的高频电流，而通过四个电极上电流的大小则可以确定点的位置。电容式触摸屏的这种工作原理使得它对轻触操作的灵敏度很高，不用再费力地去按压屏幕就能轻松实现触控操作，如图 6.19 所示。

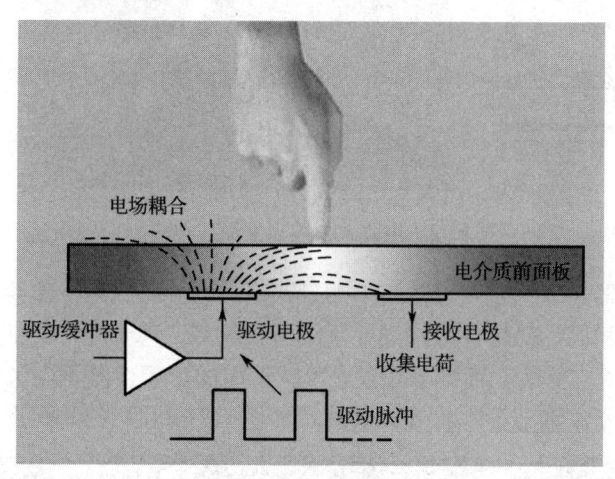

图 6.19　电容式触摸屏

电容式触摸屏除了操控更简便，还有一大优点是可以实现多点触控。多点触控引入了手势控制的方式，智能手机上常用的放大、缩小和拖曳等手势控制就是基于这种原理。

距离传感器：当触摸屏刚被应用于手机时，常常出现问题，当使用者用正常姿势接听电话时，会因为脸不小心触碰到屏幕而造成挂机，为了避免这种尴尬的情况，智能手机引入了距离传感器，如图 6.20 所示。距离传感器的另一用途，就是手机接近耳朵接听电话时可以关闭显示器来节约用电。

距离-红外传感器的原理非常简单,如图 6.21 所示。它本质上是一个光电二极管,在其旁边放置一个红外光波长的 LED。当有物体靠近时,红外光发射的光会被物体反射回来,被距离传感器接收到,于是就感应到了物体接近。

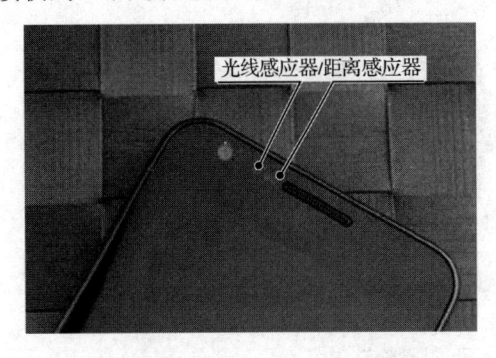

图 6.20　手机上的距离传感器 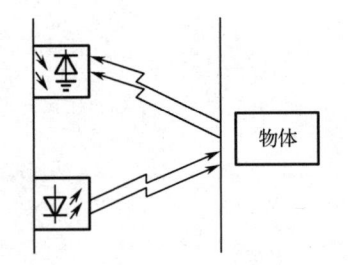　　　　　图 6.21　距离-红外传感器原理

指纹传感器:目前智能手机的主流指纹识别有电容式指纹识别和超声波指纹识别传感器。

电容指纹传感器原理:手指构成电容的一极,另一极是硅晶片阵列,通过人体带有的微电场与电容传感器间形成微电流,指纹的波峰、波谷与感应器之间的距离形成电容高低差,从而描绘出指纹图像,如图 2.22 所示。

图 6.22　电容式指纹识别原理与应用

超声波指纹传感器原理:超声波多用于测量距离,比如海底地形测绘用的声呐系统。超声波指纹识别的原理也相同,就是直接扫描并测绘指纹纹理,甚至连毛孔都能测绘出来。因此超声波获得的指纹是 3D 立体的,而电容指纹是 2D 平面的。超声波不仅识别速度更快,而且不受汗水油污的干扰,指纹细节更丰富难以破解,如图 6.23 和图 6.24 所示。

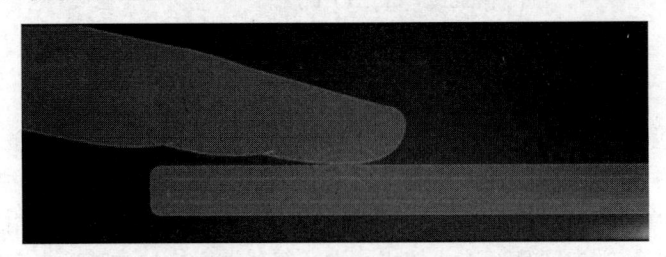

图 6.23　超声波指纹识别

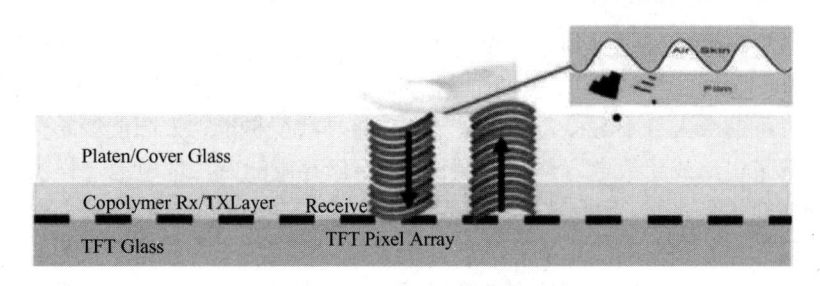

图 6.24 超声波指纹识别原理

超声波式指纹识别技术基于超声波，通过传感器先向手指表面发射超声波，并接受回波。利用指纹表面皮肤和空气之间密度不同构建出一个 3D 图像，进而与已经存在于终端上的信息进行对比，以此达到识别指纹的目的。由于超声波可以穿透金属、玻璃等常用手机材质，因此对手机外观方面也不会有太多限制。目前很多手机上的屏下指纹解锁就采用的是超声波指纹传感器。

3. 动力引擎——电源子系统

电源是所有电子设备能量的来源，移动设备摆脱了传统电器电源线路的制约，实现了移动便携。作为移动设备电源的电池，容量是有限的，而随着移动设备功能越来越丰富，对电源的消耗也在增大。所以能源管理成为移动设备，尤其是智能手机、平板电脑这些娱乐功能丰富的电子设备关注的焦点。针对能源的管理，人们提出了"开源节流"的设计理念。所谓开源，即通过更多的渠道进行能源的获取；而节流，则是通过新的材料、新的设计和高效的能源管理来降低能源的消耗。

1）开源——扩大能源获取的途径

通常电子设备都是通过其自身携带的电池进行供电续航。这其中就有我们经常使用的手机、照相机、笔记本电脑等，也有人们不常看到却在不断工作的电子设备，例如汽车、飞机上的大多数传感器等。采用新材料开发大容量新型电池，探索快速充电技术等，都是智能手机、电动汽车等领域中重要内容。依靠充电电池给电子设备供电是大家所熟悉的能源获取方式，然而依靠不可移动的电源给电池充电带来的局限性是阻碍移动设备发展的一大因素。为此，人们研究出了许多相应的解决措施，不过最为热门的当数无线充电技术，如图 6.25 所示。

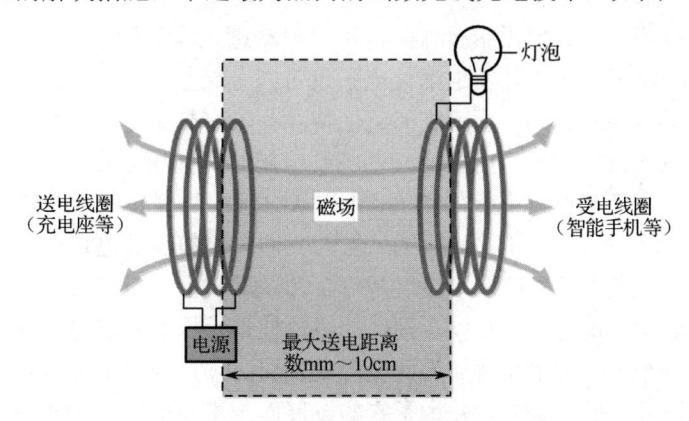

图 6.25 无线充电原理

主流的无线充电技术有磁共振和电磁感应等不同的技术实现途径，但是目前还存在能量转化效率低的瓶颈，如何提高无线充电的能量转化效率，是无线充电技术发展亟待解决的问题。

随着能源效率议题越来越受到电子设备生产商的重视，研究人员提出了各种能量采集的创新方法，包括从环境中的声音振动、踩踏脚步，甚至是空气中的电磁场都能采集到所需的能量，各式各样的创意可谓令人目不暇接。能量采集器，将环境机械能、太阳能等转化成为电能，并经由内部先进薄膜电池或超级电容器和电源管理 IC 储存电能后，像电池一样供电。富士通设计出一款复合式能量采集器，可从光与热两种不同的来源获得能量。密歇根大学的研究人员已经开发出一款以人类心跳作为能量来源的能量采集器，它可用于为起搏器供电。丹麦某公司开发出一款能够在使用者进行运动或从事体育活动时采集能量的运动腕带，所采集的能量可为腕带中的传感器供电，为用户提供有关其运动的信息至无线设备上。这款有弹性的传感器还能用于其他应用中，例如测试混凝土钢架的结构是否正常等。德国学生设计了一款能量采集器，可从空气的电磁场中采集能量，为小型电池与电子产品充电。英国某公司开发出一种由回收的轮胎制成的新型地砖，它能够从人们踩踏的脚步中采集能量并转化为电能。在伦敦奥运会期间，通往奥林匹克公园的地铁站外就安装了这种地砖，每晚都能为路灯供电长达五个小时。看到这些耳目一新的能源收集方式，你是否也想到了什么"来电"的方式呢？

2）节流避免不必要的浪费

出于便携性等方面的考虑，各种电子设备的尺寸和重量受到严格限制，制约了电池体积和容量的扩充。随着电子设备功能与性能的增强，不断增长的能耗需求和有限的电池容量之间的矛盾日益加剧，另外，电子产品已经成为能耗大户，绿色通信、绿色电子已经是社会的期待。因此，如何提高电子设备的能量利用效率成为各大电子设备生产商与用户密切关注的问题。就智能手机来说，节能技术通常是在两个方面进行改善：在硬件方面，处理器、基带芯片、显示屏等部件，从材料、器件、电路和集成系统采取低功耗设计等都是降低能耗的有效手段；在软件方面，主要研究工作有智能电池、图形用户界面的节能设计、基于休眠的节能方法、系统级电源管理等，其核心是有效感知、合理调度电能的使用。

在智能手机中，系统平台可通过动态的电源管理来提高电池能量利用效率，根据系统中各个组件的负载，动态地调整其工作状态，这包括开启、关闭以及低性能运行等，也就是将无任务执行的系统组件关闭，并在任务达到时将其开启运行；任务要求不高则降低主频、甚至仅启用单核运行，以最少数量的运行组件实时地满足用户的功能和性能需求，从而减少不必要的能量消耗。例如液晶显示屏，可根据环境的光照强度自动调整亮度，当手机靠近耳朵接听时关闭显示器，当手机超过一定时间但没有操作时，可以自动进入休眠状态。

除此以外，一些新型材料的开发也都让电子设备向着绿色节能的方向迈进，自旋电子、忆阻器的发展把存储器推向崭新的一页，它的记忆特点（也称非挥发性）将使零功耗待机不再是梦想，同时低散热也使得它最有可能成为一些特殊应用芯片的核心器件。

电源子系统的发展还有许许多多的空间，我们从电源的能源获取方式到内部的电能充分协调利用，都能看到它潜在的能力是非常大的。当然我们对它的需求也是与日俱增，随着电子设备的高度集成化，将来的手机也许不仅仅是一个传统意义上的智能设备了，它可以渗透到我们生活的每一个方面中。软件的开发以及硬件的添加使得手机在我们身边越来越不可少，将来它甚至可以成为一个人生命的保障。为此电源的发展必须是要跟上手机发展的节奏的，众多大型电子设备公司已经开始发掘它，并为了它的发展而一步步地努力，这些努力终有一天人们从自己的生活中就可以体会到。试想，未来某一天的你手中拿着最先进的智能手机，它能为你提供几乎所有你需要的信息，天气、股票、甚至是自身的健康状况等，更美妙的是你根本不用去担心所持它的电量问题。一部智能手机，它的电源管理芯片使得电池中的每度电都去向最能发挥它作用的地方,而身边的每个便利店、咖啡厅,你只需要进去转一圈,手机的电量便可以恢复。电源系统的发展带给人们的便利,将会使电子产品的发展迎来新的高度。

6.3.5 SMT 技术

SMT 是 Surface Mounting Technology(表面组装技术)的缩写,是目前电子制造行业里最流行的一种技术和工艺。它是一种将无引脚或短引线表面组装的元器件(简称 SMC/SMD,中文称片状元器件),安装在印制电路板(Printed Circuit Board,PCB)的表面或其他基板的表面上,通过再流焊或浸焊等方法加以焊接组装的电路装连技术。

如图 6.26 所示,右图的电路板元器件基本都带着几个管脚,而且体积很大,看起来很笨重,这些就是传统的插件元器件。而随着表面贴装技术的发展,这种组装密度高、电子产品体积小、重量轻的 SMT 技术脱颖而出,它可靠性高、抗震能力强、焊点缺陷率低、高频特性好,减少了电磁和射频干扰,易于实现自动化,可以提高生产效率。

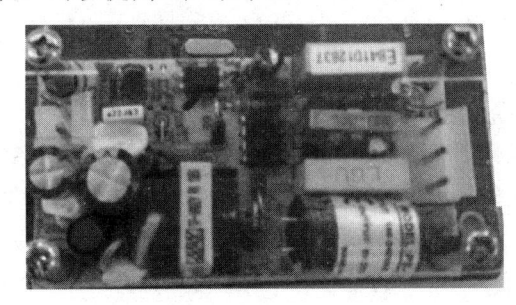

图 6.26 SMT 技术下的通孔插装技术产品

手机的制造过程就是按照设定好的程序在指定电路板上将各个器件组合在一起形成制定产品的过程,如图 6.27 所示。

图 6.27 手机的制造

手机的生产工艺流程如图 6.28 所示。

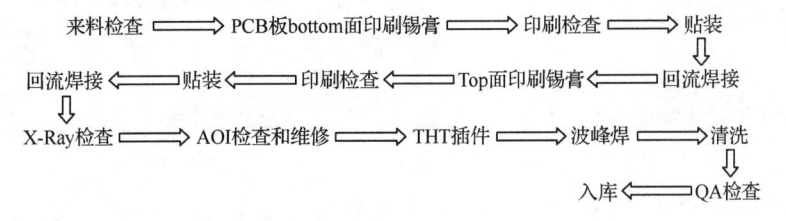

图 6.28 手机生产工艺流程图

图 6.29 所示的 SMT 基本工艺流程主要有以下内容。

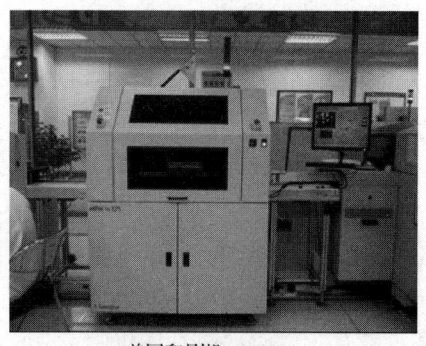

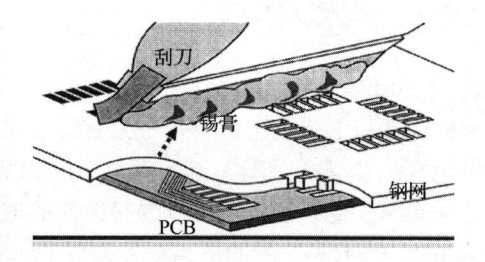

美国印刷机MPM125

图 6.29　印刷机与 SMT 模板

（1）编程序调贴片机

按照客户提供的样板 BOM 贴片位置图，对贴片元件所在位置的坐标设计程序。然后与客户所提供的 SMT 贴片加工资料进行对首件。

（2）印刷锡膏

将锡膏用钢网漏印到 PCB 板需要焊接电子元件 SMD 的焊盘上，为元器件的焊接做准备。所用设备为丝印机（印刷机），位于 SMT 贴片加工生产线的最前端。

钢网（stencils）也就是 SMT 模板（SMT Stencil），是一种 SMT 专用模具；其主要功能是帮助锡膏的沉积；目的是将准确数量的锡膏转移到空 PCB 上的准确位置。

印刷机其作用是用刮刀将锡膏通过钢网漏印到 PCB 的焊盘上，为元器件的焊接做准备。位于 SMT 生产线的前端。

（3）SPI

锡膏检测仪，检测锡膏印刷是为良品，有无少锡、漏锡、多锡等不良现象，如图 6.30 所示。

（4）贴片

将电子元器件 SMD 准确安装到 PCB 的固定位置上。所用设备为贴片机，位于 SMT 生产线中丝印机的后面，如图 6.31 所示。

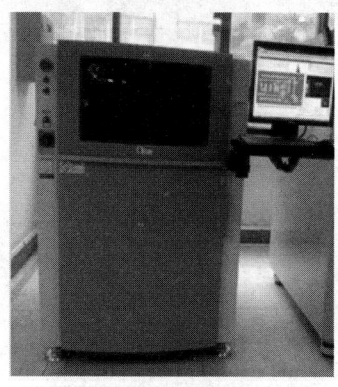

韩国三维锡膏检测仪KY-8030-82

图 6.30　锡膏检测仪

德国SIEMENS高速贴片机D4

图 6.31　贴片机

贴片机又分为高速机和泛用机。

高速机：用于贴引脚间距大，体积小的元器件。

泛用机：贴引脚间距小（引脚密），体积大的元器件。

（5）高温锡膏融化

主要是将锡膏通过高温熔化，冷却后使电子元件 SMD 与 PCB 板牢固焊接在一起，所用设备为回流焊炉，位于 SMT 生产线中贴片机的后面，如图 6.32 所示。

（HOTFLOW3/14e）德国ERSA回流焊　　　测温板1

图 6.32　回流焊机

回流炉工艺是通过重新熔化预先分配到印制板焊盘上的膏状软钎焊料，实现表面组装元器件焊端或引脚与印制板焊盘之间机械与电气连接的软钎焊。回流炉是 SMT 最后一个关键工序，是一个实时过程控制，其过程变化比较复杂，涉及许多工艺参数，其中温度曲线的设置最为重要，直接决定回流焊接质量。

（6）AOI

自动光学检测仪，检测焊接后的 PCBA 组件有无焊接不良，如立碑、位移、空焊等。

（7）目检

人工检测着重检查的项目：PCBA 的版本是否为更改后的版本；客户是否要求元器件使用代用料或指定厂牌、牌子的元器件；IC、二极管、三极管、钽电容、铝电容、开关等有方向的元器件方向是否正确；焊接后的缺陷：短路、开路、假件、假焊。

（8）包装

将检测合格的产品，进行隔开包装。一般采用的包装材料为防静电气泡袋、静电棉、吸塑盘。包装方式主要有两种，一是用防静电气泡袋或静电棉成卷状，隔开包装，是目前最常用的包装方式；二是按照 PCBA 的尺寸定做吸塑盘。放在吸塑盘中摆开包装，主要针对较敏感、有易损贴片元件的 PCBA 板。

任务4　电子信息专业体系

▶ 任务描述

经过多次课的学习，我们对电子信息工程技术有了初步的认识，也产生了浓厚的兴趣。接下来，我们需要知道该体系的培养目标，知识体系结构，课程体系及其相关岗位。

> **任务分析**

为了学习好电子信息专业体系相关知识，同学们需要了解培养目标、知识体系结构、课程体系及其相关岗位。

> **知识准备**

6.4.1 培养目标

本专业培养拥护党的基本路线，适应生产、管理和技术服务第一线需要，德、智、体、美、劳全面发展，掌握电子信息工程技术专业必备的基础理论和专业知识，具有创新意识和较强的工作能力，能在现代化生产第一线以计算机为主要信息工具，运用电子信息技术，从事电子产品和智能产品的测试、生产、开发及技术支持岗位工作的专科学历层次的高等技术应用型人才。

6.4.2 知识体系结构

本专业的知识基本要求为：学习信号的获取与处理、电子设备与测控信息系统等方面的专业知识，接收电子信息工程实践的基本训练，本专业的知识体系结构如图 6.33 所示。

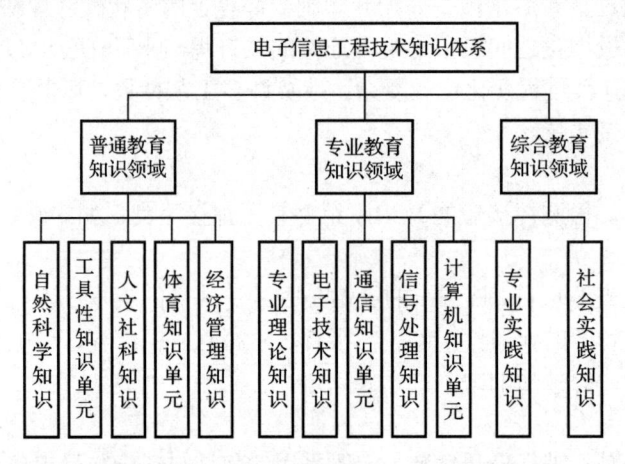

图 6.33 电子信息工程技术知识体系结构图

通过专业知识的学习，合格的毕业学生应具备良好的思想素质和文化修养，应在具有必备的专业基础理论和专门知识的基础上，重点掌握从事本专业领域实际工作的基本技术和能力，具有良好的职业道德和敬业精神。

6.4.3 课程体系

各专业教学计划中的课程设置，一般分以下几个层次，如图 6.34 所示。

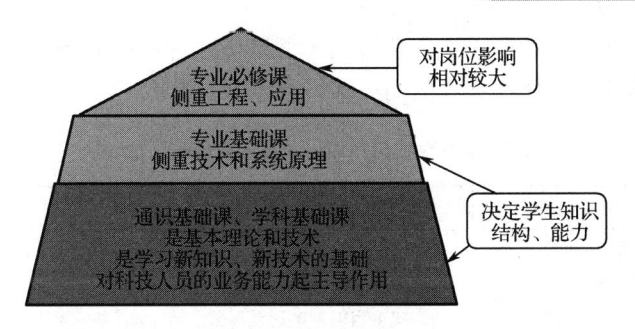

图 6.34　课程体系层次

本专业部分课程的关系结构如图 6.35 所示。

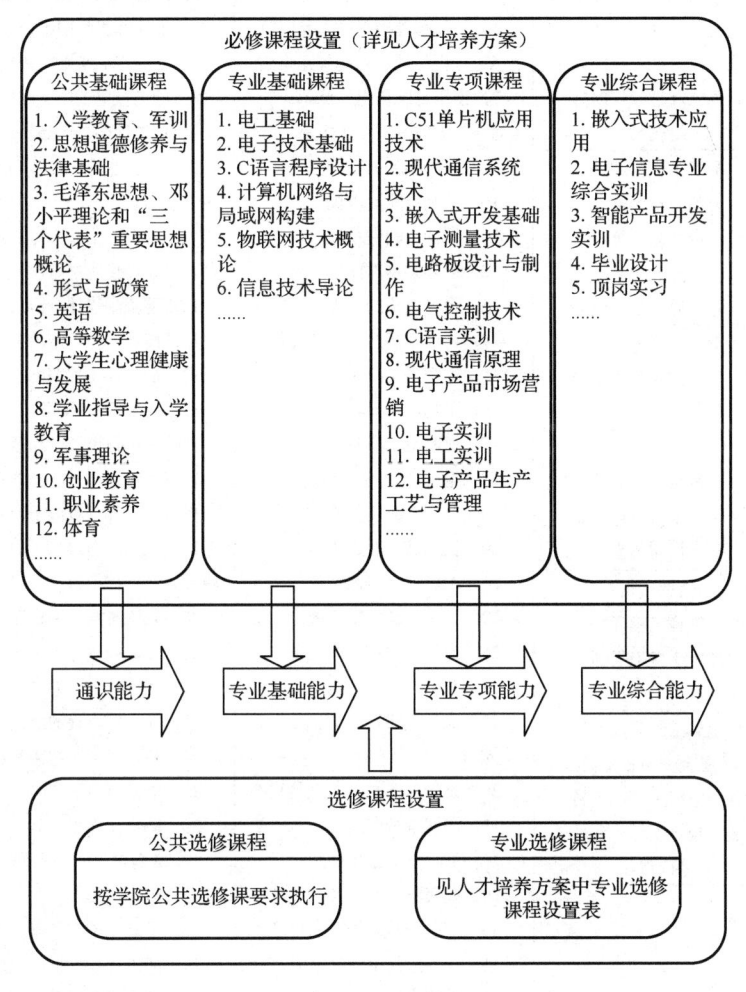

必修课程设置（详见人才培养方案）			
公共基础课程	专业基础课程	专业专项课程	专业综合课程
1. 入学教育、军训 2. 思想道德修养与法律基础 3. 毛泽东思想、邓小平理论和"三个代表"重要思想概论 4. 形式与政策 5. 英语 6. 高等数学 7. 大学生心理健康与发展 8. 学业指导与入学教育 9. 军事理论 10. 创业教育 11. 职业素养 12. 体育 ……	1. 电工基础 2. 电子技术基础 3. C语言程序设计 4. 计算机网络与局域网构建 5. 物联网技术概论 6. 信息技术导论 ……	1. C51单片机应用技术 2. 现代通信系统技术 3. 嵌入式开发基础 4. 电子测量技术 5. 电路板设计与制作 6. 电气控制技术 7. C语言实训 8. 现代通信原理 9. 电子产品市场营销 10. 电子实训 11. 电工实训 12. 电子产品生产工艺与管理 ……	1. 嵌入式技术应用 2. 电子信息专业综合实训 3. 智能产品开发实训 4. 毕业设计 5. 顶岗实习 ……

通识能力　专业基础能力　专业专项能力　专业综合能力

选修课程设置

公共选修课程：按学院公共选修课要求执行

专业选修课程：见人才培养方案中专业选修课程设置表

图 6.35　课程关系图

6.4.4　典型岗位分析

本专业依托合作的产业园区与行业协会，开展企业调研和毕业生跟踪调查，确定本专业主要面向的就业岗位群。在"行业校企合作电子信息工程技术专业建设指导委员会"的指导下，专业教师与行业专家一起对面向工作岗位群的典型工作任务进行分析、整理、归纳和总结,得到面向工作岗位群的典型工作任务和能力要求,如表6.1所示。

表6.1 本专业岗位群及岗位能力要求分析表

就业岗位群	工 作 岗 位	典型工作任务	能 力 要 求
电子产品研发岗位群	产品研发助理 软件设计助理 硬件设计助理 单片机工程师助理 PCB绘图员	1. 使用电工基本工具和仪器 2. 识别及应用电路基本元件 3. 安全用电方案选择与触电急救 4. 选择与检测电子电路元器件	1. 掌握电子技术基础知识并具有基本工程计算能力 2. 熟练识读电路图 3. 熟悉各类元器件的性能 4. 掌握各种元器件的特性及使用方法
智能硬件设备研发岗位群	研发工程师助理 嵌入式开发助理 嵌入式软件设计助理 嵌入式硬件设计助理 绘图员	5. 装配与焊接功能单元电路 6. 分析与设计功能单元电路 7. 使用与维护电子测量仪器 8. 调试与测试电子电路 9. 制作元器件符号和封装 10. 绘制电路原理图	5. 熟练掌握各种电子仪器的使用 6. 能读懂工程图纸 7. 掌握产品常用的测试方法 8. 能进行电子产品硬件调试 9. 能进行电子产品软件调试跟踪 10. 熟悉电子产品相关技术标准,具有整机测试能力
电子产品测试质检岗位群	测试工程师助理 品质检验员 产品测试员 QC专员 质检员	11. 设计印制电路板 12. 创建元器件清单 13. 设计电子产品外观	11. 能够读懂各种英文文档,包括产品说明书、元器件说明书等 12. 能编制设计资料的文件
智能硬件设备测试质检岗位群	测试工程师助理 测试实验员 质检员	14. 识读电子产品工艺文件 15. 编制电子产品工艺文件 16. 采购电子元器件	13. 能设计电子产品整体方案 14. 能设计工程图纸 15. 能进行PCB设计
电子产品销售和售后服务岗位群	销售代表 销售工程师 技术支持工程师 售后服务员	17. 检验电子产品质量 18. 电子产品生产管理 19. 分析产品质量统计 20. 提出品质改进措施	16. 能进行电子产品硬件设计 17. 能进行电子产品软件编程 18. 能进行一般电子产品设计 19. 能分析加工过程中出现的各种品质问题,并及时提出解决方案
智能硬件设备销售和售后服务岗位群	销售代表 销售工程师 技术支持工程师 售后服务员	21. 编制生产工艺文件 22. 处理产品质量事故 23. 操作自动化生产设备 24. 分析设计单片机小系统 25. 制作与调试单片机功能单元	20. 熟练掌握各种检测设备的使用方法 21. 能编制规范的工艺文件 22. 能选择加工方法及采用设备等 23. 能安排合理的加工顺序 24. 能计算工时定额和加工成本
电子信息工程项目实施岗位群	弱电施工管理技术员 设备及安装技术员 现场应用工程技术员 施工预算工程技术员 工程督导	26. 设计与调试电子产品程序 27. 测试电子产品功能与性能 28. 设计产品整机的结构 29. 撰写整理产品技术文件 30. 调研分析电子产品市场 31. 设计选择电子产品方案	25. 能检测电子产品 26. 能维修电子产品 27. 掌握电子技术知识并具备基本工程计算能力 28. 了解电子产品营销业务知识与技巧 29. 能进行计算机应用操作 30. 具有良好的语言表达能力和快速应变能力
电子产品生产工艺管理岗位群	元器件采购技术员 产品工艺技术员 产品生产管理技术员	32. 检测维修电子产品 33. 识读分析嵌入式小系统 34. 调试检测嵌入式小系统 35. 制作维修工装设备 36. 维护检修生产设备 37. 弱电工程设备安装 38. 销售电子产品 39. 产品售后技术服务	31. 资料收集与整理的能力、文字处理能力 32. 具有较好的语言表达能力,掌握处理好人际关系的方法技巧 33. 具有良好的客户服务能力 34. 具有吃苦耐劳、敬业爱岗、团结协作、耐心细致的职业素质

任务5　怎么学它

➡ 任务描述

学习是一门艺术,找到正确的方向去学习,往往可以得到事半功倍的效果。我们在学习的过程中,不能盲目跟从。找到适合自己的学习方法,尤为重要。

➡ 任务分析

作为新课程,有以下几点学习意见供大家参考。

➡ 知识准备

6.5.1　纸上得来终觉浅

1. 预习——写在上课之前

预习要点:初步感知教学内容,辨别出重点、难点与疑点,使得课堂学习更有针对性,从而事半功倍。

预习的主要价值:上课精力统筹分配,强化重点、关注叹号、破除问号,同时还可以关注老师讲课风格、肢体语言等。

通过预习拓展书本中的内容,是开启你更进一步学习境界的法宝。

2. 听课这件大事

如果课前进行了系统预习,那么上课听什么问题似乎是显而易见的。在课堂上问号常会在课堂的作用下引导更多的问号,此时你需要保持冷静的头脑,谨防思维被问号绑架。为避免错过更多的内容,不妨把想到的问题简要记录,留待课后思考或与老师、同学讨论。这些你记录下来的东西便是你课堂笔记的一部分,而其他你了解的部分可以是教师醍醐灌顶的只言片语,也可以是思路、方法或感悟。

3. 复习——写在下课之后

记得那些听课时衍生出的问号吗?现在你有充分的时间来消灭它们了。在你自行解决问题的过程中,可以培养查阅资料、整合信息、独立思考等一系列能力。如果百思不得其解,可以找人讨论、协商解决、拓展思维。万万不要"忍气吞声"或"掩耳盗铃"。诺贝尔文学奖得主萧伯纳有这样一句至理名言:"你有一个苹果,我有一个苹果,彼此交换一下,我们仍然是各有一个苹果;但你有一种思想,我有一种思想,彼此交换,我们就都有了两种思想,甚至更多。"交流与协作的作用是伟大的,不仅在工作、竞赛中可见一斑,而且学习能改变命运,化腐朽为神奇。

4. 大学生讲座不可错过的精彩

价值:能体验到思想的火花式碰撞,也能了解到最新的学术研究成果。

选择:"有用"与"无用"讲座都应该去听。工夫在诗外:可以交叉创新培养跨界能力。

6.5.2 科技实践大揭秘

1. 实验室里暗藏玄机

在实验室里你将有机会接触到真刀真枪的工程项目,不仅可以为课程所学知识找到用武之地,提升实践能力,更能够让实打实的工程神经早日萌芽。

在实验室或工作室中,教师、高年级学长是你成长的良师益友。你可以与老师和师兄平等地畅所欲言,在同甘共苦中接受熏陶。这些都是你从教室、书本与同学中难以学到的。

2. 大学生竞赛

在竞赛中,你可以将理论付诸实践,再用实践检验理论。面对不时杀出的程咬金,你不得不辗转在反复调试与修改方案之间,甚至颇费周折联系牛人指点,调度所有能调度的资源为你所用。在逾越屏障的同时,你的能力将会提高,你的目标将会清晰,随之而来的成就感和自信心会让过程变得明媚起来,这一切往往比结果来得珍贵。

在你竞赛的过程中,参赛项目的点点滴滴会给你自信,从程序中的一行代码到线路板的一个功放,从调查报告的一例实据到学术论文的一位数据,你都能说出其来龙去脉,因为是你制作或发现它的一切。当中的奥妙绝非信手拈来之人能说得清道得明的。经历了洗礼的你将会笑到最后,笑得最美。

6.5.3 有机会出去看看

实习与正式工作更贴近,在真实的企业中,你可以将专业知识付诸实际,进一步为未来职业夯实基础。对电子信息专业的学生来说,实习内容一般以测试等为主,只有佼佼者才有机会触及研发,但无论如何工程的实践将检验并修正理论的构想,让一切都真实起来、灵动起来,如图 6.36 所示。

图 6.36 生产实习

6.5.4 绝知此事要躬行

你可以浏览数字图书馆、期刊网、学位论文、科技博物馆、科学网博客、微信公众号。可以观看学术视频、治学方法、数学、物理、人文讲座。也可以使用搜索引擎查阅资料等。

但如果你经常选择用互联网做以下项目：网络游戏、视频资源、无意义社交等，你能控制时间吗？你会因此逃课吗？你还能走向操场吗？

6.5.5 天将降大任于斯人也

孟子言："故天将降大任于斯人也，必先苦其心志，劳其筋骨，饿其体肤，空乏其身，行拂乱其所为，所以动心忍性，曾益其所不能"这段古文耳熟能详，背诵起来朗朗上口，但真正做到的人有多少呢？挫折总是难免的，一些学生，到大学后有时会摔得很痛，至于原因有很多种。《西游记》中师徒历经八十一难后才取得真经，与吃人的妖怪相比，有的磨难简直是小儿科。华为的崛起也有同样的经历，从电话交换机 JK1000 的惨败，到痛失小灵通市场，这家公司不仅没有一蹶不振，反而越挫越勇，究其原因，其总裁任正非一语道破天机："我经历的挫折越多，我学到的东西越多，我的能力就比你强。"

总之，你的未来，由你自己决定！

项目考核

一、选择题

1. 下列学科不属于信息工程大类的是（　　）。
   A．电子信息技术　　　　　　　　B．通信技术
   C．计算机科学与技术　　　　　　D．电气工程及其自动化
2. 下列不属于信息科学的是（　　）。
   A．信息获取　　B．信息传输　　C．信息修改　　D．信息存储
3. 证明了电磁波的存在的是（　　）。
   A．赫兹　　　　B．麦克斯　　　C．马克尼　　　D．爱因斯坦
4. 集检波、信号放大和振荡三种功能于一身，为无线电发射机、接收机的设计奠定了坚实的基础，是第一个大规模应用的电子元器件的是（　　）。
   A．二极管　　　B．三极管　　　C．真空二极管　　D．多级管
5. （　　）的出现，开启了数码照相的新时代。
   A．CMOS 感光元件　　　　　　　B．液晶显示器
   C．图像处理技术　　　　　　　　D．数字影像技术
6. 1956 年，因为晶体管的发明而获得了诺贝尔物理学奖的科学家不包括（　　）。
   A．巴丁　　　　B．布拉顿　　　C．肖克利　　　D．弗莱明
7. 苏联第一颗人造地球卫星的发射是在（　　）？促使美国军方加快了实现电子器件微型化的步伐。
   A．1956 年　　 B．1957 年　　 C．1958 年　　 D．1959 年
8. 下列不属于现代计算机分类的是（　　）。
   A．服务器　　　B．PC　　　　　C．嵌入式计算机　　D．复合式计算机
9. 下列不属于嵌入式系统设备的是（　　）。
   A．自动柜员机　B．多功能手表　C．洗衣机　　　D．钢笔

10. 硬盘属于（   ）。
    A．内部存储器　　　B．外部存储器　　　C．只读存储器　　　D．输出设备
11. （   ）是现代计算机系统的核心部件，又称为"微处理器"。
    A．CPU　　　　　　B．USB　　　　　　C．散热器　　　　　D．硬盘
12. （   ）是所有电子设备能量的来源，移动设备摆脱了传统电器电源线路的制约，实现了移动便携。
    A．电源　　　　　　B．软件　　　　　　C．硬件　　　　　　D．CPU
13. 世界上第一台计算机是1946年美国研制成功的，该计算机的英文缩写名为（   ）。
    A．MARK-II　　　　B．ENIAC　　　　　C．EDSAC　　　　　D．EDVAC
14. （   ）能将一种能量形式直接转变成另一种，不需要外接的能源或激励源。
    A．无源传感器　　　B．普通传感器　　　C．有源传感器　　　D．特殊传感器
15. 内存储器不包括（   ）。
    A．寄存器　　　　　　　　　　　　　　　B．高速缓冲寄存器
    C．主存储器　　　　　　　　　　　　　　D．缓速缓冲寄存器

二、填空题

1. _____主导着电子信息产业的发展，身处其中的科技公司必须全力以赴地投入研发来追赶行业发展的速度。
2. _____是指集成电路制造商自行设计，自行销售由自己的生产线加工、封装、测试后的成品芯片。
3. 作为运算单元和控制单元，_____是现代计算机的核心。
4. 服务器、PC和嵌入式计算机中性能最强的是_____。
5. 英特尔在PC处理器市场份额占80%以上，而_____则是嵌入式领域的王者。

三、解答题

1. 与分立元件电路相比，集成电路具有突出的优点是什么？
2. 冯·诺伊曼提出以二进制和程序控制为基础的计算机体系结构，并把计算机分为哪五大部分？
3. 请列举你知道的传感器？